Thüringen

Bernd Wurlitzer · Kerstin Sucher

DUMONT
Reise-Taschenbuch

Inhalt

Unterwegs in Thüringen

Inhalt

Auf Entdeckungstour

Karten und Pläne

▶ Dieses Symbol im Buch verweist auf die
   Extra-Reisekarte Thüringen

atmosfair

Das Klima im Blick

Reisen bereichert und verbindet Menschen und Kulturen. Wer reist, erzeugt auch CO_2. Der Flugverkehr trägt mit einem Anteil von bis zu 10 % zur globalen Erwärmung bei. Wer das Klima schützen will, sollte sich für eine schonendere Reiseform (z. B. die Bahn) entscheiden – oder die Projekte von *atmosfair* unterstützen. *Atmosfair* ist eine gemeinnützige Klimaschutzorganisation. Die Idee: Flugpassagiere spenden einen kilometerabhängigen Beitrag für die von ihnen verursachten Emissionen und finanzieren damit Projekte in Entwicklungsländern, die dort den Ausstoß von Klimagasen verringern helfen. Dazu berechnet man mit dem Emissionsrechner auf *www.atmosfair.de*, wie viel CO_2 der Flug produziert und was es kostet, eine vergleichbare Menge Klimagase einzusparen (z. B. Berlin – London – Berlin 13 €). *Atmosfair* garantiert die sorgfältige Verwendung Ihres Beitrags. Klar – auch der DuMont Reiseverlag fliegt mit *atmosfair*!

Schnellüberblick

Der Norden

Die Region ›ganz oben‹, wie Nordhausens Werbeslogan heißt, reicht vom Südharz bis zum Thüringer Becken. Dampflokomotiven schnaufen hier durch die Landschaft, die ›Eichsfelder‹ feiern wie vor Jahrhunderten ihre katholischen Prozessionen und Wallfahrten, Mühlhausen überrascht mit einer Fülle mittelalterlicher Bauwerke und im Nationalpark Hainich steigt man dem Urwald aufs Dach. S. 76

Die Landesmitte

Kunst und Kultur halten drei Städte auf engem Raum bereit. In Gotha besucht man Deutschlands ältestes barockes Schlosstheater und in Weimar das traditionsreiche Deutsche Nationaltheater, anschließend spaziert man auf den Spuren von Goethe, Schiller und dem Bauhaus. In Erfurt bewundert man die vielen Kirchen, Europas größtes ornamental bepflanztes Blumenbeet und genießt einen Hauch von Italien. S. 108

Der Thüringer Wald

Durch Deutschlands größtes zusammenhängendes Waldgebiet schlängelt sich der Rennsteig, auf dem jährlich Tausende wandern. An seinem westlichen Ende steht bei Eisenach wie ein Leuchtturm die Wartburg, eins der deutschen Nationaldenkmale. Zum Thüringer Wald gehört auch Oberhof mit supermodernen Wintersportanlagen. S. 150

Der Osten

Die für Thüringen typische Kleinstaaterei hat im Holzland, Thüringer Vogtland und Altenburger Land Burgen und Schlösser hinterlassen. Vom früheren Wohlstand erzählen aber auch prachtvolle Kirchen, Rathäuser und in Gera eindrucksvolle Villen. Über den handwerklichen Fleiß, die Industrialisierung und ihren Niedergang informieren Museen und technische Denkmale. In Altenburg jedoch dreht sich alles um den Skat, der hier seine Wiege haben soll. S. 254

Schiefergebirge und Oberes Saaletal

Tief eingeschnittene Bachtäler, einzeln aufragende Berge und mit dem »Blauen Gold« verkleidete Häuser charakterisieren das Thüringer Schiefergebirge. Ein wenig Romantik begegnet man hingen im Schwarzatal, das obere Saaletal dagegen wird oft mit der Fjordlandschaft Norwegens verglichen. »Thüringer Meer« nennt man Deutschlands größte Stauseeregion, ein Wassersportparadies, in dem gebadet, gesegelt, gesurft und geangelt wird. S. 210

Oberes Werratal

Von der Vorderrhön, dem ›Land der offenen Fernen‹, geht es ins Werratal, hin zu Fachwerkstädten, durch die schon Martin Luther streifte, zu Schlössern mit interessanten Ausstellungen und tief unter die Erde, um Relikte des früheren Bergbaus kennenzulernen. Pflastermüde entspannen sich im ›Salztopf‹ von Bad Salzungen. S. 184

Die Autoren

**Mit Bernd Wurlitzer und
Kerstin Sucher unterwegs**
Unsere Autoren sind eng mit Thüringen
verbunden, vor allem deshalb, weil sie sich
hier kennenlernten. Bernd Wurlitzer, der
Journalistik und Foto-Design studiert hat,
besucht Thüringen seit Jahrzehnten. Kerstin Sucher, die das Studium an der Uni Leipzig als Diplom-Sprachmittlerin abschloss,
lebte in Weimar, wo sie nach der Einheit
rund 12 Jahre für das touristische Auslands-
marketing zuständig war. Heute sind beide
als freie Journalisten in Berlin zu Hause, in
Thüringen sind sie regelmäßig unterwegs
(www.tourismus-journalisten.de).

Kunst, Kultur und viel Wald

Thüringen ist vielseitig und spannend:
Goethe, Schiller, Bach, Luther und die
heilige Elisabeth, die legendäre Wartburg, das berühmte Bauhaus, Glasku-
geln aus Lauscha, die Kulturstadt Weimar, Erfurt mit Krämerbrücke und dem
Bauensemble von Dom und Severikirche, Schlösser und Burgen in Hülle und
Fülle, die – sogar EU-geschützte – Bratwurst. Und der Thüringer Wald, das
größte zusammenhängende Waldgebiet Deutschlands. Das flächenmäßig
recht kleine Bundesland überflügelt
mit seiner kulturellen Vielfalt und seinen Naturschönheiten manches andere. Es ist eine wahre Schatzkammer.

Der »Flickenteppich«
Thüringen war über Jahrhunderte ein
politischer Flickenteppich, unzählige
Grenzsteine erinnern noch heute an
bis zu 20 Fürstentümer, die es gleichzeitig gegeben hat. Politisch spielten
die Landesfürsten keine Rolle, aber bei
Kunst und Kultur wollten sie Aufmerksamkeit erzeugen, miteinander kon-

kurrierten sie um Glanz und Pracht,
was dem Land einen unvergleichlichen
kulturellen Reichtum bescherte. Und
den Politikern in der Landeshauptstadt
Erfurt heutzutage manches Problem,
denn Kunst und Kultur schreien ständig nach Geld.

Kunst und Kultur en masse
Die Thüringer sind seit jeher freundliche Menschen und gute Gastgeber. Sie
haben reichlich Sehenswertes vorzuweisen: Insgesamt zählt der Freistaat
über 30 000 geschützte Baudenkmale,
sage und schreibe 16 von ihnen sind in
der Welterbeliste der UNESCO verzeichnet. Fast 200 Museen geben Einblicke in Geschichte, Tradition, Wissenschaft sowie Kunst, mehr als 400 Burgen und Schlösser schmücken das
Land. Mühlhausen, Saalfeld und
Schmalkalden gelten als Idealbilder
mittelalterlicher Städte. Wenn wir hier
über holpriges Pflaster bummeln, be-
wegen wir uns auf den Spuren von
Thomas Müntzer und Martin Luther.

8

Viele Superlative

Menschen neigen gern zu Superlativen, in Thüringen liegen sie auf der Hand: Weimar besitzt die weltgrößte Cranach-Sammlung. Saalfeld hat laut Guinness-Buch der Rekorde die farbenreichsten Schaugrotten der Erde, das Gothaer Ekhof-Theater ist unbestritten das älteste barocke Schlosstheater Deutschlands, der Rotbuchenwald im Nationalpark Hainich mindestens der größte Europas, das Stauseengebiet im oberen Saaletal das umfangreichste Deutschlands, der GutsMuths-Rennsteiglauf Mitteleuropas größter Landschaftslauf ... Die Thüringer verschließen aber auch nicht die Augen vor den Konzentrationslagern Buchenwald bei Weimar und Mittelbau-Dora bei Nordhausen, zwei Stätten schlimmster Grausamkeiten, die an das dunkelste Kapitel deutscher Geschichte erinnern.

Viele Freizeitangebote

Das ›grüne Herz Deutschlands‹ wird Thüringen gern genannt, denn seit der Einheit liegt es wieder in der Mitte. Wer zu Fuß losmarschieren möchte, vor dem liegen 16 000 Kilometer markierte Wanderwege. Der Rennsteig ist der bekannteste. Aber nicht nur die Wanderer fühlen sich in dem Freistaat wohl, die Freizeitangebote sind groß. Es wird gesegelt, gesurft, geangelt, geradelt und geritten. Mountainbiker und Nordic Walker treffen wir in allen Landesteilen, auf Sommerrodelbahnen jagt man zu Tal, auch auf der Oberhofer Rennschlitten- und Bobbahn, hier allerdings mit einem erfahrenen Piloten an Bord. Die Kulturfreaks eilen vom Nationaltheater in Weimar zu den Domstufenfestspielen in Erfurt und weiter zum Liebhabertheater nach Großkochberg. Und danach geht's in eine gemütliche Gaststätte mit Thüringer Küche oder in ein elegantes Restaurant. Denn vorbei sind die Zeiten, in denen Thüringen als kulinarische Wüste galt. Die Restaurantkritiker vergeben immer mehr Kochmützen, Hauben, Kochlöffel.

Der in Thüringen allgegenwärtige Goethe brachte es in Weimar auf den Punkt: »Wo finden Sie auf einem so engen Fleck noch so viel Gutes!« Richtig, Herr von Goethe! Nicht nur in Weimar, sondern im ganzen Freistaat.

Ein Ort zum Träumen – Kloster
Paulinzella, S. 218

Oase der Gastlichkeit – Wirtshaus
Klausenhof, S. 84

Lieblingsorte!

Baden in Wasser, Licht und Musik –
Toskana-Therme in Bad Sulza, S. 148

Dem Bauern in die Stube schauen –
Museumscafé von Nitschareuth, S. 270

Spannende Saaleblicke – die
Teufelskanzel nahe Ziegenrück, S. 230

Glucksendes Naturwunder – die
Drachenschlucht bei Eisenach, S. 162

Von der Teufelskanzel nahe Ziegenrück in die Tiefe schauen, auf der Krämerbrücke in Erfurt bei einem Schoppen Saale-Unstrut-Wein das Treiben beobachten und mediterranes Flair genießen, in der Toskana-Therme in Bad Sulza nicht nur im Wasser, sondern auch in Licht und Musik baden oder im Park von Altenstein wie die Herzöge von Sachsen-Meiningen promenieren ... Zu diesen Orten fühlen wir uns immer wieder hingezogen, hier verweilen wir gern und lang, was unseren Terminplan schon manchmal durcheinanderbrachte. Aber es sind eben unsere Lieblingsorte – die uns immer wieder an die Vielfalt von Thüringen erinnern.

Juwel der Gestaltung – Park Altenstein,
S. 192

Mediterranes Flair – die Krämerbrücke in
Erfurt, S. 124

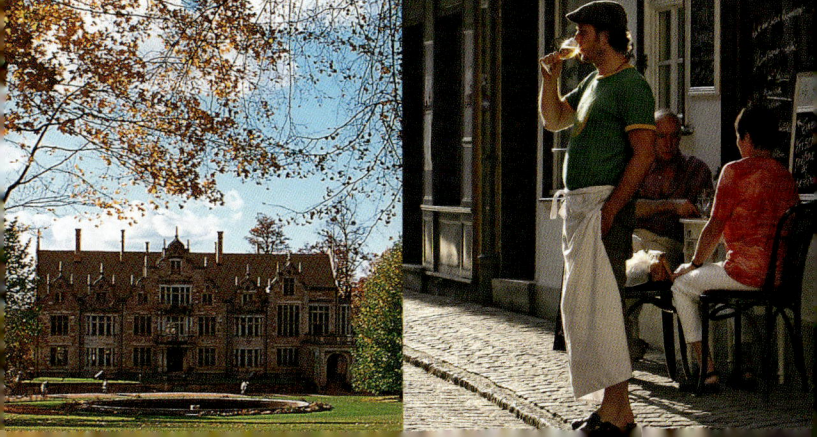

Reiseinfos, Adressen, Websites

Mediterranes Flair umgibt die Gäste im Sommer in Erfurt

Informationsquellen

Infos im Internet

www.thueringen.de
Die offizielle Website des Freistaates Thüringen informiert über die politischen Belange des Landes und beleuchtet umfassend alle seine Facetten. Angenehm sind die sachliche und benutzerfreundliche Führung und Werbefreiheit der Seite.

www.thueringen-tourismus.de
In frischem Design kommt die Website der Thüringer Tourismus GmbH – der Tourismus-Marketing-Organisation des Freistaates – daher. Sie informiert umfassend über das touristische Angebot und alle seine Facetten im Land.

www.thueringer-staedte.de
Wer in eine der 19 Mitgliedsstädte des Vereins reisen möchte, findet hier eine erste Anlaufstelle. Links führen zu den entsprechenden Homepages der angeschlossenen Städte.

www.thueringer-wald.com
Gut strukturierte Seite über den Thüringer Wald. Eine schöne Idee ist es, die Seiten für Sommer und Winter farblich unterschiedlich anzulegen – so findet man rasch die passenden Angebote.

www.natur.thueringen.de
Die Website gibt Auskünfte über den National- und die Naturparks sowie die Biosphärenreservate.

www.thueringen-familien freundlich.de
Hier findet man Hotels, Pensionen, Gaststätten und Bauernhöfe, die das Prädikat »Familienfreundlich« auch wirklich verdienen.

www.landurlaub-thueringen.de
Auch auf dieser Seite gibt es viele tolle Angebote für die bei Kindern besonders beliebten Reiterferien und Kinder-Bauernhöfe.

www.klassik-stiftung.de
Wer wegen Goethe und Schiller nach Thüringen reist, findet auf dieser Website umfangreiche Informationen über die klassischen Museen, Schlösser und Parks in Weimar sowie die Klassikergedenkstätten in Thüringen.

www.thueringerschloesser.de
Viel Wissenswertes erfährt man auf der Website der Stiftung Thüringer Schlösser und Gärten, die die zu ihr gehörenden Burgen und Schlösser vorstellt.

Touristinformation

Thüringer Tourismus GmbH/ Tourist-Information Thüringen
Willy-Brandt-Platz 1, 99084 Erfurt, Tel. 0361 374 20, www.thueringen-touris mus.de. Informationen über alle Reiseregionen des Freistaates, über Veranstaltungen, aktuelle Angebote, Online-Buchungen von Übernachtungen sowie Last-Minute-Angebote.

Karten

Im Buchhandel sind diverse Thüringen-Karten zu erhalten, so die Marco-Polo-Karte Thüringen, die ADAC-Autokarte oder auch die Falk-Bundesländerkarte Thüringen. Stadtpläne halten die Touristinformationen vor Ort bereit, sie werden mit Infomaterial auch zugeschickt.

Lesetipps

Hanns Cibulka: Thüringer Tagebücher, Leipzig 1993. Die Liebe zu seiner Wahlheimat Thüringen, zu den Menschen und der Natur beschreibt der Autor in Briefen, Aufzeichnungen und Tagebucherzählungen.

Sigrid Damm: Christiane und Goethe; Das Leben des Friedrich Schiller; Goethes letzte Reise, Frankfurt/Main/Leipzig 1998, 2004, 2007. Die Autorin widmet sich in den drei sehr gut zu lesenden biografischen Porträts auf authentische Weise den großen Dichtern Johann Wolfgang von Goethe und Friedrich Schiller und lässt sie selbst mit Tagebuchaufzeichnungen und Zitaten zu Wort kommen.

Petra Durst-Benning: Die Glasbläserin; Die Amerikanerin; Das gläserne Paradies, Berlin 2000, 2002, 2006. Die Trilogie führt in das beschauliche Lauscha im Thüringer Wald, sie erzählt die historische Familiensaga um drei Töchter einer Glasbläserfamilie, die über Generationen hinweg die Tradition der Christbaumkugelherstellung in die Welt tragen.

Fredo Frotscher: Thüringens berühmte Liebespaare, Taucha 2001. Elisabeth und Ludwig, Martin Luther und Katharina von Bora, Johann Wolfgang von Goethe und Christiane Vulpius, Friedrich Schiller und Charlotte von Lengefeld, Christoph Martin Wieland und Sophie von Brentano, Liszt und Carolyne von Sayn-Wittgenstein – ihre jeweilige Beziehung zueinander wird in diesem kleinen Büchlein in Szene gesetzt.

Goethe. Werke: Hamburger Ausgabe, München 1981. In 14 Bänden das gesamte Werk des Dichters.

Annerose Kirchner: Traumzeit an der Geba, Weimar 2005. Die Geraer Autorin zeichnet in diesem Sammelband in Interviewform sechs Porträts von Menschen aus Thüringen, die von der generationenübergreifenden Verbundenheit der Menschen mit ihrer Heimat erzählen.

Ursula Koch: Elisabeth von Thüringen, Gießen 2004. Der biografische Roman erzählt das bewegte Leben der Landgräfin Elisabeth von Thüringen.

Bodo Kühn: Gloriosa, Weimar 1996. Geschichtsroman über die größte frei schwingende Kirchenglocke aus dem Mittelalter, die im Erfurter Dom hängt.

Landolf Scherzer: Der Grenz-Gänger, Berlin 2005. Eine spannende Abenteuer-Reportage entlang des ehemaligen innerdeutschen Grenzstreifens zwischen Thüringen, Bayern und Hessen, den der Autor in 15 Etappen entlanggewandert ist.

Bill Niven: Buchenwaldkind, Halle 2009. Der Mythos des Buchenwaldkindes Stefan Jerzy Zweig, der eine tragende Rolle in dem Buchenwald-Roman »Nackt unter Wölfen« von Bruno Apitz spielt, wird neu beleuchtet. Eine Geschichte von Wahrheit, Fiktion und Propaganda.

Rüdiger Safranski: Goethe und Schiller. Geschichte einer Freundschaft, München 2009. Eine spannend erzählte Biografie über die trotz und wegen aller Gegensätze so fruchtbringende Freundschaft der beiden großen deutschen Dichter.

Martin Walser: Ein liebender Mann, Berlin 2007. Ein letztes Mal erlebt der 73-jährige Dichterfürst die Liebe zu einer jungen Frau, die unerfüllt bleibt. Ein berührend erzähltes Porträt über den Menschen Goethe, den alternden Mann, mit all seinen Widersprüchlichkeiten, Zweifeln und Verletzlichkeiten.

Christiane Weber: Lyonel Feininger – genial – verfemt – berühmt, Weimar 2007. Im Mittelpunkt der Biografie über das künstlerische Schaffen des berühmten amerikanischen Malers steht vor allem seine Weimarer Zeit.

Wetter und Reisezeit

Klima

Der flache Norden Thüringens ist deutlich milder und trockener als der südliche Teil mit dem Thüringer Wald und dem Thüringer Schiefergebirge. Die unterschiedlichen Höhenlagen führen zu starken Abweichungen bei Klima und Niederschlagsmengen. Während beispielsweise in der Tiefebene um Weimar und Bad Sulza bereits die Krokusse blühen, liegt auf dem Rennsteig noch Schnee, der sich dort oft bis in den April hält. Mit 1348 mm im Jahr verzeichnet der Rennsteig bei Oberhof die doppelte Niederschlagsmenge als beispielsweise Eisenach. Wer in der Niederung bei Sonnenschein loswandert oder -fährt, sollte vorsichtshalber den Regenschutz mitnehmen. Denn in den Kammlagen Thüringens überraschen oft Nebel und Regen. Richtig machen es diejenigen, die sich nach dem ›Zwiebelprinzip‹ kleiden.

Klimadiagramm Thüringen (Jena)

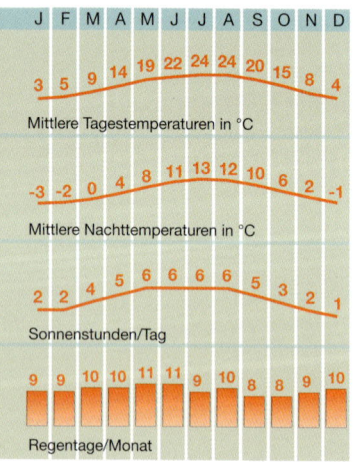

Wetterinfos
Unter **www.wetteronline.de/thueringen.htm** und **www.mdr.de/wetter/thueringen** sowie in den Tageszeitungen findet man die aktuellen Informationen.

Reisezeit

Thüringen ist ein Ganzjahresreiseziel, jede Jahreszeit bietet Spannendes und hat ihren ganz eigenen Reiz. Die vielen kulturellen Sehenswürdigkeiten kann man getrost auch mal bei Regen, oder wenn es etwas kühler ist, besuchen. Kultur- und Städtetouristen wählen, statistisch gesehen, mit Vorliebe **Frühjahr** und **Herbst**. Diese Jahreszeiten mögen auch die Wanderer, Radler und alle, die aktiv sein wollen. In Thüringen kann man aber auch im **Sommer** gut wandern, denn in den Höhenlagen des Thüringer Waldes herrschen im Juli und August angenehme Temperaturen, während es in den Städten und in der Tiefebene mitunter ziemlich heiß wird. Dann ist es gut, wenn Wasser in der Nähe ist. Die zahlreichen Talsperren im Saaleland bieten ideale Bade- und Wassersportmöglichkeiten.

Im **Winter** haben die Orte im Thüringer Wald Hochkonjunktur, so denn Schnee liegt, was aufgrund des Klimawandels leider nicht mehr selbstverständlich ist. In Oberhof und Umgebung kann es im Januar und Februar, wenn große Wintersportveranstaltungen stattfinden, mit den Betten knapp werden. Die Hotels in den Städten locken in dieser Jahreszeit mit günstigen Angeboten. Manch einer reist nach Thüringen auch nur wegen der wunderschön geschmückten traditionellen Weihnachtsmärkte.

Touren planen

Schnuppertour entlang der Autobahn A 4

Entlang der Autobahn A4 reihen sich wie eine Perlenschnur bekannte Städte auf: Eisenach, Gotha, Erfurt, Weimar, Jena und Gera. Jede hat ihren Reiz und ihr besonderes Flair. Obwohl nur eine Schnuppertour – drei oder vier Tage sollte man schon einplanen, denn auch die Umgebung der Städte bietet Sehenswertes. Diese Tour bietet sich auch mit der Bahn an, denn von Stadt zu Stadt fahren regelmäßig Regionalbahnen (siehe Ort im jeweiligen Kapitel).

Wer aus Richtung Westen kommt, den grüßt weithin die **Wartburg,** ein absolutes Muss für einen Thüringen-Besuch. Vor allem Musikfreunde werden in das Zentrum von **Eisenach** zum Bachhaus fahren, denn Johann Sebastian Bach wurde in Eisenach geboren. Weiter geht es nach **Gotha** mit Schloss Friedenstein, der größten frühbarocken Schlossanlage Deutschlands. Von Gotha bietet sich ein Abstecher in den Thüringer Wald an – mit der Straßenbahnlinie 4 (s. S. 114)!

Wer für die Landeshauptstadt **Erfurt** nur einen Tag eingeplant hat, muss sich mächtig sputen, um wenigstens die wichtigsten Sehenswürdigkeiten zu sehen. Erfurt mit seinem mittelalterlichen Flair gehört zu den schönsten Städten Deutschlands. Sehenswert sind vor allem der Domhügel mit St. Marien und Severikirche sowie die Krämerbrücke genannte, längste durchgehend mit Häusern bebaute und bewohnte Brücke nördlich der Alpen. Nicht zu vergessen der Egapark, ein schöner Freizeit- und Erholungspark mit langer Tradition. Bis **Weimar,** der Stadt Goethes und Schillers, sind es nur

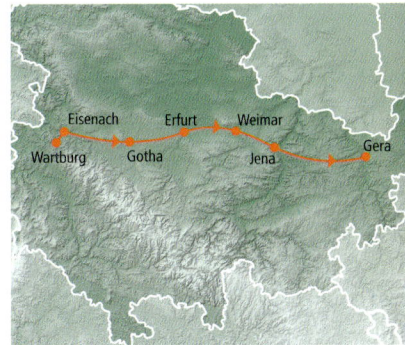

Schnuppertour entlang der A 4

rund 25 km. Goethes Wohnhaus ist ein Muss, ebenso das Schillerhaus und das Bauhaus-Museum. Das Programm sollte allerdings mit Museumsbesuchen nicht überfrachtet werden – in dem kleinen Weimar gibt es immerhin reichlich 20 Museen –, damit noch Zeit bleibt für das kleinstädtische Flair und den Ilmpark sowie die Schlösser und Parks am Stadtrand – wie Belvedere und Tiefurt.

Wiederum etwa 25 km sind es bis **Jena,** der ›Stadt der Wissenschaften‹ im lieblichen Saaletal. Neben der reizvollen Landschaft bietet die Stadt zahlreiche Museen, mit dem Zeiss-Planetarium das älteste ›Sternentheater‹ der Welt und dem ›Keksrolle‹ genannten Jen-Tower im Stadtzentrum. Von Letzterem lässt sich herrlich in die Umgebung blicken. Noch weiter östlich auf der A4 wird **Gera** erreicht, die Stadt des Malers Otto Dix, mit den Höhlern unter dem Altstadtpflaster und wunderschönen Villen. Von denen kann das vom Jugendstilkünstler Henry van de Velde geschaffene Haus Schulenburg besichtigt werden.

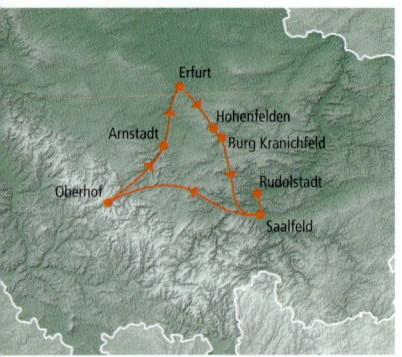

3 Tage mit Kindern unterwegs

3 Tage mit Kindern unterwegs

Thüringen ist auch für Kinder ein spannendes Land. Nicht wenige Hotels – und nicht nur die im Thüringer Wald, wo man es erwartet – liegen im Grünen. Auch Wanderungen müssen für Kinder keinesfalls langweilig sein, denn in vielen Regionen wurden Naturlehrpfade eingerichtet, sodass es beim Wandern immer etwas Spannendes zu entdecken gibt.

1. Tag: Eine interessante Tour könnte am ersten Tag in der Landeshauptstadt **Erfurt** beginnen, wo man mit seinen Kids unbedingt den Egapark (s. S. 131) mit seinen vielfältigen Freizeitmöglichkeiten und dem größten Spielplatz Thüringens besuchen sollte. Auch wenn man sicher einen ganzen Tag auf dem Riesengelände verbringen kann, reicht vielleicht fürs Erste ein halber Tag.

Für den Nachmittag fährt man dann in das 15 km entfernte **Hohenfelden.** Hier hat man die Qual der Wahl: Wasserratten werden in der Avenida-Therme (s. S. 132) tollen Badespaß er-

leben, kleine Forscher hingegen erkunden im Freilichtmuseum (s. S. 134), wie Oma und Opa in früheren Zeiten auf dem Land gelebt haben. Wer mag, besucht noch eine Flugschau auf der **Burg Kranichfeld** (4 km von Hohenfelden entfernt). Adler und Falken kreisen am Himmel, um sich plötzlich blitzschnell auf den Handschuh des jungen Falkners zu stürzen.

2. Tag: Für den nächsten Tag ist der Besuch der **Saalfelder Feengrotten** (s. S. 232) geplant. Das farbenfrohe Schaubergwerk erzählt von der harten Arbeit der Bergleute und der Natur, die wunderschöne Tropfsteine geschaffen hat. Jeden Tag wird um 15 Uhr zu einer speziellen Kinderführung geladen (Anmeldung unter Tel. 03671 550 40). Anschließend lassen sich die Kids im Feenweltchen von wahrhaftigen Feen und Waldgeistern verzaubern. Wer noch nicht genug hat, sucht Abkühlung im nahen Erlebnisbad Saalemaxx in **Rudolstadt** (s. S. 240).

3. Tag: Am nächsten Tag geht es weiter in den Thüringer Wald, **Oberhof** (s. S. 171) ist das Ziel. Die Skisprungschanzen, die Bob- und Rodelbahn können besichtigt oder selbst ausprobiert werden, manchem Spitzensportler kann beim Training zugeschaut werden. Im Exotarium kann man bei einer Schlangenfütterung dabei sein und viel über die Reptilien, Amphibien und Insekten erfahren.

Mit größeren Kindern lohnt auch ein Besuch des **Rennsteiggartens,** in dem zahlreiche seltene alpine Pflanzen zum Auffrischen und Vertiefen der Biologie-Kenntnisse anzuschauen sind (s. S. 173). Der Puppenausstellung »Mon plaisir« im **Arnstädter Schlossmuseum** (s. S. 116) sollte man zum Abschluss unbedingt noch einen Besuch abstatten.

Anreise und Verkehrsmittel

Anreise

… mit dem Flugzeug

Der Thüringer Regionalflughafen mit Linienverbindungen aus verschiedenen deutschen Städten befindet sich in Erfurt (Tel. 0361 656 22 00, www.flughafen-erfurt-weimar.de). Wer in den Osten Thüringens reist, für den empfiehlt sich auch der Flughafen Leipzig (Tel. 0341 224 11 55, www.leipzig-halle-airport.de).

… mit der Bahn

Thüringen ist mit der Bahn gut zu erreichen. ICE-Bahnhöfe sind in Eisenach, Gotha, Erfurt und Weimar auf der Strecke Frankfurt/Main–Leipzig/Dresden und Jena sowie Saalfeld auf der Strecke Berlin–München. Es gibt auch IC-Verbindungen von Berlin und Stralsund nach Weimar, Erfurt und Eisenach, auch aus Düsseldorf sind die Thüringer Städte mit dem IC zu erreichen. Bequem reist es sich mit dem Nachtzug CityNightLine von Zürich, Basel, Freiburg, Offenburg, Karlsruhe, Mannheim und Frankfurt/Main nach Thüringen; gehalten wird in Eisenach, Erfurt und Weimar (Infos: Tel. 01805 99 66 33, www.citynightline.de).

… mit dem Bus

Von Berlin und Leipzig fahren zweimal täglich – früh und nachmittags – Fernbusse im Linienverkehr nach Thüringen. Ziele sind Jena, Weimar, Erfurt, Gotha und Eisenach. Die Fahrt dauert rund vier Stunden (www.berlinlinienbus.de).

Im Thüringer Becken leuchten im Frühjahr die Rapsfelder

ThüringenCard

Einmal zahlen und clever sparen! Freien Eintritt in mehr als 200 Sehenswürdigkeiten und Freizeiteinrichtungen gibt es mit der Thüringen-Card. Für 24 Stunden sind 16 € (Kinder 11 €), für 3 frei wählbare Tage 36 € (Kinder 23 €) und für 6 frei wählbare Tage im Kalenderjahr 56 € (Kinder 34 €) zu zahlen. Die Karte ist in Touristinformationen, vielen Museen und Freizeiteinrichtungen erhältlich und kann auch online bestellt werden (Tel. 0361 374 20 www.thueringencard.info).

... mit dem Auto

Die Autobahn A 4 Frankfurt/Main–Dresden/Görlitz quert Thüringen von West nach Ost. Die von Nord nach Süd verlaufende A 9 kreuzt die A 4 am Hermsdorfer Kreuz. Von der A 4 bei Erfurt zweigt die A 71 ab, die durch den Thüringer Wald und weiter zur A 70 bei Schweinfurt führt. Im Norden verbindet die A 38 das Eichsfeld mit Niedersachsen und Sachsen-Anhalt.

Verkehrsmittel in Thüringen

Auto

Am besten reist es sich in Thüringen mit dem Pkw. So sind auch kleinere Ortschaften und Regionen rasch und bequem zu erreichen. Wie oft in Gebirgsregionen führen die Straßen allerdings vielfach auf Umwegen zum Ziel.

Wer seine Nerven schonen möchte, fährt nicht in die Zentren der großen Städte, sondern lässt das Auto am Stadtrand stehen und steigt auf öffentliche Verkehrsmittel. Die Parkscheibe sollte mitgeführt werden, in einigen Orten ist zeitlich begrenztes Parken noch unentgeltlich möglich. Die Politessen sind auch in Thüringen rasch zur Stelle. Parkhäuser sind nur in den großen Städten vorhanden, die Hotels besitzen fast alle Parkflächen.

Autoverleih

Von den großen Autovermietungen sind in Thüringen vertreten:
Avis Autovermietung, Tel. 0180 5 21 77 02, www.avis.de
Hertz Autovermietung, Tel. 0180 5 33 35 35, www.hertz.de
Holiday Autos, Tel. 0180 5 17 91 91, www.holidayauto.de
Sixt AG, Tel. 0180 5 25 25 25, www.e-sixt.de
World of TUI Cars, Tel. 0180 5 08 01 18, www.tuicars.com

Bahn

Ein Regionalbahnen-Netz verbindet kleinere Orte. Etliche haben seit jeher keinen Bahnanschluss, dazu kommt, dass auch in Thüringen in den vergangenen Jahren das Bahnnetz ausgedünnt wurde.

Bus

Von den großen Städten aus sind fast alle umliegenden Touristenziele mit Linienbussen zu erreichen. In kleineren Orten fährt dagegen manchmal nur ein- bis zweimal täglich ein Bus zu Zielen in der Umgebung. Da hilft nur eins: Fahrrad ausleihen, wandern oder, sofern vorhanden, den eigenen Pkw nutzen. Da es bei den Busverbindungen oftmals Änderungen gibt, sollte man sich für die konkrete Planung bei den Touristinformationen nach den Linien und Abfahrtszeiten erkundigen (www.bus-thueringen.de).

Taxi

In den Städten stehen Taxen an zentralen Plätzen. In Hotels und Restaurants ruft man gern ein Taxi.

Übernachten

Online buchen

www.thueringen-tourismus.de: Ob ein Zimmer in einer gemütlichen Pension oder im 5-Sterne-Hotel, ob eines in einem rustikalen Landgasthof oder eine Ferienwohnung gesucht wird – mit der Buchungsmaschine der Thüringer Tourismus GmbH findet man garantiert das Richtige. Mit der Online-Buchung erhält man auch den besten verfügbaren Preis.

www.hotels-in-thueringen.de: Die einfach strukturierte private Website ermöglicht Buchungen von Hotels unterschiedlichster Kategorien in ganz Thüringen. Dazu gibt es Infos zur Herberge und Infos zu Thüringen.

www.hrs.de: Weltweiter Hotelreservierungsservice, der auch viele Hotels in Thüringen im Angebot hat.

Hotels und Pensionen

Das Angebot reicht vom 5-Sterne-Hotel bis zu Privatzimmern und Jugendherbergen. Dazwischen ist alles vorhanden, was den Wünschen und dem Geldbeutel der Gäste entspricht. Nach der Wiedervereinigung wurden fast alle Hotels und Pensionen restauriert und modernisiert, sie entsprechen internationalem Standard. Namhafte Hotelketten wie Dorint, Radisson Blu, Marriott und Steigenberger sind vertreten. Das Zimmerangebot ist groß, nur wer zu besonderen Veranstaltungen reist, sollte sein Zimmer rechtzeitig reservieren, angesagt ist das auch in den Gebirgsorten zum Jahreswechsel. Privatzimmer und Ferienwohnungen stehen fast überall bereit, und wer kein Schild ›Zimmer frei‹ sieht, erkundigt sich in den Touristinformationen.

In einigen Städten Thüringens – Erfurt, Weimar, Jena, Gera, Eisenach und Suhl – wird die sogenannte Bettensteuer kassiert. Zuzüglich zum Übernachtungspreis sind 1–2 Euro zusätzlich pro Person und Übernachtung zu entrichten.

Ferienwohnungen / Ferienhäuser

Ferienwohnungen und Ferienhäuser sind überall im Land zu haben, sogar in den Städten bieten sie eine preiswerte Alternative zum Hotel. Entweder man bucht über das Service-Center der Thüringer Tourismus GmbH, das Reisebüro oder über einen der zahlreichen Internet-Anbieter:

www.atraveo.de: Angebote von großen Reiseveranstaltern sowie Privatanbietern, sehr übersichtlich und leicht zu handhaben.

www.ferienwohnungen.de: Nach Regionen geordnetes, umfangreiches Angebot an Ferienwohnungen und -häusern.

www.ferienhausmiete.de: Das private Reiseportal hat ein umfangreiches Angebot, eine Buchung über die Website ist allerdings nicht möglich, sondern muss direkt beim Vermieter erfolgen.

Ferien auf dem Lande

Zahlreiche Bauern-, Guts- und Reiterhöfe, Landpensionen und Landgasthöfe bieten Übernachtungsmöglichkeiten an. Vor allem Familien mit Kindern mögen die frische Luft, die Haustiere, die nach Streicheleinheiten verlangen, und das ungebundene Leben. Dabei macht es einen Riesenspaß,

Über Jahrhunderte Treffpunkt in Weimar: Hotel Elephant

bei der Arbeit auf dem Hof mitzuhelfen, alte Handwerkstechniken auszuprobieren oder bei Ernte- und Traditionsfesten mitzufeiern.

Weitere Informationen bei: »Ferien auf dem Lande in Thüringen« e. V., Alfred-Hess-Str. 8, 99094 Erfurt, Tel. 0361 26 25 32 30, www.landurlaub-thueringen.de.

Jugendherbergen

Schön, preiswert und familienfreundlich, ob am Rennsteig im Thüringer Wald, im Saaletal, in der Landeshauptstadt Erfurt oder der Klassikerstadt Weimar – die 34 Thüringer Jugendherbergen bieten alles außer Langeweile. Allerdings muss man Mitglied im Jugendherbergsverband sein. Deutsches Jugendherbergswerk – Landesverband Thüringen, Service-Center Weimar, Carl-August-Allee 13, 99423 Weimar, Tel. 03643 85 00 00, www.djh-thueringen.de.

Camping

Über 40 landschaftlich reizvoll gelegene und auch stadtnahe Campingplätze laden in ganz Thüringen die Camping-Freaks ein. Um keine Überraschungen zu erleben, sollte man sich vorher genau über die Standards informieren, die unterschiedlich sind. Für Reisemobile und Caravans gibt es elf Stellplätze. Infos unter www.camping verband-thueringen.de sowie www.thueringen-tourismus.de.

Essen und Trinken

Herzhaft und deftig

Über Thüringen schwebt der würzige Duft der Bratwurst, denn sie gehört zu diesem Land wie die Klöße, die Wartburg, Goethe und Schiller. Kein Marktplatz, kein Dorffest, keine Kirmes ohne Holzkohlegrill mit Bratwürsten, im Osten des Landes kurz Roster genannt. Es ist ja auch nicht irgendeine Wurst, es ist die Thüringer. Und die genießt seit Januar 2004 sogar EU-Schutz. Europaweit darf die Wurst nicht nachgemacht werden, was als Thüringer Bratwurst angeboten wird, muss wirklich aus dem Freistaat kommen. Da hierzulande (fast) alles reglementiert wird, machen die Verordnungen auch um die Thüringer Bratwurst keinen Bogen: Mindestens 15–20 cm hat sie lang zu sein und sie muss mindestens 51 Prozent Fleisch von Thüringer Schweinen enthalten. Naturdarm ist Bedingung, das Gewicht hat etwa 150 Gramm zu betragen. Die Wurst wird auf einem Rost über glühender Holzkohle gebraten und nicht mit Messer und Gabel gegessen, sondern locker aus der Hand, eingeklemmt in ein aufgeschnittenes Brötchen. Als Nichtkenner outet sich, wer zum bereitstehenden Ketchup greift. Denn die Thüringer Rostbratwurst isst man mit Senf!

Der echte Kloß

»Ein Sonntag ohne Thüringer Klöße verlöre viel von seiner Größe.« So heißt es hierzulande. Der Thüringer Kloß steht auf der Beliebtheitsskala knapp hinter der Bratwurst. Der Kloß besteht zu zwei Dritteln aus rohen, zu einem Drittel aus gekochten Kartoffeln, und in der Mitte finden sich geröstete Semmelbrösel. Thüringer Klöße werden nicht geschnitten, sondern auseinandergerissen und mit reichlich brauner Soße gegessen, sie müssen darin schwimmen. Das müssen sie bereits vor dem Servieren: Ein Kloß lässt an seinem Schwimmverhalten im heißen Wasser erkennen, ob er gar ist – fertige Klöße steigen langsam nach oben. Daher ist je nach Menge ein großer Topf wichtig. Wenn der Gast während des Essens rätselt, ob er die Klöße als Beilage oder als Hauptspeise essen soll, dann hat er von Hand gemachte Klöße und keine aus der Pulvertüte serviert bekommen. Zu den Klößen gibt es vor allem Rinderroulade oder Sauerbraten.

Thüringer Klöße selbst gemacht

Warum zu Hause auf Thüringer Klöße verzichten? Hier ist das Rezept: $1/3$ der mehligen Kartoffeln vierteln, kochen und zu Brei verrühren, $2/3$ reiben, gut auspressen, die Stärke im Wasser absetzen lassen. Die geriebenen Kartoffeln mit der abgesetzten Stärke und etwas Salz vermischen. Danach mit dem gekochten Brei übergießen und zu einer klebrigen Masse verrühren, bis sich der Teig von der Schüssel löst. In die Mitte der mit den Händen geformten Klöße einige geröstete Semmelbrocken geben, in einen Topf mit heißem Wasser einlegen, aber nicht kochen lassen. Nach etwa 5 Min. beginnen die Klöße zu schwimmen. Richtschnur: 3 Kartoffeln ergeben einen Kloß. Na dann: guten Appetit!

Regionale Spezialitäten: Rostbrätl und Feldgieker

Zu den Landesspezialitäten gehört auch das Rostbrätel, das vielfach neben der Bratwurst auf dem Holzkohlegrill liegt. Das sind gesalzene, gepfefferte und mit Senf bestrichene Scheiben vom Schweinenacken, die mit Zwiebelringen schichtweise in eine Schüssel kommen, mit Bier bedeckt werden und zwei bis 24 Stunden mariniert werden. Umgangssprachlich verwendet der Thüringer den Begriff Rost für Grill und braten für grillen, deshalb also Rostbrätl und Rostbratwurst. Der Topfbraten wird keineswegs gebraten, wie der Name vermuten lässt, sondern klein geschnittene Schweineschnauze, -ohren, -herz und -nieren werden gekocht. Der besondere Geschmack entsteht durch Pflaumenmus und geriebenen Lebkuchen.

Fast jede Region Thüringens besitzt ihren Gaumenschmaus. In Ostthüringen steht der Mutzbraten hoch im Kurs. Mutzbraten, das sind mit Salz, Pfeffer und Majoran gewürzte und mit Schwarzbier begossene, faustgroße Schweinekammstücke, die zusammen mit Zwiebelscheiben mindestens zwölf Stunden mariniert werden. Am Spieß über Birkenholzfeuer braun gebraten, kommen sie mit Sauerkraut, Brot und Senf auf den Tisch. In der Mundart dieser Gegend bezeichnet das Wort »Mutz« ein Tier ohne Schwanz, gemeint ist das Schwein.

Die Eichsfelder wiederum schwören auf den Eichsfelder Feldgieker und die Eichsfelder Kälberblase, zwei harte Mettwurstsorten aus Schweinefleisch. Erst nach einer Lufttrocknung von mindestens sechs Monaten erlangen die Würste ihre richtige Reife und Würze. Köstlich auch die leicht über Buchenholzrauch geräucherte, aus Greußen stammende Knackwurst.

Bier und Korn

Getrunken wird mit Vorliebe einheimisches Bier, das Köstritzer Schwarzbier zum Beispiel. Hat man zu viel gegessen, wird gern zum Nordhäuser Doppelkorn gegriffen. In Nordhausen steht die älteste und letzte von einst 100 Kornbrennereien. Wein wird nur zu besonderen Anlässen eingeschenkt.

Das Kuchenland

Am Nachmittag greift man – mancher Einheimische auch schon zum Frühstück – zum Kuchen. Torten sind nicht beliebt, auch nicht große Stücke, sondern viele kleine verschiedene Kuchenstückchen. Am liebsten mögen die Thüringer Blechkuchen mit verschiedenen Belägen. Eine Spezialität ist der herzhafte Zwiebelkuchen, der lauwarm gegessen wird. Er besteht aus Hefeteig mit einem Belag aus gewürzten, gedünsteten Zwiebelringen, ausgebratenem Speck und Eiern, mit Salz, Paprika und Kümmel gewürzt. Wer Schmandkuchen liebt, fährt am besten ins Eichsfeld, dort soll es den besten geben. Steht in einem Café »Kuchenteller« auf der Karte, dann unbedingt bestellen. Denn darauf finden sich viele kleine Kuchenstücke, vom Kokoskuchen mit Johannisbeeren bis zu Pflaumenkuchen mit Streuseln.

Gaumenfreuden

Lange Zeit zeichnete sich Thüringen ausschließlich durch eine deftige Küche aus. Das hat sich geändert. Heute überraschen viele Restaurants mit einer leichten Frische-Küche. Immer mehr von ihnen halten Einzug in die namhaften Restaurantführer, erhalten Kochmützen, Hauben, Kochlöffel.

Aktivurlaub, Sport und Wellness

In Thüringen wird nicht nur gewandert und geradelt. Es wird gepaddelt und gesegelt, nach Gold geschürft, in Oberhof im Gästebob zu Tal gejagt und in Hochseilgärten geklettert. Flöße und Kanus überwinden auf Werra und Saale Stromschnellen, Paraglider schweben von Bergen, und in Suhl treffen sich Sportschützen in einer der modernsten Schießsportanlagen der Welt. Auf der Unstrut ist Rafting angesagt. Vielerorts sind Skateranlagen entstanden, so in Waltershausen und Mühlhausen.

Vielfältig sind die Wintersportmöglichkeiten, von gespurten Loipen und sanften Abfahrtshängen bis zur ›schwarzen Piste‹ für Könner ist alles vorhanden. Wagemutige holen sich den Kick beim Skispringen für jedermann oder beim Snowtubing. Über die aktuellsten und interessantesten Angebote informieren die lokalen Touristinformationen.

Angeln

Angler fahren gern nach Thüringen, die Bleilochtalsperre ist für die Zanderfänge, die man hier machen kann, geradezu berühmt. Auch die Hohenwartetalsperre gehört zu den beliebten Angelrevieren. Neben den Talsperren wird im Bergsee Ratscher, in der Werra und der Saale geangelt – vor allem Hecht, Barsch, Karpfen und Aal beißen hier häufig an. Freier Fischfang ist nicht gestattet. Voraussetzung für das Angeln ist ein auf den Namen des Anglers ausgestellter Fischereischein, mit dem die Erlaubnis für das jeweilige Gewässer erworben wird. Auskunft erteilen die lokalen Touristinformationen (www.anglertreff-thueringen.de).

Baden

Viele kleine Ferienorte haben oftmals reizvoll gelegene Freibäder. Gebadet wird auch in den Saaletalsperren. An kalten Tagen und in den unfreundlichen Jahreszeiten warten zahlreiche Freizeit- und Kurbäder mit angenehm warmen Wassertemperaturen auf. Besonders beliebt ist der supermoderne Badetempel Toskana-Therme in Bad Sulza (s. S. 147), wo nicht nur im Wasser, sondern auch in Musik und Licht gebadet wird. ›Liquid Sound‹, flüssiger Klang, sagen die Experten dazu. Und dazu können die Gäste neuerdings auch noch in der »Sauna der Zukunft« schwitzen.

Fahrrad fahren

Auf einem großzügigen Radwandernetz wird zu schönen Touren geladen. So auf dem Ilmtal-Radwanderweg zur familienfreundlichen Teiltour »Von Gartenhaus zu Gartenhaus«, die von Goethes Weimarer Gartenhaus zur Replik nach Bad Sulza führt (www.Ilmtal-Radwanderweg.de). Reizvoll ist auch eine Tour auf dem Saale-Radwanderweg, der von der Quelle bis zur Mündung eine Länge von 520 km hat (www.Saale-Radwanderweg.de).

Eine Herausforderung an den Mountainbiker ist der Thüringer Wald mit seinen Steigungen und Gefällen, besonders der neue Höhenfernradweg Rennsteig über 195 km. Er verläuft fast parallel zum beliebten Wanderweg (www.radweg.rennsteigportal.de).

Fahrräder werden in allen Ferienorten verliehen, in den Tourist-Informationen vor Ort gibt man gerne entsprechende Auskunft.

Golfen

Golfer finden auch in Thüringen gute Voraussetzungen, um ihrer Lust zu frönen. 18-Loch-Anlagen befinden sich in Eisenach (ww.golf-eisenach.de) und Mühlberg (www.thueringer-golfclub.de), 9-Loch-Plätze bieten Erfurt (golfclub-erfurt.com), Weimar/Jena (www.golfclub-weimar-jena.de) und Gera (www.golfclub-gera.de).

Kuren und Wellness

Seit mehr als 150 Jahren wird in Thüringen gekurt. Natürliche Heilmittel wie Schwefel, Sole, Mineralwasser und Moor sowie das milde Mittelgebirgsklima sind beste Voraussetzungen. Mehr als 20 Heilbäder und Kurorte warten mit vielseitigen Angeboten auf. Seit der Einheit sind modernste Kureinrichtungen entstanden.

Immer mehr Gäste buchen einen gesundheitsorientierten Urlaub in Thüringen, weil hier alle Heilbäder und Kurorte in landschaftlich schönen Regionen mit einer interessanten touristischen Infrastruktur liegen. Immer umfangreicher wird das Wellnessangebot, denn Fitness ohne Stress und Quälerei – wie Experten das Wort Wellness definieren – ist gefragt. Viele Hotels haben sich dem Trend der Zeit angepasst und warten mit attraktiven Angeboten auf (Infos: Thüringer Heilbäderverband, Böhmenstr. 4, 99947 Bad Langensalza, Tel. 03603 89 33 47, www.thbv.de).

Nordic Walking

Nichts bringt Körper, Seele und Geist besser in Einklang als der gleichmäßige Rhythmus beim Walken. Als Sommer- oder Imitationstraining der nordischen Skisportler entwickelt, wird dieses sanfte Ganzkörpertraining auch in Thüringen in vielen Ferienorten angeboten (www.walkingparks.de).

Reiten

Zahlreiche Reiterhöfe, allein in Ostthüringen sind es mehr als 40, warten mit einem breiten Spektrum an Angeboten auf. Etliche Reiterhöfe haben Reithallen und beleuchtete Reitplätze (nähere Infos unter: www.thueringentourismus.de und www.landurlaubthueringen.de).

Wandern

In Thüringen wird seit jeher gewandert, allein im Thüringer Wald gibt es mehr als 6000 km ausgeschilderte Wege, in ganz Thüringen sind es mehr als 16 000 km. Gewandert wird mit Gepäcktransfer oder mit dem Rucksack auf dem Rücken. Besonders erlebnisreich sind Wanderungen auf weniger bekannten und ausgetretenen Wegen, so zum Beispiel auf dem Lutherweg, der über 17 km von Tambach-Dietharz nach Schmalkalden führt, oder auf dem Benediktinerpfad, einem 15 km langen Rundwanderweg zwischen Waltershausen, Friedrichroda und Tabarz. Thüringens bekanntester Höhenwanderweg, der Rennsteig, führt 168 km auf dem Kamm des Thüringer Waldes und des angrenzenden Schiefergebirges von Hörschel bei Eisenach bis nach Blankenstein in Bayern.

Wassersport

Ein Eldorado für Wassersportler sind die Bleilochtalsperre und der Hohenwartestausee, auf denen gerudert, gepaddelt, gesegelt und gesurft wird. Auf beiden Talsperren dürfen auch Motorboote fahren. Auf Saale, Werra, Unstrut und Weißer Elster lassen sich Schlauchboot- oder Kanu- und Paddeltouren unternehmen, Floßfahrten erfolgen auf Saale und Werra (Infos über: Touristinformation Thüringen, Tel. 0361 374 20, www.thueringen-tourismus.de.)

Wintersport

Der Wintersport hat in Thüringen Tradition, 1800 km Skiwanderwege, rund 200 km Loipen und 40 Lifte warten auf Skifahrer. An fast 20 Liftanlagen wurde Flutlicht installiert. Beliebtester Wintersportort im Freistaat ist Oberhof (www.oberhof.de), u. a. mit einem 800 m langen Skihang mit Flutlicht und Beschneiungsanlage, auf dem auch Snowboarder dem Abfahrtsvergnügen frönen.

Einen guten Ruf als Wintersportort hat sich in jüngster Zeit das kleine Steinach am Südwestrand des Thüringer Schiefergebirges durch seine 3500 m lange Skiarena ›Silbersattel‹ erworben. Steinach besitzt Thüringens steilste Piste mit einer Neigung von 63 Prozent (www.silbersattel.de).

Über die aktuellen Schneehöhen und Wintersportmöglichkeiten informiert vom ersten Schneefall bis zum Ende der Saison das Schneetelefon Thüringen (Tel. 036870 533 99).

Die Winterlandschaft Thüringer Wald lädt zu ausgiebigem Langlauf ein

Feste und Veranstaltungen

In Thüringen ist immer irgendwo etwas los. Musikfeste und -festivals mit Musik der Renaissance, des Barock über Klassik bis Rock und Pop, Schlager und Jazz sowie bunte Volksfeste und Märkte bestimmen den Veranstaltungsplan. Im Winter ist Oberhof Austragungsort von spannenden internationalen Sportwettkämpfen.

Musik- und Theaterfestivals

Das führende Festival für Barockmusik, das den großen Komponisten Johann Sebastian Bach im März mit Konzerten in verschiedenen Städten ehrt, sind die **Thüringer Bachwochen** (www.thueringer-bachwochen.de).

Bekannte Namen, Kleinkunst vom Feinsten und darüber hinaus noch genussvolles Essen und Trinken: das bieten die Veranstaltungen im **Köstritzer Spiegelzelt** im Mai auf dem Weimarer Beethovenplatz (www.koestritzer-spiegelzelt.de).

Ein kulturelles Spektakel besonderer Art im August sind die **Domstufen-Festspiele** in Erfurt. Vor der Kulisse von Dom und Severikirche bilden die 70 zum Architekturensemble hinauffüh-

Festkalender

Januar
Kalter Markt: letzter Do in Römhild (bei Hildburghausen).

Februar
Wasunger Karneval: am Sa vor Aschermittwoch in Wasungen.
Trans Thüringia: eine Woche im Feb., längstes Schlittenhunderennen entlang des Rennsteiges, Altenfeld, Masserberg, Neustadt am Rennweg.

März/April
Sommergewinn: drei Wochen vor Ostern in Eisenach.
Thüringer Bachwochen: 3 Wochen im März/April in Arnstadt, Eisenach, Erfurt, Mühlhausen, Waltershausen, Wechmar und Weimar.
Leidensprozession: Palmsonntag in Heiligenstadt. Mit lebensgroßen Figuren wird der Leidensweg nachgestellt.

Mai
Skatbrunnenfest: erstes Wochenende in Altenburg.
Gothardusfest: erstes Wochenende in Gotha.
GutsMuths-Rennsteiglauf: ein Sa am Rennsteig.
Köstritzer Spiegelzelt: Kunst und Genießen in Weimar.
Thüringer Wandersommer: Mai–Sept. in Thüringer Wanderregionen.

Juni
Rolandfest: zweites Juni-Wochenende. Größtes Volksfest in der Region Nordthüringen.
Krämerbrückenfest: drittes Wochenende in Erfurt.
Töpfermarkt: letztes Wochenende in Bürgel.
Rosenfest: letztes Wochenende in Dornburg.

renden Stufen die atemberaubende Bühne (www.domstufen.de).

Beim **Tanz- & Folkfest Rudolstadt,** Deutschlands größtem Festival der Folk-, Roots- und Weltmusik, versammeln sich Zehntausende in der Stadt. Am ersten Juliwochenende treffen sie sich hier, um mit fast 1000 Solisten und Bands aus vielen Ländern zu feiern und zu tanzen (www.tff-rudolstadt.de).

Ende Juli steht am Bergsee Ratscher bei Schleusingen mit dem **Country-Festival** das größte Country-Open-Air Deutschlands auf dem Programm (www.das-countryfestival.de).

Das Sommerfestival **Kulturarena Jena** im Juli und August hat eine große Breite, Brücken werden von Kontinent zu Kontinent geschlagen, bekannte und aufstrebende Künstler bieten Jazz, Blues, World Music, www.kulturarena.de.

Im August schließlich steht **Pèlerinages – Kunstfest Weimar** auf dem Programm. Die Musik bildet den Mittelpunkt dieses Festes der Künste, das als Thüringens einziges weltoffenes Festival gilt. Außerdem gibt es Tanz, Theater, Literatur und Talk, Ausstellungen, Installationen und auch Kino (www.kunstfest-weimar.de).

Fast 20 historische Städte verwandeln sich im Herbst in swingende Zentren. Bei der **Jazzmeile** gehen mehr als 100 heiße Konzerte über die Bühne, kleine und große, mit internationalen Stars und jungen Talenten, www.jazzmeile.org.

Juli

Tanz- und Folkfest: erstes Wochenende in Rudolstadt.

Hütesfest: erstes Wochenende in Meiningen. Alles rund um den Kloß.

Schlossfestspiele: Anfang bis Mitte des Monats in Sondershausen.

Country-Festival: an einem der Wochenenden am Bergsee Ratscher.

Kulturarena: sieben Wochen, bis Aug. in Jena.

Ekhof-Festival: acht Wochen im Juli/Aug. in Gotha.

Orgelsommer: bis Aug. in ganz Thüringen.

Domstufenfestspiele und Sommertheater: bis Aug. in Erfurt.

August

Luther – Das Fest: eine Woche im Monat in Eisenach. Ein Luther-Spektakel mit Theater und Festumzug.

Schmalkalder Hirschessen: letztes Wochenende in Schmalkalden.

Rudolstädter Vogelschießen: letztes Wochenende in Rudolstadt.

Weinfest zum Goethe-Geburtstag: um den 28. Aug. in Weimar.

Montgolfiade: letztes Wochenende in Bad Colberg-Heldburg.

Kunstfest: drei Wochen bis Sept. in Weimar.

Oktober

Zwiebelmarkt: zweites Wochenende in Weimar.

Jazzmeile: bis Nov. in ganz Thüringen. Jazzkonzerte an mehreren verschiedenen Orten.

Dezember

Weihnachtsmärkte: in der Adventszeit in vielen Orten und von unterschiedlicher Dauer in ganz Thüringen.

Märkte und Volksfeste

Volksfeststimmung trotz meist frostiger Temperaturen herrscht jeweils am letzten Donnerstag im Januar. Seit über 200 Jahren treffen sich Händler und Käufer auf dem **Kalten Markt** in Römhild – zu dem, wie er traditionell ausgewiesen ist, Kram- und Taubenmarkt (www.stadt-roemhild.de/kalter-markt).

Karnevalshochburg in Thüringen ist Wasungen, seit 1524 wird hier gefeiert. Den Höhepunkt des **Wasunger Karnevals** bildet am Samstag vor Aschermittwoch der farbenprächtige Festumzug mit rund 2000 Mitwirkenden, mehr als 20 000 Menschen schauen dem närrischen Treiben zu (www.karnevalwasungen.de).

Am dritten Samstag vor Ostern feiern die Eisenacher mit ihren Gästen den **Sommergewinn.** Rund 400 000 bunte Papierblüten bilden den Festschmuck für das Frühlingsfest, eines der größten in Deutschland. Zehntausende säumen den Weg des Umzugs und verfolgen auf dem Marktplatz den Streit zwischen Frau Sunna und Herrn Winter, der letztlich als brennende Strohpuppe scheidet (www.sommergewinn.eisenachonline.de).

Thüringens größtes und attraktivstes mittelalterliches Stadtfest, das **Krämerbrückenfest,** bezaubert im Juni mit seinem unverwechselbaren Flair. Gaukler und Künstler ziehen mit Musik, Kleinkunstdarbietungen und Spielszenen durch die Gassen und Straßen. Höhepunkt ist der Mittelaltermarkt mit Thüringer Handwerkern.

Volksfeststimmung mit Festumzug, Shows und Live-Musik sind am ersten Juli-Wochenende beim **Hütesfest** in Meiningen zu erleben. Im Mittelpunkt steht der Thüringer Kloß, hierzulande

Internationale Künstler begeistern beim Folk-Fest in Rudolstadt

Hütes genannt, der der Sage nach in Meiningen erfunden worden sein soll.

In der letzten Augustwoche herrscht in Rudolstadt Hochstimmung. Im August 1722 fand das **Vogelschießen** erstmals statt, heute ist es Thüringens größter Rummel. Jedes Jahr amüsieren sich auf der Bleichwiese mehr als eine halbe Million Besucher (www.vogelschiessen-rudolstadt.de).

Große und kleine, dicke und schmale Zwiebelrispen, dazu filigrane Kränze und Gebinde bereichern das Stadtbild am zweiten Wochenende im Oktober. Und das schon seit 1653, denn da soll der **Zwiebelmarkt** zum ersten Mal stattgefunden haben (www.zwiebelmarkt.info).

Sportveranstaltungen

Oberhof ist in den Wintermonaten nicht nur Austragungsort von Weltcup-Veranstaltungen im Biathlon, **dem Biathlon-Weltcup,** sondern auch im Rennrodeln, der Nordischen Kombination, im Skispringen und Skilanglauf (www.biathlon.oberhof.de).

Ebenfalls im Winter gehen bei der **Trans Thüringia** rund 500 reinrassige Schlittenhunde gemeinsam mit ihren Mushern (Führern) auf die ungefähr 250 km lange Strecke entlang des Rennsteigs. Sie muss in sechs Etappen bewältigt werden. Der Wettbewerb in Thüringen gilt als das längste Schlittenhunderennen in Europa (www.trans-thueringia.de).

Der **GutsMuths-Rennsteiglauf** ist der größte Crosslauf Mitteleuropas und wohl einer der schönsten. Er führt wiederum auf dem Rennsteig entlang, und jedes Jahr nehmen über 10 000 Läufer daran teil, die von etwa 100 000 Zuschauern an der Strecke begleitet werden. Rund 1300 Helfer sind im Einsatz (www.rennsteiglauf.de).

Veranstaltungen im Netz
www.thueringen-tourimus.de: Unter dem Button ›Veranstaltungen‹ findet man hier alle aktuellen Termine für Thüringen.
www.thueringer-kulturkalender.de: Die Seite informiert über aktuelle Events in Erfurt, Weimar, Jena und dem Weimarer Land.

Wer es etwas gemütlicher mag, den führt der **Thüringer Wandersommer** über 80 Wander-, Nordic-Walking-, Rad- und Wasserwandertouren durch schöne Natur und Landschaften und zu vielen Sehenswürdigkeiten (www.thueringen-tourismus.de).

In der Weihnachtszeit

In **Lauscha,** der Stadt des Christbaumschmucks, verwandelt sich zum Kugelmarkt am 1. und am 2. Adventswochenende das Zentrum in eine große Fußgängerzone mit vielen Ständen. Weihnachtsmelodien erklingen und der Duft von Glühwein und Pfefferkuchen liegt in der Luft. In **Schmalkalden** heißt der Weihnachtsmarkt seit jeher Herscheklas und beginnt am ersten Mittwoch im Dezember, und in **Suhl** wird er Chrisamelmarkt genannt. Chrisamel bedeutet in der Suhler Mundart Christstollen. Mit dem größten Weihnachtsmarkt wartet **Erfurt** auf, vom Domplatz über den Fischmarkt bis zum Anger sind mehr als 200 Holzhäuschen aufgebaut, in denen Thüringer Spezialitäten angeboten werden. In **Pößneck** wird seit mehr als 500 Jahren das Lichterfest begangen. Am Heiligabend strömen Tausende Pößnecker mit bunten Laternen zum Marktplatz: Gegen 17.30 Uhr beginnt das Turmblasen vom Rathausturm.

Reiseinfos von A bis Z

Apotheken

Apotheken befinden sich in allen größeren Orten, wer außerhalb der regulären Öffnungszeiten Dienst hat, das weiß man in den Touristinformationen oder es ist an den Rezeptionen der Hotels zu erfahren. Auch in den Regionalzeitungen wie auf Schildern an den Apotheken finden sich entsprechende Hinweise.

Ärztliche Versorgung

Mit der Krankenversicherungskarte und einer eventuellen Zuzahlung kann man sich bei Bedarf an jeden niedergelassenen Arzt wenden. Die Adressen kennt man in den Hotels oder Touristinformationen (s. ›Notruf‹).

Diplomatische Vertretungen

Österreich:
Stauffenbergstr. 1
10785 Berlin
Tel. 030 20 28 70
berlin-ob@bmaa.gv.at

Sparend Reiseziele entdecken
Mit dem Thüringen-Ticket fahren bis zu 5 Personen mit der Bahn einen Tag zu 28 €, Alleinreisende zahlen nur 19 €. Das Ticket gilt in der 2. Klasse Mo–Fr von 9 bis 3 Uhr des Folgetags, an Wochenenden und Feiertagen schon ab 0 Uhr in allen DB-Nahverkehrszügen im Verkehrsverbund Mittelthüringen und bei weiteren Verkehrsträgern (www.bahn.de/thueringen-ticket).

Schweiz:
Fürst-Bismarck-Str. 4
10557 Berlin
Tel. 030 390 40 00
vertretung@ber.rep.admin.ch

Feiertage

Im protestantischen Teil: Neujahr, Ostern mit Karfreitag und Ostermontag, 1. Mai (Tag der Arbeit), Himmelfahrt, Pfingstmontag, 3. Oktober (Tag der Deutschen Einheit), Reformationstag (31. Oktober), 1. und 2. Weihnachtsfeiertag. Im katholischen Eichsfeld sind auch die Hl. Drei Könige (6. Januar), Fronleichnam und Allerheiligen (1. Nov.) gesetzliche Feiertage.

Fotografieren

Fotografiert werden darf überall, ausgenommen in einigen Museen, z.B. in Weimar. Wer für den privaten Gebrauch fotografieren möchte, muss an der Kasse zusätzlich zur Eintrittskarte eine Fotoerlaubnis erwerben. Ansonsten gilt: In Museen, Burgen und Schlössern sind weder Blitzlicht noch Stativ erlaubt. Speicherkarten oder Filme sind fast überall in den entsprechenden Geschäften erhältlich. Ungeduldige können in den meisten Städten ihre Bilder über Nacht entwickeln lassen.

Geld

Geldautomaten gibt es in jedem größeren Ort, in jeder Stadt. Fast alle Hotels, Restaurants und viele Geschäfte akzeptieren auch die gängigen Kreditkarten oder zumindest die EC-/Maestro-Karte.

Haustiere

Viele Hotels und Pensionen sind tier-freundlich, allerdings sollte vorher an-gefragt werden, ob die kleinen oder größeren Lieblinge mitgebracht wer-den dürfen. Um keine unliebsamen Überraschungen zu erleben, ist es auch angebracht, nach dem Unterbrin-gungspreis zu fragen.

Nicht erwünscht sind Hunde jedoch in den Restaurants. Innerhalb der Ort-schaften müssen Hunde an die Leine genommen werden, die ›Hinterlassen-schaften‹ sind zu beseitigen. Im Wald sollten Hunde ebenfalls nicht frei um-herlaufen, damit sie das Wild nicht auf-schrecken.

Medien

Radio und Fernsehen

Der MDR (www.mdr.de) ist das Regio-nalfernsehen für Thüringen, um 19.30 Uhr wird die Hauptnachrichtensen-dung ausgestrahlt.

Gern gehört wird Antenne Thürin-gen (www.antenne-thueringen.de), der bedeutendste landesweit aus-strahlende private Rundfunksender.

Zeitungen und Zeitschriften

Die »Thüringer Allgemeine« und die »Thüringer Landeszeitung« mit den entsprechenden Regionalteilen sind die meistgelesenen Tageszeitungen in Thüringen, sie erscheinen Mo–Sa. In der Region um Gera wird gern zur »Ostthüringer Zeitung« und im Thü-ringer Wald zur »Südthüringer Zei-tung« gegriffen.

Eine wirkliche Bereicherung für die Leselandschaft ist das »Kulturjournal Mittelthüringen«, ein anspruchsvolles Kulturmagazin für die Region Erfurt, Weimar, Jena und das Weimarer Land (www.kulturjournal-online.de).

Augen auf für Angebote

Thüringen gehört insgesamt zu den preiswerteren Urlaubsregionen. In Zentren der größeren Städte ist es je-doch – wie anderswo auch – teurer als in der Umgebung oder in ländlichen Regionen wie dem Thüringer Wald. Gut beraten ist derjenige, der nach Pauschalen Ausschau hält oder in Jah-reszeiten fährt, die weniger begehrt sind. Bei der Aktion »Winterzeit zu zweit« bieten z. B. Hotels das Doppel-zimmer für 66 € an (Nov.–März).

Notrufnummern

Rettungsdienst und Feuerwehr: Tel. 112
Polizei: Tel. 110
Pannenhilfe ADAC: Tel. 0180 2 22 22 22
Sperrnotruf für EC- und Kreditkarten: 116 116

Öffnungszeiten

Geschäfte

Thüringen hat das Ladenschlussgesetz aufgehoben, danach dürfen Geschäfte Mo–Fr rund um die Uhr und Sa bis 20 Uhr öffnen. Gebrauch machen davon allerdings nur wenige. Die meisten Ge-schäfte schließen um 20 Uhr, in kleine-ren Orten oft schon um 18 Uhr, Sa um 12 oder 14 Uhr. Auch eine Mittags-pause von einer oder zwei Stunden Dauer ist durchaus üblich. Mehrmals im Jahr gibt es sogenannte verkaufsof-fene Sonntage, die sich oft an einem Volksfest orientieren.

Restaurants

Gut beraten ist, wer sich vorher er-kundigt, ob die Gaststätte geöffnet hat. Die Öffnungszeiten in den Feri-enorten wechseln manchmal entsprechend dem Gästezulauf. Restaurants in den großen Städten sowie die Hotelrestaurants haben selten einen Ruhetag, auf dem Land ist, abgesehen von der touristischen Hochsaison, ein Ruhetag üblich. Die Küchenzeiten sind meist nicht identisch mit den Öffnungszeiten. Die aktuellen Öffnungszeiten der Ausflugsgaststätten – die bei Wanderungen wichtig sind –, sind bei den Touristinformationen zu erfragen.

Museen

Wie international üblich, ist der Schließtag meist der Montag. Aus finanziellen Gründen werden die Öffnungszeiten aber oftmals noch weiter eingeschränkt, manche Einrichtungen, sogar in der Kulturstadt Weimar, schließen neuerdings in den Wintermonaten.

Beliebt sind auch in Thüringen die Museumsnächte mit ihrem vielfältigen Programm. Sie finden einmal im Jahr in einigen Städten statt.

Die Werkstatt von Carl Zeiß im Optischen Museum in Jena

Post

Die Zeiten sind auch in Thüringen vorbei, in denen fast jeder Ort seine eigene Poststelle hatte. Heute übernehmen oft kleinere Verkaufsstellen den Postdienst, das gelbe Postzeichen außen weist darauf hin. Briefmarken, Telefon- und Handykarten sind darüber hinaus in Souve-nirläden, sofern sie Postkarten führen, oder auch in den Zeitungsläden erhältlich.

Rauchen

In Thüringen darf in Gaststätten und allen öffentlich zugänglichen Bereichen wie Behörden, Kinder- und Jugendeinrichtungen, Krankenhäusern sowie Sport- und Kulturstätten nicht mehr geraucht werden. Ausnahmen bilden separate Nebenräume bzw. Einraum-Kneipen mit einer Fläche unter 75 m², sofern der Wirt sie deutlich als Raucherkneipen kennzeichnet.

Reisen mit Handicap

In Thüringen haben es Menschen mit Behinderungen oft nicht leicht, vor allem in den bergigen Regionen. Aber auch etliche historische Bauwerke wie Schlösser und Burgen sind für Reisende mit Handicap nicht zugänglich. Hotels bieten jedoch vielfach behindertengerechte Zimmer an.

Die Touristinformationen erteilen Auskunft darüber, welche Sehenswürdigkeiten für Rollstuhlfahrer gut zu erreichen und zu besichtigen sind. Oft sind Broschüren für Personen mit Handicaps zu erhalten, so in Erfurt und Weimar. Die Thüringer Tourismus GmbH bietet eine Broschüre mit behindertengerechten Angeboten und Unterkünften an. Adresse s. Informationsstellen.

Sicherheit

In Thüringen können sich Touristen genau so sicher fühlen wie anderswo in Deutschland. Die üblichen Sicherheitsvorkehrungen – keine Wertsachen im Auto liegen lassen, Gegenstände und größere Geldbeträge im Hotelsafe deponieren und dichtes Gedränge meiden – sollten allerdings selbstverständlich sein.

Panorama – Daten, Essays, Hintergründe

Über der fruchtbaren Landschaft erhebt sich das **Kyffhäuser-Denkmal**

Lage und Fläche: Die Landesfläche umfasst 16 172 km² (4,5 Prozent der Gesamtfläche von Deutschland). Thüringen grenzt an Bayern (381 km Grenzlänge), Sachsen-Anhalt (296 km), Hessen (270 km), Sachsen (265 km) und Niedersachsen (112 km). Die Nord-Süd-Ausdehnung beträgt 160 km, die West-Ost-Ausdehnung 198 km. Der geografische Mittelpunkt Deutschlands liegt in Niederdorla südlich von Mühlhausen.

Einwohner: 2,3 Mio. Einwohner; die Bevölkerungsdichte beträgt 142 Einwohner je km², der Ausländeranteil liegt bei 2 %.

Landeshauptstadt: Erfurt

Größte Städte: Erfurt (205 000 Einw.), Jena (105 000 Einw.) und Gera (99 300 Einw.). Danach kommt Weimar mit 65 000 Einwohnern, etwas über 40 000 haben Gotha, Suhl, Nordhausen und Eisenach.

Geografie und Natur

Thüringen ist Teil der mitteldeutschen Hügel- und Mittelgebirgslandschaft. Die südliche Landeshälfte durchzieht von Nordwesten nach Südosten der Thüringer Wald, dem sich das Thüringer Schiefergebirge anschließt. Nördlich des Thüringer Waldes erstreckt sich die Landschaft des Thüringer Beckens, das im Dreiländereck zu Niedersachsen und Sachsen-Anhalt in den Harz übergeht und im Westen an die Hochfläche des Eichsfeldes grenzt. Dort, wo die Unstrut die Hainleite und die Schmücke durchbricht, ragt das kleine Kyffhäusergebirge auf. Uneinheitlich strukturiert ist auch die hydrogeologische Gliederung des Landes, das im Einzugsbereich der drei mitteleuropäischen Stromgebiete Elbe, Weser und Rhein liegt. Das Klima beeinflussen Luftströmungen aus westlichen Richtungen, was in dem Gebiet zu milden Wintern und relativ kühlen Sommern führt.

Insgesamt stehen rund 3980 km² unter Natur- und Landschaftsschutz. Es gibt den Nationalpark »Hainich«, die beiden Biosphärenreservate »Rhön« (mit Hessen und Bayern) und »Vessertal–Thüringer Wald« sowie die vier Naturparks »Thüringer Wald«, »Kyffhäuser«, »Eichsfel–Hainich–Werratal« und »Thüringer Schiefergebirge/Obere Saale«. Der höchste Berg ist mit 983 m der Große Beerberg, der niedrigste Punkt liegt mit 114 m ü. NN am Unstrutflutgraben bei Wiehe. Die Saale fließt 196,3 km durch Thüringen, die Werra 187 km, die Unstrut 157 km und die Ilm 121 km.

Politik und Verwaltung

Der Freistaat Thüringen besteht aus 17 Landkreisen mit 127 Städten und rund 1000 Gemeinden. Mehr als die Hälfte der Gemeinden hat weniger als 1000 Einwohner. Landeshauptstadt ist Erfurt, kreisfreie Städte sind Erfurt, Gera, Jena, Suhl, Weimar und Eisenach.

Wirtschaft und Tourismus

Die bedeutendsten Wirtschaftsstandorte sind Jena (Optik und Optoelektronik, Pharmazie, Medizintechnik, Biotechnologie), Eisenach (Kraftwagen- und Kraftwagenteile, Medizin-, Mess-, Steuer- und Regelungstechnik) sowie Erfurt (Mikroelektronik und Mikrosystemtechnik).

Die landwirtschaftlich genutzte Fläche beträgt 7938 km², angebaut werden vor allem Getreide, aber auch Kartoffeln und Zuckerrüben. 5157 km² bedecken Wald, also nahezu ein Drittel der Gesamtfläche, was Thüringen den Beinamen »Grünes Herz Deutschlands« einbrachte.

Der Thüringer Wald, Weimar, Erfurt und Eisenach sind die beliebtesten Reiseziele. Bei den Einzelobjekten rangiert die Wartburg an erster Stelle. Jährlich besuchen etwa 3,5 Mio. Gäste den Freistaat, die rund 9 Mio. Übernachtungen buchen, der Thüringer Wald rangiert bei den Regionen an 1. Stelle, gefolgt vom Saaleland. Bei den Städten belegt Erfurt den 1. Platz, gefolgt von Weimar und Jena. Es stehen rund 470 000 Betten in rund 1000 Beherbergungseinrichtungen zur Verfügung. Die durchschnittliche Aufenthaltsdauer der Touristen beträgt 2,8 Tage. Das Land hat 16 000 km ausgeschilderte Wanderwege, im Winter 1800 km Skiwanderwege. Im zweijährigen Turnus wird der Thüringer Marketingpreis für Tourismus ausgelobt.

Bildung

An den Universitäten, den Hochschulen und Fachhochschulen sind insgesamt rund 50 000 Studierende immatrikuliert. An erster Stelle rangiert die Friedrich-Schiller-Universität Jena mit rund 20 000 Studierenden, gefolgt von der Technischen Universität Ilmenau mit über 6000 Studierenden. Je etwa 4000 Studenten lernen an der Bauhaus-Universität Weimar, der Fachhochschule Jena und der Fachhochschule Erfurt.

Kultur

Das Land hat rund 200 Museen, darunter die der Klassik Stiftung Weimar, die – wie auch die Wartburg und die Bauhausgebäude in Weimar – auf der UNESCO-Welterbeliste stehen. Es gibt neun Theater und unzählige freie Bühnen, acht große Orchester, etwa 220 öffentliche Bibliotheken und 25 Musikschulen.

Religion

72 Prozent der Thüringer sind konfessionslos, rund 21 Prozent protestantisch und etwa 5 Prozent – vorwiegend im Eichsfeld – katholisch.

Verkehr

Die Autobahnen haben eine Gesamtlänge von 644 km und die Bundesstraßen 1846 km, das Streckennetz der Eisenbahn misst 1552 km. Der internationale Flughafen Erfurt-Weimar befindet sich in der Landeshauptstadt Erfurt.

Wappen

Der goldgekrönte Löwe auf blauem Grund ist von acht Sternen umgeben, die für die sieben Staaten stehen, die sich 1920 zum Freistaat Thüringen zusammengeschlossen haben, sowie für die Gebiete des preußischen Thüringen, die man im Sommer 1945 in das Land integrierte.

Frühzeit

um 350 000/ 300 000 v. Chr.
Funde im Gebiet um Bilzingsleben bezeugen die steinzeitliche Besiedlung des Gebiets.

um 200 000 v. Chr.
Ein entdecktes Homo-sapiens-Skelett in Ehringsdorf bei Weimar belegt, dass hier schon in früher Zeit Menschen siedelten.

um 380 v. Chr.
Erstmals wird der Name ›Thoringi‹ für Thüringer in einer lateinischen Schrift erwähnt.

Mittelalter

um 470
Der Stammstaat Thüringen wird gegründet.

531
Untergang des Thüringerreiches unter König Hermenfried durch die Niederlage in der Schlacht bei Burgscheidungen an der Unstrut. Franken und Sachsen wandern nach Thüringen ein.

742
Mit der Gründung des Bistums Erfurt durch Bonifatius findet die Christianisierung Thüringens einen ersten Abschluss.

um 1040
Herrschaft der Ludowinger; die Wartburg (1080) und das Kloster Veßra (1131) werden gegründet.

1190–1217
Landgraf Hermann I. macht die Wartburg zum kulturellen Zentrum, 1206 findet auf ihr der sagenhafte ›Sängerkrieg‹ statt.

1247
Die Zeit der Ludowinger endet mit dem Tod von Landgraf Heinrich Raspe. Thüringen fällt an die Wettiner.

1485
Teilung des wettinischen Besitzes in einen nördlichen albertinischen und einen südlichen ernestinischen Teil.

Reformation und Kleinstaaterei

1521/22
Martin Luther hält sich auf der Wartburg auf und übersetzt das Neue Testament ins Deutsche.

1525
Der Deutsche Bauernkrieg breitet sich auf Thüringen aus, es kommt zur Niederschlagung bei Frankenhausen.

1531–1547
Der Schmalkaldische Bund protestantischer Fürsten und Städte zum Schutz der Reformation wird gegründet, er endet mit der Niederlage im Schmalkaldischen Krieg 1546/47. Es entstehen viele kleine Herzogtümer.

Ende 17. Jh.	Es bestehen zehn ernestinische, neun reußische und drei Schwarzburger Linien. Erfurt und Eichsfeld sind kurmainzisch, der Saalkreis brandenburgisch, die albertinischen Landesteile kursächsisch.
1775	Der erst 18-jährige Herzog Carl August übernimmt 1775 in Weimar die Regierungsgeschäfte und macht Weimar zum Zentrum der deutschen Klassik. Er holt Johann Wolfgang Goethe nach Weimar, der bis zu seinem Tode 1832 in Weimar lebt und wirkt.

Der Weg in die Moderne

1801	GutsMuths richtet den ersten deutschen Gymnastikplatz in Schnepfenthal bei Waltershausen ein und legt damit die Grundlagen für den Schulsport.
1815	Auf dem Wiener Kongress werden Erfurt, Nordhausen, Mühlhausen, das Obereichsfeld und das gesamte albertinisch-sächsische Nordthüringen Preußen zugesprochen. Sachsen-Weimar wird zum Großherzogtum ernannt.
1853–1901	Unter Großherzog Carl Alexander erlebt Sachsen-Weimar ein ›Silbernes Zeitalter‹, das vor allem durch das Wirken von Franz Liszt geprägt wird.
1869	In Eisenach findet im Saal der Gaststätte »Goldender Löwe« der »Allgemeine deutsche sozialdemokratische Arbeiterkongress« statt, der zur Gründung der Sozialdemokratischen Arbeiterpartei führt.
1871	Das Deutsche Reich entsteht, dem die Thüringer Staaten beitreten.
1875	Mit der Vereinigung der Sozialdemokratischen Arbeiterpartei (Eisenacher) und des Allgemeinen Deutschen Arbeitervereins (Lassalleaner) gründet sich in Gotha die Sozialistische Arbeiterpartei Deutschlands.

Das 20. Jahrhundert

1918	Die thüringischen Fürstenhäuser danken ab.
1919	Die deutsche Nationalversammlung tagt im Weimarer Theater und beschließt die erste demokratische Verfassung, die als Weimarer Verfassung in die Geschichte eingeht. Walter Gropius gründet in Weimar das Bauhaus.
1920	Gründung des Landes Thüringen mit Weimar als Landeshauptstadt. Coburg entscheidet sich nach einer Volksabstimmung für Bayern.

Die Plattenbausiedlung in Jena Lobeda-West Anfang der 1990er-Jahre

1937 Die Nationalsozialisten errichten das Konzentrationslager Buchenwald nahe Weimar, bis 1945 ermorden sie dort etwa 65 000 Menschen.

1939–1945 Der Zweite Weltkrieg bringt schwere Zerstörungen.

1945 Im April befreien amerikanische Truppen Thüringen, später besetzt die Sowjetarmee das Land.

1946 Die ersten Wahlen nach dem Krieg zum Thüringer Landtag.

1949 Gründung der DDR, Thüringen wird eingegliedert.

1958 Die Nationale Mahn- und Gedenkstätte Buchenwald wird eingeweiht.

1970	Bundeskanzler Willy Brandt und der DDR-Regierungschef Willi Stoph treffen sich in Erfurt.
1989	Friedliche Revolution, die zur Auflösung der DDR führt.
1990	Das Land Thüringen mit Erfurt als Landeshauptstadt wird nach dem DDR-Ende neu gebildet und tritt am 3. Oktober der Bundesrepublik Deutschland bei.
1993	Thüringen gibt sich eine neue Verfassung und trägt nunmehr die Bezeichnung ›Freistaat‹.
1996	Die Bauhausstätten in Weimar und Dessau (Sachsen-Anhalt) werden in die Welterbeliste der UNESCO aufgenommen.
1998	Das klassische Weimar wird mit 14 Objekten – u. a. Goethehaus, Schillerhaus, Goethes Gartenhaus – zum Weltkulturerbe erklärt.
1999	Weimar ist ›Kulturhauptstadt Europas‹, gleichzeitig wird Goethes 250. Geburtstag begangen. – Die Wartburg kommt auf die Welterbeliste der UNESCO.

Thüringen heute

2002	Der schriftliche Goethe-Nachlass im Goethe- und Schiller-Archiv Weimar wird in das sogenannte ›Memory of the World‹ aufgenommen.
2004	Ein Großbrand in der Herzogin-Anna-Amalia-Bibliothek in Weimar vernichtet 50 000 historisch wertvolle Bücher und Schriften (Wiedereröffnung 2007).
2007	Erstmals findet die Bundesgartenschau in zwei Städten gleichzeitig statt: in Gera und Ronneburg.
2008	Jena wird als ›Stadt der Wissenschaften‹ durch den Stifterverband für die Deutsche Wissenschaft ausgezeichnet.
2009	Thüringen erinnert mit beeindruckenden Ausstellungen und Veranstaltungen an den 90. Jahrestag der Gründung des Staatlichen Bauhauses in Weimar.
2011	Ein Teil der Buchenwälder des Nationalparks Hainich – zwischen Bad-Langensalza, Eisenach und Mühlhausen gelegen – wird von der UNESCO in die Welterbeliste aufgenommen.

Die Natur hat Thüringen reich beschenkt. Man kann im Nationalpark Hainich dem Urwald aufs Dach steigen, tagelang durch den Thüringer Wald wandern oder auch im Thüringer Meer toben, wie die Saalekaskaden im Südosten liebevoll genannt werden. Doch um all diese Schönheiten zu erhalten, muss viel in Sachen Umweltschutz getan werden.

Naturerlebnis Hainich

Nur wenige kannten zu DDR-Zeiten den kleinen Gebirgszug Hainich. Als drohte Fledermausart. Etwa 170 Vogelarten wurden gezählt, fast 250 Großschmetterlingsarten fühlen sich im Hainich wohl, ebenso Segelfalter, Fledermäuse und der Laubfrosch. Rothirsch, Reh und Wildschwein, aber auch das Mufflon streifen ebenfalls durch das Unterholz.

Im ›Urwald mitten in Deutschland‹ hat sich der einst für Mitteleuropa typische Rotbuchenwald in einer Ausdehnung erhalten, wie man es an keiner anderen Stelle in Deutschland mehr findet. Die knorrigen Buchen haben oft ein Alter von mehr als 300 Jahren. Um dieses Stück Natur in seiner Ur-

Berge, Wald und ein Meer

militärisches Sperrgebiet war er nicht zugänglich, die Russen als östliche Siegermacht des Zweiten Weltkrieges hielten hier Schießübungen ab, ihre Panzer zerpflügten den Waldboden. Die Abgeschiedenheit aber ließ vor allem im Kerngebiet des heutigen Nationalparks urwaldähnliche Verhältnisse entstehen.

Der Wald gibt eine Vorstellung davon, wie es wohl einst in weiten Teilen Mitteleuropas ausgesehen hat. Durch den Wald pirschen heute Wildkatzen und Dachse, in den Bäumen und Sträuchern leben Schwarzspecht und das kleine Sommergoldhähnchen sowie am südwestlichen Rand die Kleine Hufeisennase, eine vom Aussterben be-

Auf Baumwipfelhöhe durch den Hainich

sprünglichkeit zu erhalten, wurden der südliche Teil des Hainichs zum Nationalpark erklärt und ein Teil der Buchenwälder in die Welterbeliste der UNESCO aufgenommen.

Reiche Flora und Fauna

In Thüringen wechseln Hochflächen und Berge, Ebenen mit ausgeprägten tiefen Tälern, und im Südosten des Landes erstreckt sich das Thüringer Meer – die Bleilochtalsperre und die Hohenwartetalsperre, die unmittelbar beieinanderliegen. Beide gehören zu den 1919 bis 1963 angelegten Saalekaskaden. Verheerende Überschwemmungen hatten zum Bau dieses Talsperrensystems geführt.

In dieser vielfältigen Landschaft gedeihen etwa 1500 Pflanzenarten, damit gehört das Bundesland zu den botanisch vielseitigsten Landschaften Deutschlands. Auch der Zwerg-Grashüpfer etwa kommt in Deutschland nur noch im Kyffhäuser-Gebiet vor. Im Herbst sind hier Tausende Kraniche zu beobachten, die auf ihrem Flug nach Süden rasten. Im Plothener Teichgebiet fühlt sich die bis zu 1 m lange, nicht giftige Ringelnatter zu Hause, ein gewandter Schwimmer und vorbildlicher Taucher. Im Thüringer Wald leben Schwarzspecht und Sperlingskauz, Bekassine, Wasseramsel sowie die vom Aussterben bedrohten Großvögel Auerhahn und Schwarzstorch. An den Bergbächen tummeln sich Feuersalamander, Wasseramsel und Bachlibellen. Die Bergwiesen sind Lebensraum von Trollblume, Holunder-Knabenkraut und Berg-Wohlverleih.

Wald und Wasser

Doch der Artenreichtum in Tier- und Pflanzenwelt ist bedroht. Der Wald Thüringens wurde seit dem 16. Jh. erbarmungslos gerodet, vor allem im Schiefergebirge ist das noch heute sichtbar. Mitte des 18. Jh. begann die Aufforstung, meist mit der schnellwüchsigen und gut verwertbaren Fichte. Doch diese Monokultur hat große Nachteile, sie begünstigt Wind- und Schneebruch, das Bruchholz wiederum bildet den Nährboden für den Borkenkäfer, der besonders Fichten und Lärchen schädigt. In den vergangenen Jahrzehnten führten vor allem Luftverunreinigungen durch die Industrie zum Waldsterben, heute sind es die Abgase des immer weiter wachsenden Kraftfahrzeugverkehrs. Mehr als ein Drittel der Waldfläche ist deutlich geschädigt. Kahlflächen werden deshalb in unseren Tagen mit unempfindlicheren Baumarten wie Douglasien, Lärchen und Buchen bepflanzt.

Dennoch: Die Umweltbelastungen haben seit der Einheit deutlich abgenommen. Der CO_2-Ausstoß konnte um weit über die Hälfte verringert werden. Auch das Wasser von Werra, Saale, Elster und Unstrut, in das viele Betriebe zu DDR-Zeiten ihre Abwässer ungeklärt einleiteten, ist sauberer geworden. Angler bestätigen, dass in den Flüssen und Seen wieder viele Fische leben. Aus den Saaletalsperren holen sie schwere Aale, Hechte und Zander.

Unter Schutz gestellt

Thüringens Landschaft soll auch kommenden Generationen Freude bereiten. Deshalb hat man etwa ein Viertel der Landesfläche unter Schutz gestellt, es gibt einen Nationalpark – den Hainich – und vier Naturparks. In ihnen werden landwirtschaftliche Nutzung, Naturschutz und Erholung sanft miteinander verbunden. Ferner gibt es das Biosphärenreservat Vessertal-Thüringer Wald und das Biosphärenreservat Rhön (zum Teil in Bayern und Hessen). Der Status der Rhön als UNESCO-Schutzgebiet ist jedoch in Gefahr. Die UNO-Organisation verlangt, dass 3 % der Reservatsfläche als sogenannte Kernzonen ausgewiesen werden müssen, in denen die Natur sich selbst überlassen bleibt. Thüringen kommt mit gegenwärtig 1,6 % bei Weitem nicht an das Ziel heran, Bayern steht mit 0,6 Prozent noch weiter zurück. Wenn sich bis zur nächsten Überprüfung im Jahr 2013 nichts ändert, dann ist der UNESCO-Titel weg. Was für die Rhön einen herben Imageverlust bedeuten würde.

Erfolgreich renaturiert: das ehemalige Bergbaugebiet bei Ronneburg

Traurige Hinterlassenschaft

Tiefe Narben in der Landschaft hatte das Bergbauunternehmen Wismut bei Ronneburg hinterlassen. Von 1950 bis 1990 förderte die Sowjetisch-Deutsche Aktiengesellschaft rund 90 000 t Uran. Zurückgeblieben waren große Stufen- und Kegelhalden. Der Rückbau der einstigen Bergbaulandschaft und ihre Umgestaltung zu einer ursprünglichen Naturlandschaft mit landschaftsarchitektonischen Akzenten ist weitgehend abgeschlossen. In Vorbereitung der Bundesgartenschau Gera-Ronneburg 2007 wurden große Gebiete renaturiert.

In der Region Altenburg hat der Braunkohleabbau seit 1900 ebenfalls umfangreiche Landschaftsteile verwüstet. Die Tagebaue wurden nach der Einheit stillgelegt, auch hier ist die Rekultivierung nahezu beendet.

Drohender Klimawandel

Für den Umweltschutz vor Ort wird einiges getan, aber schon droht eine neue Gefahr: der Klimawandel. Natürlich wird er sich auch auf Thüringen auswirken. Die Durchschnittstemperaturen steigen in den nächsten 50 Jahren um 2 bis 3 °C an, vor allem das Thüringer Becken und Teile Ostthüringens werden betroffen sein, sagen die Wissenschaftler. Eine Studie der Sporthochschule in Köln prophezeit, dass die Zahl der Schneetage im Thüringer Wald von derzeit 70 auf etwa 40 im Jahr 2025 absinken wird. Auch die Niederschläge, so die Prognosen, verteilen sich neu. Im Thüringer Becken und in Teilen Ostthüringens soll es trockener werden, im Thüringer Wald dagegen feuchter. Extremniederschläge sollen zunehmen – also in Zukunft den Regenschirm oder ein Regencape keinesfalls vergessen.

Viele Fürsten, viele Schlösser, schweres Erbe

Die deutsche Kleinstaaterei hatte in Thüringen aus heutiger touristischer Sicht auch gute Seiten. Denn jeder Herrscher, und war sein Besitztum noch so winzig, wollte repräsentieren. Das bescherte Thüringen eine Fülle prächtiger Burgen und Schlösser.

Zwergstaaten

Territorien, die oftmals nur einige Dörfer umfassten, waren typisch für Thüringen. Eines der kleinsten war das 1678 entstandene und bis 1848 bestehende Reuß-Ebersdorf. Die Grafen und späteren Fürsten herrschten lediglich über etwa 10 000 Menschen, die Hauptstadt Ebersdorf zählte knapp 900 Einwohner. Hochnäsig schaute der Verwandte in der Nachbarschaft, denn der Fürst Reuß-Lobenstein regierte in seiner Hauptstadt Lobenstein (s. S. 222) immerhin über 2300 Untertanen. Thüringen bestand aus unzähligen Zwergstaaten, war zwischen dem 16. und 19. Jh. ein geografischer Flickenteppich. Dazu hatten Erbteilungen geführt. Jedem Fürstensohn sein eigenes Reich und sein eigenes Schloss! In Greiz regierten bis 1768 die Fürsten Reuß-Obergreiz im oberen Schloss und die Fürsten Reuß-Untergreiz im unteren Schloss. Das wohl eindrucksvollste Beispiel für das Entstehen des Flickenteppichs liefert das Herzoghaus Sachsen-Gotha: Als Herzog Ernst I. von Sachsen-Gotha 1675 starb, hinterließ er sieben Söhne. Die Aufteilung des Erbes ergab sieben Fürstentümer: Sachsen-Gotha-Altenburg, Sachsen-Coburg, Sachsen-Meiningen, Sachsen-Römhild, Sachsen-Eisenberg, Sachsen-Hildburghausen, Sachsen-Saalfeld.

Schlösser in Hülle und Fülle

Die Blaublütigen standen untereinander im Wettstreit, man wollte imponieren und repräsentieren. Mit Architektur und Kunst, Geistesleben und Wissenschaft, Sammlungen und Kultur. Jeder Provinzfürst ließ sich ein Residenzschloss hochmauern, was Thüringen großartige Bauwerke mit prächtigen Innenräumen einbrachte wie in Gotha und Rudolstadt, die vom künstlerischen Feinsinn der Bauherren künden. Und es bescherte dem Land umfangreiche Kunstschätze. Die zu den Residenzen, Nebenresidenzen, Jagdschlössern, Sommersitzen, Witwenschlösschen gehörenden Parks ließ man bis ins Detail konzipieren, schuf vielfach kleine Paradiese mit Fontänen, künstlichen Grotten und lauschigen Plätzchen.

Die Kleinstaaterei teilte sogar manchen Ort, das im Thüringer Wald liegende Ruhla beispielsweise. Dort bildete der Erbstrom genannte Bach die Grenze. An die Teilung erinnern heute die Trinitatiskirche, die in dem zu Sachsen-Gotha gehörenden Teil gebaut wurde, und die Concordiakirche, die auf dem einstigen Gebiet von Sachsen-Weimar-Eisenach steht.

Nach der Einheit wären Weimar fast Schloss Tiefurt, die Fürstengruft mit Goethes Sarg, das gesamte Goethe- und Schiller-Archiv, Teile der Weimarer Kunstsammlungen und der Anna-Amalia-Bibliothek sowie das Liszt-Museum abhanden gekommen. Die Nachfahren des letzten Großherzogs verlangten es zurück. Prinz Michael-Benedikt von Sachsen-Weimar-Eisenach, Enkel des letzten regierenden Großherzogs, berief sich auf das sogenannte Ausgleichleistungsgesetz. Das bestimmt: Zwischen 1945 und 1949 unrechtmäßig enteignete Gegenstände sind zurückzugeben. ›Restitutionsansprüche‹ sagen die Juristen dazu. Nach jahrelangem Gezerre einigten sich die Landesregierung und das Großherzogliche Haus. Die geforderten Kulturgüter bleiben dauerhaft in Thüringen, im Gegenzug zahlte der Freistaat 15,5 Mio. € an die Kläger. Davon wurden 11 Mio. € durch den Verkauf von Wald, 4,5 Mio. € durch den Verkauf von Kunstwerken erzielt. Die Wartburg sollte sich daran beteiligen und sich von der berühmten, rund 600 Einzelteile umfassenden Egloffstein'schen Bestecksammlung trennen, die seit 1843 zu den kostbarsten Museumsbeständen gehört. Durch eine breite Spendensammlung konnte das verhindert werden. Man bekam die halbe Million Euro für das Herzogshaus zusammen und die Bestecke konnten auf der Wartburg bleiben.

Auch andere Herzogs- beziehungsweise Fürstenhäuser waren nicht untätig, ihre Begehren groß, die Wunschlisten lang. So forderten die 19 Erben des Herzogshauses Sachsen-Meiningen beispielsweise die berühmten Theaterzeichnungen von Georg II. zurück (s. S. 200), Prinz Andreas von Sachsen-Coburg und Gotha gar das gesamte Mobiliar von Schloss Friedenstein, von der Kunstkammer bis zur einmaligen Gemäldesammlung. Der Wert wurde auf mindestens eine Viertelmilliarde Euro geschätzt. Der Prinz verzichtete schließlich und gab sich mit 800 Hektar Thüringer Wald zufrieden. Zum Dank ernannte man ihn zum Ehrenbürger von Gotha. Erfolgreicher war Woizlawa-Feodora Prinzessin Reuß. Sie konnte sich zwar das Geraer Theater,

Schloss Burgk und andere Immobilien nicht zurückholen, das Bundesverwaltungsgericht in höchster Instanz lehnte das Ansinnen ab, aber etliche Kunstschätze durfte sich die Hochbetagte doch einverleiben. Die ließ sie 1998 durch das Auktionshaus Christie's rasch unter den Hammer bringen, um sie zu Geld zu machen. Der Unmut in der Bevölkerung war groß; man zitiere Goethe: »Die Werke der Kunst gehören nicht Einzelnen, sie gehören der gebildeten Menschheit an.«

Schwere Hinterlassenschaft

Thüringen ist mit mittelalterlichen Burgen und romantischen Schlössern regelrecht übersät – und finanziell überfordert. Wer soll all die viele Jahrzehnte vernachlässigten Bauwerke sanieren und erhalten? Um die kulturhistorisch bedeutendsten 30 Schlösser, Burgen und Gärten wiederherzustellen, sie zu pflegen und Besuchern zugänglich zu machen, hat das Land die Stiftung Thüringer Schlösser und Gärten gegründet, andere Objekte befinden sich im Besitz von Gemeinden oder Städten, von Unternehmen. Der Bund gibt Geld, das Land und die Denkmalpflege ebenfalls, und doch ist man auf Spenden angewiesen.

Seit der Einheit konnten viele Bauwerke und Parks wieder wunderschön hergestellt werden. Thüringens Burgen und Schlösser blicken zum Teil auf eine 1000-jährige Geschichte zurück. Sie waren Schauplatz historischer Ereignisse, Wirkungsstätte bekannter Persönlichkeiten und sind vielfach noch heute imposante Gebäude mit zum Teil unermesslichen Schätzen im Inneren – die zum deutschen Kulturgut gehören.

Goethe, Schiller & Co.

Thüringen ist das Land von Johann Wolfgang von Goethe und Friedrich Schiller. Beide sind allgegenwärtig, nicht nur in Weimar, der Stadt der deutschen Klassik. Doch in Thüringen haben weit mehr bedeutende Literaten gewirkt.

Rund ein halbes Jahrhundert war Weimar das ›Hellas‹ der deutschen Klassik. Im Goethe- und Schiller-Archiv werden aber nicht nur die Nachlässe von Deutschlands ›Bestsellerautoren‹ gehütet, sondern die vieler Literaten. Der von Goethe wurde von der UNESCO sogar geadelt, indem man ihn im Jahr 2002 in das sogenannte Weltgedächtnis, das Memory of the World, aufgenommen hat.

Land der Dichter

Christoph Martin Wieland (1733–1813) wie auch Johann Gottfried Herder (1744–1803) gehören neben Goethe und Schiller zum Weimarer Klassikerquartett. Christoph Martin Wieland war der erste deutsche Schriftsteller, dessen Werke während seines Lebens

Seit' an Seit': das Goethe-Schiller-Denkmal in Weimar

in einer Gesamtausgabe herauskamen. Zur Literatenelite Thüringens zählen jedoch noch viele andere, Wolfram von Eschenbach (um 1160–um1220), der Verfasser lyrischer Dichtungen, ebenso wie August Friedrich Ferdinand von Kotzebue (1761–1819), einer der erfolgreichsten deutschen Bühnenautoren seiner Zeit, sowie August Heinrich Hoffmann von Fallersleben (1798–1874), der Texter der deutschen Nationalhymne und Herausgeber der »Weimarischen Zeitschrift für deutsche Sprache und Literatur«.

Goethe-Gedenkstätten
Weimar: Goethes Wohnhaus, Frauenplan, Tel. 03643 54 54 00, www.klassik-stiftung.de
Goethes Gartenhaus, Park an der Ilm, Tel. 03643 54 54 00, www.klassik-stiftung.de
Jena: Goethe-Gedenkstätte, Fürstengraben 26 , Tel. 03641 94 90 09, www.jena.de
Ilmenau: Goethestadt-Museum, Markt, Tel. 03677 60 01 07, www.ilmenau.de
Stützerbach: Goethe-Museum, Sebastian-Kneipp-Str. 18, Tel. 036784 502 77, www.klassik-stiftung.de

Schiller-Gedenkstätten
Weimar: Schillers Wohnhaus, Schillerstr. 12, Tel. 03643 54 54 00, www.klassik-stiftung.de
Jena: Schillers Gartenhaus, Schillergässchen, Tel. 03641 93 11 88, www.jena.de
Rudolstadt: Schiller-Haus, Schillerstr. 25, Tel. 03672 48 64 70, www.schillerhaus-rudolstadt.de
Bauerbach: Schiller-Museum, Hauptstr. 3, Tel. 036945 503 01, www.klassik-stiftung.de

Beginn der Freundschaft

Goethe war 1775 nach Weimar gekommen, Schiller 1787 zum ersten Mal. Im Jahr darauf trafen sich beide zufällig in Rudolstadt (s. S. 238). Es war eine frostige Begegnung, so ist es zumindest überliefert. Bedingt durch Herkunft, Bildungsweg und gesellschaftliche Stellung unterschieden sich beide sehr. Goethe sah in Schiller den Sturm-und-Drang-Heißsporn, Schiller in Goethe den eigennützigen, erfolgsverwöhnten Dichter und Staatsmann. Die folgenden sechs Jahre gingen sie sich weitgehend aus dem Weg. Erst 1794 in Jena sind sich beide nähergekommen, hier begann die bis ans Lebensende dauernde Freundschaft.

Ein Irrtum

In der Fürstengruft in Weimar sollten die beiden im Tod vereint sein, ihre Särge stehen dort nebeneinander. Doch seit Kurzem weiß man: Im Sarg Schillers liegt nicht Schiller; er erinnert seitdem als sogenanntes Kenotaph an den großen deutschen Dichter. Ein breit angelegtes wissenschaftliches Projekt führte zu diesem Aufsehen erregenden Ergebnis. Man verglich den DNA-Code Schillers mit dem Erbgut seiner Familie. Keiner der drei Schädel in dem Sarg konnte Schiller zugeordnet werden, die Gebeine stammen ebenfalls nicht von dem Dichter, sondern von anderen Toten.

Bleibender sichtbarer Ausdruck der Dichterfreundschaft ist das Denkmal vor dem Deutschen Nationaltheater Dort sind die beiden Dichter vereint, die nicht nur beruflichen und gesellschaftlichen Umgang miteinander pflegten, sondern auch familiären. Doch geduzt haben sich beide nie.

Vorhang auf –
Theater und Musik

Thüringen ist ein bedeutendes Theaterland, es hat das dichteste Netz von Theatern und Orchestern aller Flächenstaaten Deutschlands. Aber auch die Tradition ist reicher als anderswo, hier gab es das erste festangestellte Theaterensemble, einen Herzog, der selbst inszenierte, und Komponisten von Rang wie Johann Sebastian Bach und Franz Liszt.

Rückblick

Bei Hof wollte man sich gut unterhalten lassen, auch den Gästen sollte etwas geboten werden. Fast jeder Fürst richtete sich ein Theater ein. Und da es viele Fürsten gab, hat Thüringen heutzutage viele Theater. Gotha besitzt das älteste barocke Schlosstheater in Deutschland, in dem sich die hölzerne Bühnentechnik aus dem 17. Jh. bis heute nahezu original erhalten hat. In Gotha spielte ab 1775 auch das erste fest angestellte Schauspielensemble Deutschlands.

In Weimar leitete Johann Wolfgang von Goethe 1791 bis 1817 das Theater und brachte Friedrich Schillers große Dramen zur Aufführung. Alles stellte jedoch Herzog Georg II. von Sachsen-Meiningen in den Schatten. Er übernahm selbst das Zepter und tourte mit seiner Theatertruppe von 1874 bis 1890 durch Europas Metropolen (s. S. 200). Der kleine Ort Meiningen (s. S. 199) im Werratal leistet sich auch heute noch ein großes Theater. Es ist ein prächtiger Bau mit Freitreppe und Säulen, hinter dessen klassizistischer Fassade 732 Besucher Platz finden. In ihm wird die Meininger Theatertradition fortgesetzt.

Viele Sorgen

Die reiche Theater- und Orchesterland-schaft stellt Thüringen vor Probleme. Das Geld reicht hinten und vorne nicht. Drei- und Vier-Sparten-Theater wur-den auf zwei Sparten gesundge-schrumpft, Theater mussten unterei-nander fusionieren wie die in Alten-burg und Gera. Weimar sollte sich mit Erfurt zusammenschließen – das Deut-sche Nationaltheater mit dem eher un-bedeutenden in Erfurt? Da hatte die Landesregierung aber nicht mit den Weimarern gerechnet. Die gingen auf die Straße und protestierten. Mit Er-folg. Weimars Theater bleibt eigen-ständig, es wurde sogar zum Staats-theater aufgewertet. Dafür hatte Ei-senach das Nachsehen. 2008 war Schluss mit der Eigenständigkeit, 80 Entlassungen gab es und viele Tränen, auch bei den Zuschauern. Eisenach ist jetzt ein Ableger von Meiningen.

Berühmte Namen

Mit den neun Theatern, die ein festes Ensemble haben, würde die Landesre-gierung vielleicht finanziell noch klar-kommen, wenn es sich ausschließlich um Sprechbühnen handelte. Aber Oper und Operette erfordern ein Or-chester, und das besteht nun einmal nicht wie ein Kammerquartett nur aus vier Musikern. Acht Orchester leistet sich Thüringen gegenwärtig, die viel Geld kosten, darunter die Staatska-pelle Weimar, an deren Pult solche be-rühmten Dirigenten wie Franz Liszt und Richard Strauss standen, und das Loh-Orchester, das aus der vor etwa 350 Jahren gegründeten Sondershäu-ser Hofkapelle hervorging.

Thüringen ist nicht nur Theater-, sondern auch ein Musikland mit rei-chen Traditionen. Die »musikalische Ersterwähnung« beginnt schon mit dem sagenumwobenen Sängerkrieg auf der Wartburg, verbunden mit Na-men wie Walter von der Vogelweide und Wolfram von Eschenbach. In Wechmar liegen die Wurzeln der wohl bedeutendsten Musikerfamilie der deutschen Kulturgeschichte, der Fami-lie Bach. Ein Spross dieser Familie, Jo-hann Sebastian, heute der meistge-spielte Komponist der Welt, wurde in Eisenach geboren. 32 Jahre verbrachte er in Thüringen. Bad Köstritz ist die Geburtsstadt von Heinrich Schütz, der der protestantischen Kirchenmusik neue Wege wies, und in Weimar und Meiningen wirkten Franz Liszt, Johann Nepomuk Hummel, Johannes Brahms, Richard Wagner wie auch Hermann Abendroth.

Das Land stellte jährlich bislang etwa 60 Mio. Euro für die Theater und Orchester zur Verfügung, 2009 bis 2012 sind es im Jahr 3 Mio. weniger. Die Möglichkeiten des Sparens sind ausgereizt, meinen die Intendanten. Das Ensemble verkleinern, den Spiel-plan einschränken, die Eintrittspreise anziehen? Letztlich bleibt wohl nur, noch mehr Menschen für das Theater zu begeistern, um die Auslastung zu erhöhen und so zu mehr Einnahmen zu kommen. Neulich gab es den Vor-schlag, es doch so zu machen wie Her-zog Friedrich III. von Sachsen-Hild-burghausen Mitte des 18. Jh. Als der mit seinem Hofstaat allein im Parkett saß, weil seine Untertanen kein Inte-resse für sein Theater zeigten, ging er höchstpersönlich auf die Felder und in die Gärten und trieb seine arbeitenden Landsleute mit freundlicher Gewalt ins Theater. Der Vorschlag fiel allerdings prompt durch, als man hörte: Der Be-such des Hildburghausener Hoftheat-ers war damals kostenlos.

Ideenlabor Bauhaus

Die Wiege des Staatlichen Bauhauses steht in Thüringen. Die einflussreichste und wegweisendste Gestalterschule des 20. Jahrhunderts wurde 1919 in Weimar gegründet. In 14 Jahren entstanden an ihr avantgardistische Ideen, die Künstler und Architekten weltweit beeinflussten.

Die Vorhaben

Die Gründung der Schule sollte ein Aufbruch zu neuen Ufern sein: ein Teamwork von Lehrenden und Studierenden, in Werkstätten handwerkliche Fähigkeiten erlernen und die eigenen Entwürfe umsetzen sowie Offenheit gegenüber neuesten internationalen Strömungen. Beim Entwurf sollten die Schüler schon die künftige Industrie-Produktion vor Augen haben. Das war die Intention von Walter Gropius (1883–1969), dem Gründer. Er strebte die modernste Kunstschule seiner Zeit an, die Abkehr vom dekorativen Schnörkel stand auf dem Programm, schlichte Formen und klare Proportionen waren das Ziel, in der Architektur wie bei Gebrauchsgegenständen. Diese neuen Ideen sollten weltweit die Gestaltung revolutionieren. Gropius als Direktor holte nahezu die gesamte europäische Künstler-Avantgarde als Lehrer nach Weimar: Lyonel Feininger, Wassily Kandinsky, Paul Klee, Gerhard Marcks, Johannes Itten, Oskar Schlemmer und László Moholy-Nagy. Es ent-

stand eine Avantgardeschule: Den akademischen Dünkel der Hochschullehrer warf man über Bord, Mann und Frau waren gleichberechtigt, man vergab Stipendien und die Studenten waren am Verkaufserlös ihrer Werkstattarbeiten beteiligt.

Bauhaus-Zeugnisse

In Weimar hat das Bauhaus als berühmtestes Zeugnis allerdings lediglich das Haus am Horn (1923) hinterlassen, das heute zu den Klassikern der Design-Geschichte des 20. Jh. zählt, dazu

Auf Feiningers Spuren

Der ausgeschilderte, 25 km lange Feininger-Radwanderweg folgt den Spuren des Bauhauskünstlers im Weimarer Land. Er führt u. a. zur Autobahnkirche Gelmeroda, die Lyonel Feininger in zahlreichen Bleistiftzeichnungen, Holzschnitten und Ölgemälden festhielt. »Die Dörfer, wohl über Hundert, in der Umgebung sind prachtvoll! [...] Es gibt Kirchtürme in gottverlassenen Nestern, die mir das Mystischste sind, was ich von den sogenannten Kulturmenschen kenne!«, schrieb Feininger an den österreichischen Grafiker und Schriftsteller Alfred Kubin (www.im-weimarer-land.de).

kommen noch das von Walter Gropius geschaffene Märzgefallenen-Denkmal auf dem Hauptfriedhof sowie die Gedenktafel für die Weimarer Verfassung am Nationaltheater.

Wegweisende Zeugnisse der Bauhausarchitektur hat Jena zu bieten: im Westviertel die Villen Auerbach (1924) in der Schaefferstraße und Zuckerkandl (1928) in der Weinbergstraße. Neben diesen Gebäuden sind in Jena das mathematisch-naturwissenschaftliche Institut »Abbeanum« und das Studentenhaus mit Mensa (1928) am Philosophenweg an die Architektur des Bauhauses angelehnt. Im Bauhaus-Stil entstand auch das Hotel »Haus des Volkes« von Alfred Arndt in Probstzella (an der B 85).

Ein repräsentatives Haus

Mehr als 1000 von Bauhauskünstlern geschaffene Gegenstände hat das Bauhaus-Museum in Weimar (s. S. 137) zusammengetragen, zu sehen sind davon leider nur wenige. Denn das 1995 gegründete Museum fristet seit seiner Eröffnung ein Schattendasein in der einstigen Wagenremise am Theaterplatz. Sie hatte einst viele Jahre dem Nationaltheater als Kulissenhaus gedient. Doch nun ist endlich Licht am Ende des Tunnels zu sehen! Weimar bekommt ein neues Museum, ein repräsentatives Haus, das sich dem Bauhaus als würdig erweisen wird. 2015 soll es eröffnet werden und wird viele Designbegeisterte anziehen.

Mobiliar in zeitgemäßer Form – der Stil des Bauhauses fand weltweite Verbreitung

Die Ideen leben

Der 1. April 1919 war der Gründungstag des Bauhauses. Ironie der Geschichte: Genau auf den Tag sechs Jahre später, am 1. April 1925, musste es schließen. Die vielen Neuerungen waren dem eher konservativen Weimar suspekt, dazu kam, dass rund 50 Prozent der Lehrkräfte und bis zu 33 Prozent der Studierenden Ausländer waren. Rechtsgerichtete Kräfte setzten sich durch und erreichten, dass der Haushaltsausschuss im Thüringer Landtag 1924 die weitere finanzielle Förderung der Schule aus politischen Gründen ablehnte. Derart unter Druck gesetzt, löste sich das Bauhaus 1925 selbst auf, um in Dessau neu zu beginnen, wo es bessere Bedingungen gab. 1932 mussten die Bauhäusler erneut umziehen, nun nach Berlin. Nur ein Jahr später drängten die Nationalsozialisten auf die endgültige Schließung.

Das Bauhaus war die wichtigste und einflussreichste Bildungsstätte im Bereich der Architektur und des Designs im 20. Jahrhundert, es war das Ideenlabor der klassischen Moderne. Der Siegeszug um die Welt begann mit der Schließung, denn zahlreiche Lehrkräfte und Absolventen trugen die Bauhausideen in die ganze Welt. Lyonel Feininger und László Moholy-Nagy setzen ihre Arbeit in den USA fort, Paul Klee und Johannes Itten in der Schweiz, Wassily Kandinsky in Frankreich. Bis heute wirkt es nach.

Kleine Erzeugnisse, große Namen

Kleine Erzeugnisse, aber große Namen. Thüringen hat davon eine Menge, nicht nur die Bratwurst – unbestritten das Original Nr. 1. Vieles ist bekannt und begehrt, Lauschaer Christbaumschmuck ebenso wie Bürgeler Keramik. Wer aber weiß beispielsweise, dass die Teller im Hotelrestaurant im fernen Dubai oder Sydney aus Thüringen stammen?

Die Thüringer blicken auf lange wirtschaftliche Traditionen zurück. Im Thüringer Becken baute man seit dem 13. Jh. Waid an, aus dem die Färber ein begehrtes Blaufärbemittel für Textilien gewannen. Besonders in Erfurt blühte der europaweite Handel mit der Färberpflanze und bescherte der Stadt großen Reichtum. Spielzeug aus dem Raum Sonneberg hat sich ab dem 17. Jh. den Weltmarkt erobert, und Lauschaer Glas zeugt bis heute von der hohen Qualität der thüringischen Handwerkskunst. Der gläserne Christbaumschmuck aus Lauscha ist nach wie vor in der Welt begehrt.

Weltbekannt

Kahla ist eine Weltmarke. Porzellan aus dem Städtchen wird in fast 60 Ländern geliefert. Dreht man im noblen Grand Hyatt Hotel in Dubai Tasse oder Teller um, dann liest man den Namen dieses Ortes. Das moderne Design hat die Araber überzeugt. Nicht nur sie, auch in Sydney und Tokio wird auf Kahlaer Porzellan serviert. Der Ex-DDR-Bürger erinnert sich wohl vor allem an das Zwiebelmuster aus Kahla, nach dem er anstehen musste, zu haben war es nur, wenn vom Export etwas übrig blieb. Das zeitlos schöne Zwiebelmuster gibt es immer noch, mittlerweile bieten die Kahlaer aber mehr als 20 innovative Serien an. Das Kahlaer Porzellanwerk avancierte nach seiner Gründung 1844 rasch zum größten in Thüringen, zeitweise war es sogar der größte Geschirrhersteller in Europa. Heute ist der Name Kahla unter den Porzellanen ein Begriff – doch nur den wenigsten dürfte bekannt sein, wo dieses Kahla liegt: in Thüringen an der Saale, 9 km südlich von Jena.

Weißes Gold

Zu einem Zentrum der Porzellanherstellung in Deutschland stieg Thüringen ab 1760 auf, nachdem drei Thüringer – Georg Heinrich Macheleid, Wolfgang Hammann und Johann Gotthelf Greiner – unabhängig voneinander und zirka 50 Jahre nach Johann Friedrich Böttger und Ehrenfried Walther von Tschirnhaus das Porzellan ›nacherfunden‹ hatten. Macheleid stellte 1760 an seinen Landesfürsten das Gesuch, in Sitzendorf an der Schwarza eine Porzellanmanufaktur

Blau-weiß auf dem Bürgeler Töpfermarkt

errichten zu dürfen. Zwei Jahre später siedelte diese nach Volkstedt bei Rudolstadt (s. S. 238) über, wo geschickte Hände bis heute in der ältesten der Thüringer Porzellanmanufakturen feinste Figuren formen. Neben den Kahlaern und den Volkstedtern stellen noch fast 20 weitere Betriebe Porzellan her. Das Spektrum ist vielgestaltig, es reicht von Gebrauchsporzellan bis zu künstlerischen Arbeiten. Die interessantesten Stätten des Porzellans verbindet die Porzellanstraße (www.thueringerporzellanstrasse.de).

Echt Bürgel

Bürgeler Keramik mit dem typischen blau-weißen Dekor gehörte in der DDR zu den ›Bückwaren‹: Fast alles, was in dem kleinen Städtchen aus den Brennöfen kam, wurde für begehrte Devisen in westliche Länder exportiert. Gelangte etwas in den DDR-Handel – meist war es 2. Wahl –, wurde es unter den Ladentischen verstaut. Die Verkäuferinnen ›bückten‹ sich nur für gute Kunden, für Freunde oder Verwandte danach.

Getöpfert wird in Bürgel (s. S. 257) ohne Unterbrechung seit etwa 450 Jahren. 1900 auf der Weltausstellung in Paris erregten die Arbeiten der Bürgeler großes Gefallen, für eine etwa 1,10 m hohe Bodenvase erhielten sie sogar eine Goldmedaille. Das kleine Thüringer Bürgel war mit einem Mal berühmt und ist es bis heute geblieben. Im Unterschied zur industriell gefertigten Billigware modellieren geschickte Hände nach wie vor Tassen, Vasen und Krüge auf der Töpferscheibe, und von Hand werden sie auch dekoriert. Vor allem Weiß auf Blau, denn schließlich soll man ja auf Anhieb erkennen: Das ist echt Bürgel!

Baukasten-Renaissance

Albert Einstein hat in seiner Jugend mit Anker-Baukästen aus Rudolstadt seine wissenschaftliche Neugier entwickelt, Walter Gropius baute mit Anker-Bausteinen seine ersten Häuser, der Schriftsteller Jurek Becker spielte ebenfalls mit ihnen, und Erich Kästner berichtete, dass ihm seine Mutter einen Kindertraum erfüllte, als er einen Anker-Steinbaukasten geschenkt bekam. 1885 begann in Rudolstadt der Weltruhm des Steinbaukastens unter dem Anker-Firmenlogo. Seitdem begeistert er Generationen großer und kleiner Hobby-Architekten. In Wien, St. Petersburg, London und New York errichtete das Thüringer Unternehmen Niederlassungen, denn die Nachfrage war enorm. Anker-Steinbaukästen wurden zum Synonym für kreatives und pädagogisch wertvolles Spielzeug. Nachdem die Baukästen zwei Weltkriege überstanden hatten, kam für sie 1963 das Aus in der DDR, die Firma wurde aufgelöst. Rund 5 Mrd. Anker-Bausteine, so schätzt man, waren bis dahin weltweit verkauft worden. Nach der Einheit wagte man das Projekt der Anker-Renaissance. Bereits drei Jahre später erhielten Anker-Steinbaukästen aus dem thüringischen Rudolstadt in den USA den Parents Choice Award in Gold, den sogenannten Oscar der Spielwarenindustrie, für besonders empfehlenswertes Spielzeug.

Steinerner Exportschlager

Thüringens größter Exportschlager waren die Schiefergriffel. Dass sie verschwunden sind, hat nichts mit Treuhand, Finanzkrise oder der Verschiebung von Absatzmärkten zu tun.

Schiefergriffel sind im Zeitalter der Kugelschreiber und des PCs nicht mehr up-to-date. Millionen von Menschen auf der Welt lernten aber mit Schiefergriffeln und -tafeln aus Thüringen lesen und schreiben. Die Griffel kamen aus Steinach (s. S. 214), die Tafeln vor allem aus dem Gebiet um Lehesten (s. S. 236). Insgesamt, so wird geschätzt, schickten die Steinacher etwa 30 Mrd. Griffel auf die Reise.

Zwergenland

Zu Thüringen gehören auch die Gartenzwerge. Im Jahr 1874 entstand in Gräfenroda eine noch heute bestehende Gartenzwerg-Produktionsstätte, im Jahr 1884 wurden Thüringer Zwerge erstmals auf der Leipziger Messe angeboten.

Literarisch erwähnt sind sie in Thüringen jedoch schon viel früher, Johann Wolfgang von Goethe lässt in seinem Versepos »Hermann und Dorothea« einen älteren Gartenbesitzer klagen, dass junge Leute keinen Sinn mehr für Gartenzwerge hätten.

Thüringen hat also nicht nur sein Keramik-Museum in Bürgel (s. S. 257), unzählige Museen, in denen Thüringer Porzellane präsentiert werden, sein Bratwurst-Museum, ein Schiefermuseum in Steinach und Werksführungen in der Kahlaer Porzellanfabrik. Thüringen hat in Gräfenroda auch ein Zwergenmuseum und in Trusetal einen Zwergenpark (s. S. 171). Denn viele Thüringer behaupten, sie haben nicht nur die Bratwurst, den Skat und die Schiefergriffel erfunden, auch die Wiege der kleinen Wichtel würde bei ihnen stehen.

Rot bemützt: eine ganze Schar aus dem Zwergenland

Das Hightech-Land

Vor 150 Jahren entwickelte Carl Zeiß in Jena das Mikroskop, Otto Schott wenig später das hitzebeständige Glas, vor 100 Jahren baute man in Eisenach bereits Autos. Heute kommen aus Thüringen Laseranlagen und Mikroskopsysteme, Planetariums- und Biomedizintechnik sowie andere Hightech-Erzeugnisse. Damals wie heute wirken in dem Land pfiffige Tüftler.

Graue Hose, weißes Hemd und weiße Baumwollhandschuhe, das ist die Dienstkleidung der Autobauer in Eisenach. Das Werk mit einer Fertigungshalle, in der große Scheiben an der Decke Tageslicht auf die breiten Taktstraßen fallen lassen, gehört zu den modernsten in Deutschland. Opel hat sich nach der Einheit Eisenach als Standort ausgesucht, weil hier seit

1896 Autos produziert werden, es also ein gutes Know-how gab. Die Stadt gilt als eine Wiege der deutschen Automobilindustrie. Aus Eisenach kam der berühmte Dixi und ab 1928 bauten die Bayerischen Motorenwerke (BMW) ihre ersten Autos in der Wartburgstadt. Nach dem Zweiten Weltkrieg waren es in der DDR der Zweitakter F 9 und schließlich der Wartburg. Der letzte lief 1991 vom Band, es war ein knallroter ›1.3er‹ mit VW-Motor, der heute im Museum ›Automobile Welt‹ in Eisenach steht. Mit ihm endete der DDR-Automobilbau, aber nicht die Fahrzeugherstellung.

Erfolgsstandort

Thüringen gilt als wirtschaftlicher Erfolgsstandort, weil hier seit jeher Wissenschaft und Wirtschaft verzahnt sind, hier besonders viele Erfinder wirkten und wirken. Einer von ihnen ist Ludwig Müller-Uri, der in Lauscha in der ersten Hälfte des 19. Jh. zusammen mit Augenärzten das erste künstliche Menschenauge aus Glas entwickelte. Das thüringische Stützerbach gilt als Wiege des chemisch-technischen Laborglases, hier stellte um 1830 Franz Ferdinand Greiner das erste deutsche Thermometer her, fertigte man die ersten deutschen Glühlampen und entwickelte Spezialgläser für Röntgenröhren. Jena gelangte Ende des 19. Jh. durch Carl Zeiß, Ernst Abbe und Otto Schott als Stadt wissenschaftlicher Präzisionsgeräte und des feuerfesten Glases zu Weltruhm. Zu den Tüftlern gehört auch Walther Bauersfeld, der das erste Planetarium weltweit baute, das 1923 in Jena eröffnet wurde. Die Industrialisierung in Deutschland bekam von Thüringen wichtige Impulse.

Nach dem DDR-Ende

Die deutsche Vereinigung führte zu gravierenden Veränderungen in der Wirtschaft, Zehntausende von Arbeitsplätzen wurden abgebaut. Untergegangen ist die DDR-Textilproduktion, die in Thüringen zahlreiche Standorte hatte, bis auf einen Rest auch die Knopfproduktion in Schmölln, die Waffenherstellung in Suhl sowie der Nähmaschinenbau in Altenburg. Die alte Maxhütte bei Saalfeld gibt es ebenfalls nicht mehr, doch darüber dürfte kaum einer traurig sein, verschwand doch damit eine der für die DDR typischen Dreckschleudern. Die Wende nicht überlebt haben auch der Kalibergbau an der Werra und im Norden Thüringens sowie der Braunkohleabbau im Raum Altenburg.

Wissenschaftszentrum Jena

Neues ist entstanden, das die mit dem DDR-Ende verloren gegangenen Arbeitsplätze jedoch nicht ersetzen konnte. Für technologische Innovation steht Jena, das sich mit der Uni und rund 30 Forschungseinrichtungen zum Wissenschaftszentrum Thüringens entwickelte. Dazu gehören das Fraunhofer-Institut für Angewandte Optik und Feinmechanik sowie das Max-Planck-Institut für Ökonomik. In der Stadt an der Saale schafft die Jenoptik AG die Hightech des 21. Jh.: Optik und Sensorsysteme auf technologisch höchstem Niveau. Gemeinsam mit Carl Zeiss Jena baute der internationale Konzern, der am Hauptsitz in Jena rund 1000 Mitarbeiter hat, den weltstärksten Laser und war am Bau der innovativen HRSC-Kamera beteiligt, die sich an Bord der ESA-Sonde »Mars Express« bewährte.

In Ilmenau hergestellte Laserprodukte finden in der Luft- und Raumfahrttechnik Einsatz, und in Blankenstein steht die modernste und größte Zellstofffabrik Deutschlands. Die Unternehmer schätzen nicht nur die Verzahnung von Wirtschaft und Wissenschaft, sondern auch die hochqualifizierten Arbeitskräfte. Etwa 14 Prozent von ihnen besitzen einen akademischen Grad, in Jena sind es sogar etwa 20 Prozent, fast 60 Prozent der Arbeitnehmer sind Facharbeiter. Dazu kommen die elf Universitäten und Fachhochschulen des Freistaats mit rund 50 000 Studenten, die den Ruf von modernen Stätten von Forschung und Lehre haben. Das alles lässt weitere Hightech-Erzeugnisse aus Thüringen erwarten und hoffentlich weitere Arbeitsplätze.

Labyrinth unter Tage

Thüringen ist altes Bergbauland, rund 5000 Schächte sind bekannt. Nach der Einheit kam der Bergbau jedoch fast völlig zum Erliegen, die Kaligruben und Uranschächte wurden dichtgemacht, der Braunkohleabbau endete ebenfalls. Zeugnis dieser reichen Geschichte unter Tage legen die Besucherbergwerke ab.

Geschirr klirrt, Möbel fallen um, Häuser stürzen ein, die Erde bebt. Die Menschen rennen aus ihren Häusern, der Bürgermeister springt aus dem Fenster seines Büros … Am 13. März 1989 um 14.03 Uhr bleibt die Uhr auf dem Friedensplatz in Völkershausen stehen. Der Ort in der Rhön sieht danach entsetzlich aus. Das Beben zeigt auf der Richterskala eine Stärke von 5,6. Es war aber kein Erdbeben, sondern ein Gebirgsschlag, der in 42 Orten der DDR ebenfalls Schäden verursachte. Im Kalibergwerk Merkers hatte man eine der üblichen Sprengungen vorgenommen, die den unter Völkershausen befindlichen Bergbauhohlraum auf 7 km^2 zusammenbrechen ließ.

Schlagwetter

Schwere Schlagwetterexplosionen hatte es auch schon vorher in Thüringen gegeben, aber, wie in der DDR üblich, wurde darüber das Mäntelchen des

Im Besucherbergwerk in Sondershausen wird der Kalibergbau lebendig

Schweigens gedeckt. So forderte eine Explosion am 7. Februar 1951 in Volkenroda bei Mühlhausen zwölf Todesopfer und am 17. April 1958 kamen in Menzengraben sechs Menschen durch Ersticken ums Leben.

Ein Netz von Stollen

Kalisalz, den wichtigsten Dünger für erschöpfte Böden, förderte man an der Werra sowie am Rand des Harzes mehr als 100 Jahre lang. Dabei entstanden in 700 bis 900 m Tiefe riesige Hohlräume sowie ein gigantisches, weitverzweigtes Netz an Stollen. Das des Werra-Gebietes hat eine Ausdehnung, die das Stadtgebiet von München übertrifft, das unterirdische Labyrinth des Sondershäuser Reviers soll in seinen Dimensionen dem Straßennetz der Landeshauptstadt Erfurt entsprechen.

Der Bergbau hatte ab Mitte des 19. Jh. vor allem durch die Industrialisierung eine große Bedeutung erlangt. Durch die wirtschaftliche Neuausrichtung nach der Einheit brach der einst blühende Industriezweig Bergbau fast vollständig weg. Zum Symbol für den industriellen Kahlschlag im Osten wurde nun die Gemeinde Bischofferode. Hier stemmte sich eine ganze Region im Sommer 1993 gegen die Entscheidung, ihr Kalibergwerk zu schließen. Die Kumpel besetzten den Thomas-Müntzer-Schacht, traten sogar in den Hungerstreik. Ohne Ergebnis. Zehntausende verloren ihren Job.

Grubenhohlräume unter Tage bergen große Gefahren, sie werden deshalb nach und nach verfüllt. Nahezu abgeschlossen ist die Sanierung der Wismutanlagen im Raum Ronneburg. Die Wismut, eine sowjetisch-deutsche Aktiengesellschaft, baute bis 1990 Uran ab. Die DDR war nach den USA und Kanada der drittgrößte Uranproduzent der Welt. Insgesamt wurden bislang mehr als 3,5 Mrd. Euro für die Bergbausanierung aufgewendet.

Bergbau wird in Thüringen auch heute noch betrieben, überwiegend handelt es sich jedoch um den Abbau von Sand und den Bruch von Steinen für den Straßenbau.

Besucherbergwerke

Die Erinnerung an die schwere Arbeit der Bergleute unter Tage halten etliche der stillgelegten Gruben wach. In Sondershausen (s. S. 101) wurde die Grube ›Glückauf‹, das älteste heute noch befahrbare Kalibergwerk der Welt, zum Erlebnisbergwerk. Hier treffen sich sogar Mountainbikefahrer regelmäßig zu Wettkämpfen. Jeder Teilnehmer erhält eine kleine Metallmarke, die er beim Verlassen wieder abgeben muss. So wird kontrolliert, ob nicht jemand die abgesteckten Wege verlassen und sich in dem weiträumigen Revier verfahren hat.

Besucherbergwerke
Ilfeld: s. S. 83; **Kamsdorf:** »Vereinigte Reviere Kamsdorf«, ehem. Eisenerzbergwerk, www.besucherbergwerk-kamsdorf.de; **Langewiesen-Oehrenstock:** »Volle Rose«, ehem. Flussspatbergwerk, www.langewiesen.de/Bergwerk; **Lehesten:** s. S. 236; **Merkers:** s. S. 191; **Schmalkalden:** s. S. 195; **Schmiedefeld:** »Morassina«, ehem. Alaunschieferbergwerk, www.morassina.de; **Trusetal:** s. S. 170; **Vesser:** »Schwarzer Crux«, ehem. Eisenerzbergwerk, www.schwarzercrux.com.

Thüringen ist ein Eldorado für Wintersportler, seit Jahrzehnten bekannt als Medaillenschmiede. Hier trainierende Rennrodler, Bobpiloten, Skispringer, Biathleten, aber auch Leichtathleten holen Weltmeistertitel und Olympiamedaillen. In Oberhof bereiten sich die Sportler in sieben olympischen Wintersportdisziplinen auf ihre Wettkämpfe vor.

1884 soll der erste Skiläufer in Thüringen aufgetaucht sein. Der zog noch geruhsam seine Spur. 1908 weihte man in Oberhof die erste Bobbahn und die

Auf Schnee und Asphalt

Heute ist Oberhof (s. S. 171) eines der wichtigsten Wintersportzentren in Deutschland und bietet mit Skisprunganlagen, Bob- und Rennrodelbahn sowie dem Biathlonstadion Arenen für internationale Wettkämpfe. Schon lange werden die Schanzen ganzjährig genutzt, auch in der warmen Jahreszeit mit Matten, erfunden vom Thüringer Hans Renner. Der Eisschnelllauf hat in Erfurt seine Basis. Auch das Schleizer-Dreieck-Rennen wird noch gefahren. Den Geschwindigkeitsrekord hält

Land der Weltmeister und Olympiasieger

erste Sprungschanze ein. Die Rodler trafen sich 1914 in Brotterode zur ersten Thüringer Meisterschaft. Doch richtig los ging es in den 1920er- und 1930er-Jahren, ein Höhepunkt waren 1931 die ersten deutschen Zweierbob-Meisterschaften in Oberhof.

Überregionale Bedeutung erlangten auch die Rennen auf dem Schleizer Dreieck (s. S. 227). 1923 erfolgte der erste Start, Sieger sollte der Fahrer werden, der mit 5 Liter Kraftstoff die längste Strecke und höchste Geschwindigkeit erreichte. Gewonnen hat Huldreich Heußer aus Kleinschmalkalden, der mit seinem Pkw »Wanderer« 87,3 km weit kam und eine Höchstgeschwindigkeit von 41,4 km/h erzielte.

Wintersport in Oberhof

seit 2001 Michael Schulten auf einer Yamaha mit 164,30 km/h.

Große Namen

Die erste Thüringerin, die mit einer internationalen Medaille nach Hause zurückkam, war die Erfurter Schwimmerin Jutta Langenau. 1954 wurde sie in Turin in Weltrekordzeit Europameisterin über 100 m Schmetterling. Der Jenaer Walter Franke holte mit der DDR-Asphaltkegler-Mannschaft 1955 den ersten Weltmeistertitel nach Thüringen. International zu Ruhm kamen die in Jena trainierenden Leichtathleten Wolfgang Nordwig, Renate Stecher und Marlies Göhr, der Erfurter Schwimmer Roland Matthes und der Geraer Radrennfahrer Olaf Ludwig.

Die Wintersportler begannen das Medaillensammeln bei den Olympischen Spielen 1960 in Squaw Valley in den USA. Dort errang der Skispringer Helmut Recknagel aus Steinbach-Hallenberg als erster Thüringer Olympiagold. Der größte Erfolg im Fußball war die Teilnahme des dreifachen DDR-Meisters FC Carl Zeiss Jena 1981 am Endspiel im Europapokal der Pokalsieger – heute ist Profifußball in Thüringen allerdings in die Bedeutungslosigkeit gesunken.

Erfolgreich weiter

Nach der Einheit setzten Sportler aus Thüringen trotz gewaltiger Umstrukturierungen und wirtschaftlicher Probleme die Siegesserie fort. Zur erfolgreichsten Thüringer Sportlerin und erfolgreichsten Eisschnellläuferin aller Zeiten avancierte die in Sondershausen geborene Gunda Niemann-Stirnemann mit 8 olympischen Medaillen, 19 Weltmeisterschafts-, 8 Europameisterschafts-, 34 deutschen Meistertiteln sowie 19 Gesamt- und 99 Einzelstrecken-Weltcupsiegen. Ihr folgt die in Sonneberg geborene Rennrodlerin Silke Kraushaar-Pielach, die drei olympische Medaillen gewann, sechsmal Deutsche Meisterin war und viermal den Gesamtweltcupsieg sowie 36 Siege bei Einzelweltcups errang. Zuletzt waren es Kati Wilhelm im Biathlon und Ronny Ackermann in der Nordischen Kombination, die durch ihre Erfolge Thüringen in der Welt bekannt machten.

Im Visier der Stasi

Den Leistungssport unterstützte die DDR-Führung in den olympischen Disziplinen mit allen Mitteln. Die DDR-Oberen wollten Medaillen sehen, ihr Glanz sollte das Ansehen des deutschen »Arbeiter-und-Bauern-Staates« international aufpolieren, die Überlegenheit des Sozialismus demonstrieren, die DDR-Nationalhymne sollte bei Olympischen Spielen und Weltmeisterschaften erklingen. Sportliche Erfolge hatten aber auch die Bevölkerung vom grauen Alltag abzulenken. Sportler galten als Diplomaten im Trainingsanzug. Die kleine DDR erreichte in der Tat auf dem Gebiet des Sports das, was ihr ansonsten selten gelang: Weltniveau.

1984 bei den Olympischen Winterspielen in Sarajevo war die DDR mit 9 Gold-, 9 Silber- und 6 Bronzemedaillen erfolgreichste Nation – vor den Weltmächten USA und Sowjetunion. Insgesamt holten Thüringer Wintersportler zwischen 1956 und dem DDR-Ende 1990 38 olympische Medaillen und etwa 200 Medaillen bei Welt- und Europameisterschaften! Der Preis für die Sportler war allerdings oftmals hoch. Wer als »politisch unzuverlässig« galt, dessen Karriere wurde rasch beendet. Deshalb verschwieg man familiäre Westverbindungen gegenüber Bekannten und dem Trainer. Auch in Personalbögen trug man sie nicht ein, denn wer solche Kontakte hatte, galt als »Sicherheitsrisiko«. Man befürchtete, der Sportler könnte von internationalen Wettkämpfen im westlichen Ausland nicht in die DDR zurückkehren. Auch wer sonst irgendwelche Ecken und Kanten hatte, besaß trotz sportlicher Leistungen keine Chance, international eingesetzt zu werden. Vier Stasi-Offiziere und mehr als 100 Inoffizielle Mitarbeiter, IM genannt, waren in den 1980er-Jahren allein in Oberhof im Sport und dessen Umfeld eingesetzt, sie hatten jeden im Visier. Oftmals wurde sogar der Postverkehr der Sportler überwacht. Um Leistun-

Zehntausend treffen sich zum GutsMuths-Rennsteiglauf

gen zu fördern, setzte man vielfach –
ohne dass die Athleten davon wussten
– gezielt Dopingsubstanzen ein, die
»leistungsfördernden Mittel« wurden
getarnt als »Entmüdungsgetränk«
oder als Vitaminpillen verabreicht. Die
Strippen zog im Hintergrund die Stasi.

Sport für alle

Der Breitensport führte in der DDR ein
Schattendasein, wie der seit 1973
durchgeführte GutsMuths-Rennsteiglauf. Heute ist er Mitteleuropas größter Landschaftslauf mit Teilnehmer-
zahlen von 10 000 und mehr. In Thüringen laden 1800 km Skiwanderwege,
mehr als 200 km Loipen und Dutzende
Liftanlagen all jene ein, die mit den
Brettern unterwegs sein möchten. Auf
der Oberhofer Bobbahn darf man wie

die Spitzensportler im Bob nach unten
sausen, in Waltershausen (s. S.115) erwartet eine überdachte Kunsteisbahn
die Kufen-Fans, in Erfurt die Gunda-
Niemann-Stirnemann-Halle. Auch Sonneberg hat eine Eishalle. Großen Spaß
bereitet Snow-Tubing: In Siegmundsburg, Oberhof und Frankenheim in der
Rhön werden die Gäste mit Reifen den
Berg hinaufgezogen, oben ausge-
klinkt, dann sausen sie in rasanter
Fahrt hinab. Ilmenau und Steinach bieten Skispringen – gut gesichert an einem Stahlseil – für jedermann. In Oberhof wird seit 2009 unabhängig von
Temperaturen Ski gefahren. Im weltweit größten Skitunnel, quasi in der
Konserve, trainieren Spitzensportler.
Aber auch Urlauber drehen hier ihre
Runden – vielleicht wird einer von ihnen eines Tages Thüringer Wintersportgeschichte mitschreiben.

Rund 1400 km lang war die Grenze, die Deutschland bis 1990 teilte. Mit 763 km hatte Thüringen den längsten Abschnitt. Betonmauer und Stacheldraht wurden nach dem Zusammenbruch der DDR abgebaut, zurück blieb das »Grüne Band«, zu dem sich der Todesstreifen entwickelt hatte – ein lebendes Geschichtsdenkmal und Rückzugsgebiet für seltene Tier- und Pflanzenarten.

Am 26. September 1979 wagten zwei Familien aus dem thüringischen Pößneck das bis dahin Unvorstellbare: Mit einem selbst gebauten Heißluftballon

weise der DDR. 1952 riegelte die DDR deshalb die innerdeutsche Grenze ab, das illegale Überqueren stand ab sofort unter Strafe. Man richtete ein fünf Kilometer breites »Grenzgebiet« ein, das nicht dort Wohnende nur mit Sondergenehmigung betreten durften. Menschen, die direkt an der sogenannten Demarkationslinie zur Bundesrepublik ihr Zuhause hatten, siedelten die DDR-Behörden zwangsweise um. In Thüringen begann die erste Umsiedlungswelle am 5. Juni 1952 unter dem Decknamen »Ungeziefer«. Den betroffenen Menschen sagte man, das Wohnen direkt an der

Das Grüne Band – ein lebendes Geschichtsdenkmal

schwebten sie über Mauer, Stacheldraht, Selbstschussanlagen und Landminen in Richtung Westen. Mit dieser halsbrecherischen Aktion flohen sie aus der DDR, vier Erwachsene und vier Kinder, 28 Minuten dauerte der Flug. Vielen glückte die Flucht über die schwer bewachte Grenze nicht, die zwei Machtblöcke und zwei gegensätzliche politische Systeme voneinander trennte. Sie wurden verhaftet und zu langjährigen Gefängnisstrafen verurteilt, 872 Menschen fanden an der innerdeutschen Grenze den Tod.

Dichte Grenzen

Zehntausende flüchteten aus der Sowjetischen Besatzungszone beziehungs-

Grenze sei für sie zu gefährlich, »die Umsiedlung erfolgt zum Schutz vor westdeutschen Aggressionen«.

Grenzgeschichten

In ihrer Ausgabe vom 9. Juni 1952 berichtete die in Mainz erscheinende »Allgemeine Zeitung« auf Seite 2, dass ein Eisenbahnzug mit 60 Waggons, voll mit Zwangsevakuierten, »in das Innere der Zone abgefahren« sei. Einige versuchten sich der Umsiedlung durch Flucht zu entziehen, so setzten bei Herleshausen zahlreiche Bewohner mit behelfsmäßigen Flößen über die Werra, die dort die Grenze zum Wes-

Grenzbefestigung in Mödlareuth

ten bildete. In einem Bericht, den am 6. Juni 1952 die Schleizer Behörden nach Weimar schickten, steht, dass in Venzka »der Bauer Grimm in den Nachmittagsstunden mit 2 Pferden und 10 Kühen illegal nach dem Westen gegangen« ist und »am 5. 2. 52 in den Abendstunden ist der Müllermeister Wurziger aus Mödlareuth unter Mitnahme einiger Kleidungsstücke illegal nach dem Westen. Wurziger war für die Umsiedlung vorgesehen.« Stolz berichtete man, dass der Müllermeister aber »das Vieh und sonstiges Inventar in dem Gehöft« zurücklassen musste. Am nächsten Tag meldete man an die Zentrale: »Ein weiterer Schwerpunkt bildet die Gemeinde Sparnberg, wo alle auszuweisenden Familien republikflüchtig wurden …«

Nach dem Mauerbau

Am 13. August 1961 hatte die DDR mit dem Bau der Berliner Mauer den letzten freien Fluchtweg verriegelt. Mit Mauer, Hundelaufanlagen, Metallzaun und Wachtürmen schirmten die DDR-Machthaber ihre Bürger vom freien Teil der Welt ab. Sie zerschnitten bis zum DDR-Ende das Land, Orte und Familien, der Schienen- und Straßenverkehr war auf wenige, streng kontrollierte Übergänge reduziert. Die DDR sperrte ihre Menschen ein, reisen konnten sie nur in die sogenannten sozialistischen Bruderländer, aber selbst da gab es Einschränkungen. Wer die Erlaubnis erhielt, in einer dringenden Familienangelegenheit in den Westen fahren zu dürfen, den beneideten Freunde und Bekannte.

1961, nach dem Berliner Mauerbau, bereitete man erneute Zwangsaussiedlungen vor. Diese Nacht-und-Nebel-Aktion stand unter dem Decknamen »Kornblume«. Punkt halb sechs klopfte es am 3. Oktober an die Türen der Häuser im Grenzbereich und die Menschen wurden mit der Nachricht überrascht, ihre Häuser oder ihre Wohnungen seien bis 12 Uhr zu räumen und für immer zu verlassen. Die »Handlungsgruppe«, bestehend aus Parteifunktionären, Polizisten und Staatssicherheits-Mitarbeitern, begann sofort, den Hausrat der Überrumpelten zusammenzupacken und zu verladen.

In Bösickendorf, einem beschaulichen Ort im thüringischen Eichsfeld, kam man jedoch zu spät. Dorthin war die Nachricht von der bevorstehenden Zwangsumsiedlung durchgesickert. Deshalb flohen am Vorabend der Aktion 53 Dorfbewohner in den Westen, insgesamt 14 Familien ließen fast ihr gesamtes Hab und Gut zurück und riskierten ihr Leben. Das war die größte Massenflucht über die innerdeutsche Grenze. In Thüringen wurden allein 1952 rund 3500 und 1961 nach dem Bau der Berliner Mauer etwa 1700 Menschen zwangsumgesiedelt.

Geschleifte Dörfer

Rund 30 Orte und mehr als 200 Gebäude machte man entlang der innerdeutschen Grenze dem Erdboden gleich. Dazu gehört im Süden Thüringens Billmuthausen bei Heldburg, das 1952 in das 5-Kilometer-Grenzgebiet geraten war. 1965 mussten die Bewohner zuschauen, wie ihre Kirche geschleift wurde, 1973 fand auf dem kleinen Friedhof die letzte Beerdigung statt. 1976 hielten die meisten Bewohner des Dorfes den Schikanen nicht mehr stand und gaben notgedrungen Haus und Hof auf, 1978 packte die letzte Familie in Billmuthausen völlig entnervt ihre Habseligkeiten. Die DDR-Behörden hatten erreicht, was sie wollten. Kein Haus ließ man stehen. Heute erinnert an das Dorf noch der Friedhof, auf dem man nach der Einheit eine kleine Gedenkstätte errichtete. Von den Dörfern Leitenhausen, Erlebach und Liebau, die sich ebenfalls im äußersten Süden Thüringens befanden, ließen die DDR-Behörden ebenfalls nichts stehen. Nur auf alten Landkarten sind sie noch verzeichnet.

Ungestörte Entfaltung

Mauer, Stacheldraht und Metallzäune wurden nach dem DDR-Ende abgebaut, Hundelaufanlagen und Suchscheinwerfer sind verschwunden. Manchmal voreilig, nur hier und dort ließ man einzelne Relikte als Geschichtszeugnisse stehen. Zurück blieb das Grüne Band, Mitteleuropas größtes Biotopsystem, über das die Naturschützer wachen.

Als Grünes Band wird seit 1989 der 50 bis 200 m breite Streifen zwischen der dem Grenzzaun vorgelagerten Grenzlinie und dem holprigen Kolonnenweg dahinter bezeichnet, auf dem die dunkelgrünen Fahrzeuge der DDR-Grenzsoldaten patrouillierten. Auf diesen Flächen, die nicht genutzt, gepflegt und nur sporadisch entbuscht wurden, konnte sich im Laufe der Jahrzehnte die Natur frei entfalten. Im Schatten von Mauer und Beobachtungstürmen schufen sich seltene Tiere und Pflanzen ihr Refugium, der Kernzone eines Nationalparks vergleichbar.

Die seltene Orchideenart Frauenschuh fühlt sich hier ebenso wohl wie das Braunkehlchen und der scheue Schwarzstorch. Viele auf der Roten Liste stehende, vom Aussterben bedrohte Arten konnten hier entdeckt werden. In der entstandenen Wildnis entfalteten sie sich ungestört.

Mahnung und Erinnerung

Grenzen trennen, die Natur verbindet. Das Grüne Band ist zeitgeschichtliches Mahnmal und unverwechselbarer Naturraum zugleich. Die Thüringer Landesregierung hat erklärt, es zu erhalten und auf umweltverträgliche Weise für Touristen erlebbar zu machen. Thüringen initiierte 2005 das EU-Projekt »Green Belt – Schutz und Inwertsetzung der Landschaften entlang des ehemaligen Eisernen Vorhangs«. Vom Eismeer bis zum Schwarzen Meer hat sich ein mehr als 8500 km langes Band wertvoller Lebensräume erhalten, es führt durch 23 Staaten. Das Grüne Band erinnert an den Eisernen Vorhang zwischen Ost und West, es ist aber auch ein Stück einmaliger Naturraum. Somit wird künftigen Generationen ein Teil europäischer, ja Weltgeschichte sichtbar und begreifbar bleiben.

Erinnerungs- und Gedenkstätten
Grenzmuseum Schifflersgrund in Asbach-Sickenberg: Tel. 036087 984 09, www.grenzmuseum.de
Gedenkstätte Point Alpha bei Geisa: s. S. 187
Deutsch-Deutsches Museum in Mödlareuth: s. S. 227
Grenzland-Museum Eichsfeld in Teistungen: Tel. 036071 971 12, www.grenzlandmuseum.de
DDR-Grenzbahnhof-Museum Probstzella: Tel. 036735 46 10, www.probstzella.de

Unterwegs in Thüringen

Beinahe unberührt wirkt so mancher Abschnitt des Thüringer Waldes

Der Norden

Highlights!

Harzquerbahn: Das Herz von Eisenbahnfreaks schlägt gleich schneller, denn Dampfloks schnaufen auf 1000 mm schmalen Gleisen von Nordhausen ins Nachbarland Sachsen-Anhalt, bis hinauf auf den legendären Brocken. S. 81

Baumkronenpfad: Im Nationalpark Hainich dem Urwald aufs Dach steigen! In luftiger Höhe von 25 m spaziert man über den Wipfeln der Bäume, kleine Ausbuchtungen mit Sitzbänken laden zum Verweilen ein. Wem das nicht genug ist, der klettert auf die 44 m hohe Besucherplattform des Baumturms. S. 93

Auf Entdeckungstour

Das Supergemälde von Bad Frankenhausen: Hoch oben auf dem Schlachtberg zeigt das monumentale Historienbild den Thüringer Bauernaufstand von 1525, aber auch viele Bildszenen zum Alltagsleben jener Zeit. Rund 300 Personen sind zu sehen, Albrecht Dürer ebenso wie Martin Luther. S. 96

Die Gartenmeile von Bad Langensalza: Ein grüner Gürtel umgibt die Stadt – die Kurpromenade und zehn unterschiedliche Themengärten. Gestaltete Natur in ihrer ganzen Vielfalt. Kein anderer Ort in Deutschland dürfte Vergleichbares vorweisen können. S. 104

Kultur & Sehenswertes

Prozession am Palmsonntag: Zehntausende wohnen in Heilbad Heiligenstadt der größten szenischen Prozession Deutschlands bei. S. 83

Kaiser-Wilhelm-Denkmal: Das drittgrößte Denkmal Deutschlands wurde im Kyffhäusergebirge errichtet. Wer den Aufstieg geschafft hat, wird in 57 m Höhe mit einem grandiosen Rundblick belohnt. S. 94

Aktiv & Kreativ

Kyffhäuser-Rundweg: Herrliche Ausblicke, meist naturnahe Wege sowie landschaftliche Vielfalt auf 37 km. S. 99

Erlebnisbergwerk »Glückauf« in Sondershausen: Fahrten mit Spreewaldkähnen auf dem Laugensee, Wettkämpfe von Mountainbikern und Kegeln in 670 m Tiefe. S. 101

Genießen & Atmosphäre

Barfüßerstraße Nordhausen: Kneipen, Cafés und Restaurants in bunten Fachwerkhäusern bieten ein stimmungsvolles Altstadtleben. S. 79

Thüringen-Therme: Badefreuden genießen in Mühlhausen! Sport- und Wellenbecken mit Wasserfall, Whirlpools, auf der 75-m-Riesenrutsche ins Wasser düsen oder in einer der Saunen schwitzen. S. 91

Abends & Nachts

Szene Treff Leo: DJs sorgen Mittwoch bis Samstag am Kornmarkt für heiße Rhythmen. In gemütlich-rustikaler Atmosphäre treffen sich die Mühlhäuser zum Tanzen. S. 91

Musikfreuden: Das aus der Hofkapelle hervorgegangene Loh-Orchester, eines der ältesten in Deutschland, spielt im Blauen Saal des Schlosses in Sondershausen und im Achteckhaus. S. 103

Berge und flaches Land – von Nordhausen ins Gebirge

›Ganz oben‹ heißt der Slogan von Nordhausen. Als Thüringens nördlichste Stadt bildet sie das südliche Eingangstor in den Harz. Von dem hat der Freistaat ein Stück abbekommen, den Südharz, auch Unterharz genannt. Durch diese beschauliche hügelige Landschaft im Dreiländereck Thüringen, Sachsen-Anhalt und Hessen schnaufen Dampflokomotiven auf schmalen Gleisen.

In südlicher Richtung schließt sich das Eichsfeld an. Hier zeugen noch heute Traditionen und Bräuche von der tiefen Religiosität und großen Heimatverbundenheit der »Eiksfelder«. Wer etwas weiter fährt, kommt in das über tausend Jahre alte Mühlhausen, in dem sich mittelalterliche Bauwerke drängen, und in den Nationalpark Hainich, in dem man über den Wipfeln der Bäume spazieren gehen kann.

Ein beliebtes Ausflugsziel im touristisch etwas ruhigeren Norden bildet das Kyffhäuser-Gebirge, das wie eine Insel aus der flachen Umgebung aufragt. Die sich südlich anschließende, sanftwellige, waldarme Landschaft kennt keinen Massentourismus, die meisten Orte im Thüringer Becken sind außerhalb der Landesgrenzen nahezu unbekannt. Doch das, was sie an Sehenswertem bereithalten, lohnt durchaus einen Besuch: das Erlebnisbergwerk in Sondershausen ebenso wie die Themengärten in Bad Langensalza und die germanische Wehrsiedlung in Westgreußen.

Nordhausen ▶ D 1

Hübsche Fachwerkbauten empfangen den Besucher von Nordhausen (44 300 Einw.). Überragt werden sie vom Petri-Turm, den Türmen der Blasiikirche und dem Turm des Doms. In verschwiegenen Winkeln verbergen sich in der nördlichsten Stadt des Freistaats Restaurants und Kneipen. Nordhausen, im 13. Jh. zur freien Reichsstadt ernannt, entwickelte sich rasch und war bald die ›Perle des Harzvorlandes‹. Ein schwerer Bombenangriff im April 1945 zerstörte drei Viertel der Innenstadt. Die letzten Wunden dieses Luftangriffes wurden erst anlässlich der Landesgartenschau 2004 beseitigt. Die Stele zwischen Rathaus und Stadthaus erinnert an den April 1945.

Rathaus

Das **Renaissance-Rathaus** am Marktplatz wird vom 3,20 m hohen **Roland** geschmückt. Er trägt einen leuchtend roten Mantel, eine gold-gelbe Krone, dazu Eisenschwert und Schild. Die mittelalterliche Skulptur, 1411 zum ersten Mal erwähnt, symbolisierte das Marktrecht. Der **Rathausbrunnen** dagegen plätschert erst seit 2003.

Blasiikirche

Die Engelsburg genannte Straße führt zur Kirche aus dem 15. Jh. mit ihren zwei ungleichen achteckigen Türmen. Schon seit Jahrhunderten scheinen sich die beiden zu mögen, denn sie neigen sich einander zu. Die Statiker haben aber unlängst wieder Entwarnung gegeben: Ein Einsturz sei nicht zu befürchten.

Fachwerkbauten

Vom Blasiikirchplatz biegt man nach rechts in die **Barfüßerstraße** ein, die mit ihren Kneipen, Cafés und Restaurants in restaurierten Fachwerkhäusern stimmungsvolles Altstadtleben bietet. Hier steht auf der rechten Seite eines der beiden ältesten erhaltenen Gebäude von Nordhausen, die etwa 1500 errichtete **Flohburg.** Anfang des 20. Jh. wohnten rund 80 Personen in dem Fachwerkbau, wovon sich auch der Name ableitet. Einige Jahre mehr

auf dem Buckel hat die **Finkenburg,** Domstraße 23, ebenfalls ein beeindruckendes Fachwerkgebäude.

Dom

Wenn man danach den **Hof des Doms »Zum heiligen Kreuz«** betritt, fühlt man sich ins Mittelalter versetzt. Der Dom, mit dessen Bau im 12. Jh. begonnen wurde, zeigt sich mit Stilelementen der Romanik und der Gotik. Das Langhaus wurde im 19. Jh. fertiggestellt (www. dom-nordhausen.de).

Nordbrand Traditionsbrennerei

Grimmelallee 1, Tel. 03631 63 63 63, www.traditionsbrennerei.de, Mo–Sa 10–16, Führungen Mo–Sa 14 Uhr, 5 (inkl. Verkostung) / erm. 3 €
Korn brennt man seit Generationen in der Stadt, im 18. Jh. gab es zeitweise rund 100 Brennereien, die jährlich 5 Mio. Liter Kornbranntwein auslieferten. Bei so viel Tradition ist es nicht verwunderlich, dass die Kornbrennerei ein eigenes Museum erhalten hat. Der Nordhäuser Doppelkorn, ein würzig milder Roggenbrand, ist ein Begriff. Rund 25 000 Roggenkörner werden für eine Flasche benötigt.

Rundweg an der Stadtmauer

Entlang der historischen Stadtmauer führt ein 4 km langer Weg, für den etwa 2 Std. eingeplant werden sollten. Er beginnt bei der 10 m hohen Lesserstiege bei der Rautenstraße, im Volksmund ›Himmelsleiter‹ genannt. Sind die 60 Stufen erklommen, geht es links auf dem Primariusgraben weiter. Von mehreren Punkten sind Ausblicke bis zu den Bergen des Harzes möglich.

Kunsthaus Meyenburg

Alexander-Puschkin-Str. 31, Tel. 03631 88 10 91, www.kunsthaus-meyenburg.de, Di–So 10–17 Uhr, 2 / erm. 1,50 €

Das Kunsthaus nördlich der Altstadt, ein herrlicher Jugendstilbau von 1908, überrascht immer wieder mit beachtlichen Ausstellungen, Arbeiten des Bildhauers Ernst Barlach (1870–1938) waren ebenso schon zu sehen wie Werke des österreichischen Grafikers und Malers Friedensreich Hundertwasser. (1928–2000).

Vom Turm bietet sich ein schöner Blick, der mit dem vom Petri-Turm wetteifert.

Petri-Turm

Von der im Zweiten Weltkrieg stark zerstörten Petri-Kirche ist allein der 62 m hohe Turm stehen geblieben. Er befindet sich auf dem ehemaligen Gelände der Landesgartenschau auf dem Petersberg.

Mahn- und Gedenkstätte Mittelbau-Dora

Tel. 03631 49 58 20, www.dora.de, März–Okt. Di–So 10–18, Nov.–Febr. bis 16 Uhr, Eintritt frei

Am Rand von Nordhausen, im Ortsteil Krimderode, wird an großes Leid erinnert. Hier errichteten die Nationalsozialisten den weltweit größten unterirdischen Rüstungsbetrieb. In den Stollen des Kohnsteins mussten mehr als 60 000 Häftlinge die V2-Raketen produzieren, mehr als 20 000 Menschen fanden unter den mörderischen Arbeits- und Lebensbedingungen den Tod. Die Raketen verursachten vor allem bei Angriffen auf London, Antwerpen und Rotterdam schwerste Schäden.

Untergebracht waren die Häftlinge im Konzentrationslager Mittelbau-Dora. Auf dessen Gelände entstand diese Mahn- und Gedenkstätte mit dem ersten Museumsneubau in einer KZ-Gedenkstätte, der anlässlich des 60. Jahrestages der Befreiung des Lagers im April 2005 eingeweiht wurde.

Übernachten

Familiär – **Landgasthof Zur goldenen Aue:** Nordhäuser Str. 135, Bielen (4 km östl.), Tel. 0363160 30 21, www.hotel-zur-goldenen-aue.de, 40 Zi., DZ/ÜF ab 66 €. Moderner Standard, angenehme, familiäre Atmosphäre. Das Haus ist durch seine Lage – es steht direkt an der B 80 – leicht zu finden, absolute Ruhe sollte man hier allerdings nicht erwarten.

Freundlich – **Hotel An der Allee:** Parkallee 8a, Tel. 03631 98 21 75, www.am-stadtpark-nordhausen.de, 30 Zi., DZ/ÜF ab 53 €. Moderner Schlafkomfort, verbunden mit gastlicher und freundlicher Atmosphäre.

Essen & Trinken

Rustikal – **Zum Stepel:** Kranichstr. 11 B, Tel. 03631 98 46 73, So geschl., Hauptgerichte 5–14 €. Uriges, rustikales Ambiente, preiswerte Gerichte, zu den Spezialitäten gehört die Stepel-Platte mit hausgemachter Bratwurst, auch Knackwurst genannt.

Stimmig – **Felix:** Barfüßerstr. 12, Tel. 03631 60 22 00, www.felix-nordhausen.de, tgl. ab 10 Uhr geöffnet, Hauptgerichte 4–12 €. Café, Restaurant, Bar. Im schön sanierten Fachwerkhaus wird auf zwei Etagen einfache, schmackhafte Küche geboten, vom Wiener Schnitzel bis zu Tagliatelle. Von der Biergarten-Terrasse eröffnet sich ein wunderschöner Blick auf die Nordhäuser Unterstadt.

Einkaufen

Hochprozentig – **Echter Nordhäuser Traditionsbrennerei:** Grimmelallee 1, Tel. 03631 99 49 70, www.traditions brennerei.de, Mo–Sa 10–16 Uhr. Die originalen Produkte gibt es im Museumsshop, und wer etwas vergessen hat, kann von zu Hause online bestellen.

Aktiv & Kreativ

Stilvolles Baden – **Badehaus**: Grimmelallee 40, Tel. 03631 479 90, www.badehaus-nordhausen.de, tgl. geöffnet. Im Jahr 1907 im Jugendstil erbaut, bietet das Bad seinen Gästen Badespaß für Groß und Klein: Erlebnisbad, Sportbad Gesundheitsbad, Saunalandschaft. Do 18–22 Uhr Baden für FKK-Anhänger.

Klettern und Skaten – Zu Sport und Spaß trifft man sich auf dem Petersberg: Vorhanden sind u. a. ein Abenteuerspielplatz mit Ritterburg, eine Profi-Skateranlage, Radius-Curb, Pyramiden, Wedge-Ramp, Kletterturm und Kletterwand (Ende März–Okt. Di, Fr 14–18 Uhr betreutes Klettern). Hochseilgarten nach tel. Vereinbarung (Tel. 03631 98 21 87, www.nordhausen.de).

Infos & Termine

Information
Stadtinformation: Markt 1, 99734 Nordhausen, Tel. 03631 69 67 97, www.nordhausen.de

Verkehr
Die **Regionalbahn** fährt von Erfurt nach Nordhausen, mit der **Harzer Schmalspurbahn** (s. u.) gelangt man über Ilfeld nach Wernigerode und zum Brocken. **Busse** fahren in alle touristisch interessanten Orte der Umgebung. Der **Stadtverkehr** verfügt über ein gut ausgebautes Straßenbahn- und Busliniennetz.

Termine
Nordhäuser Rolandfest: 2. Juniwochenende. Größtes und bedeutendstes

Stilvolles Baden
Im wunderschönen Jugendstilambiente des 1907 errichteten Badehauses in Nordhausen werden Baden oder einfach Entspannen zum Erlebnis (Grimmelallee 40, www.badehaus-nordhausen.de, Mo–Fr 8–22, Sa, So 9–22, Sauna tgl. ab 11 Uhr).

Volksfest in der Region, in der gesamten Innenstadt wird gefeiert.
Nordhäuser Altstadtfest: 1. Augustwochenende. Das mittelalterliche Spektakel findet in der Altstadt statt. Die Attraktion des Festes bildet ein historischer Handwerkermarkt mit vielen Angeboten.

Harzquerbahn! ▸ D 1

Tel. 03943 55 80, www.hsb-wr.de,
Fahrzeit Nordhausen–Wernigerode:
ca. 3 Std.
Kinderaugen leuchten und das Herz der Eisenbahnfreaks schlägt schneller, wenn die dampfende Harzquerbahn pfeifend und schnaufend angerattert kommt. Die Schmalspurstrecke führt vom thüringischen Nordhausen (s. S. 78) ins sachsen-anhaltische Drei Annen Hohne und weiter nach Wernigerode. ›Quirl‹ wird sie von den Einheimischen aufgrund der kurvenreichen Streckenführung genannt. Vor allem die langen, steilen Bergfahrten stellen an die Lokführer, Heizer und die 700-PS-Lokomotiven höchste Anforderungen. 6 Dampflokomotiven verkehren noch auf den drei Schmalspurstrecken im Harz, die älteste ist Baujahr 1897, über-

wiegend werden jedoch Diesellokomotive eingesetzt.

Im Jahr 1897 bekam zum ersten Mal ein Dampfzug in Nordhausen-Nord grünes Licht, doch die Gleise mit der Spurbreite von 1000 mm führten zunächst nur bis Ilfeld, zwei Jahre später waren sie durchgängig bis Wernigerode befahrbar. In Drei Annen Hohne teilt sich die Strecke, hier zweigt die **Brockenbahn** nach Schierke und zum höchsten Berg Norddeutschlands ab. Wenn schon, denn schon: Wer in dieser Region weilt, sollte sich die Zeit nehmen, um dem berühmten Brocken einen Besuch abzustatten.

Besucherbergwerk Rabensteiner Stollen

Tel. 036331 481 53, www.rabensteiner-stollen.de, Führungen April–Okt. Di–So 10–17, Nov.–20. Dez. So 10.45 und 12, 27. Dez.–März Di–Do, Sa, So 10.45, 12 und 13.15 Uhr, 8,50 / Kinder 4,50 / Familien 21 €

32 Minuten nach der Abfahrt im Bahnhof Nordhausen-Nord hält die Bahn nach 11 km nördlich in **Ilfeld**, einem beliebten Ferienort im Südharz. Mit einem herzlichen »Glück auf« beginnt die Führung im Besucherbergwerk. Von 1737, mit oftmals großen Unterbrechungen, wurde hier bis 1949 Steinkohle abgebaut. Nach rund 500 m Fußweg und einer knappen Stunde entlässt der Grubenführer die Besucher wieder ans Tageslicht.

Poppenbergturm

Vom nahen, 1894 errichteten Turm, die Einheimischen sprechen liebevoll von ihrem kleinen Eiffelturm, reicht der Blick bis zum Brocken und über Weimar und den Thüringer Wald bis nach Kassel. Das eiserne Bauwerk mit Aus-

Mit der Harzquerbahn geht es unter viel Dampf bis nach Wernigerode

sichtsplattform, in einer 26,5 t schweren Gitterkonstruktion errichtet, steht auf dem 601 m hohen gleichnamigen Berg und ist jederzeit zu besteigen.

Im Eichsfeld ▶ B1/2

Das Eichsfeld gehört zu den herb-lieblichen Landschaften abseits ausgetretener Touristenpfade. Der Besucher lernt geschwungene Bergrücken, stille Täler, ausgedehnte Wälder und Streuobstwiesen kennen.

Das Eichsfeld gliedert sich in zwei Teile: In das **Obereichsfeld** – das aber nicht ›oben‹ liegt, sondern ›unten‹, im Süden. Es gehört zu Thüringen, Heilbad Heiligenstadt und das Doppelstädtchen Leinefelde-Worbis mit der wunderschön spätbarock ausgestatteten St. Antoniuskirche sind die Hauptorte. Der andere Teil ist das ›oben‹ liegende, zu Niedersachsen gehörende **Untereichsfeld** mit Duderstadt als bedeutendster Stadt. Ein Kuriosum insofern, als sich die Bezeichnungen nicht von den Richtungen, sondern von der Höhenlage ableiten. Die Teilung des Eichsfeldes erfolgte auf dem Wiener Kongress 1815. Nach der Reformation blieb die Region fast ausschließlich katholisch, auch in der DDR bestand das kirchliche Leben weiter. ▶

Heilbad Heiligenstadt

▶ B 2

Die wohl schönsten Worte zu Heiligenstadt (17 000 Einw.) und zum Eichsfeld fand der Dichter Theodor Storm: »Ich weiß nicht, daß ich jemals von der zauberhaften Schönheit eines Erdflecks so innerlich berührt worden wäre.« Theodor Storm dürfte vor allem die Altstadt des Fachwerkstädtchens fasziniert haben, die auch heutzutage

Lieblingsort

Oase der Gastlichkeit– Wirtshaus Klausenhof ▶ A 2
Leckere Süppchen und herzhafte Braten mit Rotkohl und Thüringer Klößen – in dem urigen Wirtshaus (s. S. 87) unterhalb der Burg Hanstein, etwa 20 km westlich von Heilbad Heiligenstadt, ist alles hausgemacht. Hier kehren wir immer wieder gerne ein. Das Wild kommt aus den heimischen Wäldern, die frischen Würzkräuter aus dem Garten hinter der Schenke oder sie werden in Waldtälern gesammelt – so wie im Mittelalter, als man hier schon Gäste bewirtete. In der Lehmwurstkammer reift der berühmte Feldgieker, die Eichsfelder luftgetrocknete Wurst.

Unser Tipp

Bären in die Augen schauen – im Bärenpark in Worbis ▶ C 2

Wo schon kann man Bären buchstäblich in die Augen schauen? Im Alternativen Bärenpark ist es möglich. In der naturbelassenen Anlage mit Teichen, dem Wald und den Höhlen leben in Not geratene Bären, sie stammen aus in Konkurs gegangenen Zirkussen oder wurden als Tanzbären missbraucht. Auch ein Wolfsrudel fühlt sich in der Anlage wohl. Die Besucher laufen im Park durch einen Maschendrahttunnel. Sie sind die Eingesperrten, während sich Meister Petz im Wald tummelt und bärenmunter fühlt (Duderstädter Str. 36 a, Tel. 036074 929 66, www.baer.de, tgl. April–Sept. 10–19, Okt. und März bis 18, Nov. bis 17, Dez.–Febr. bis 16 Uhr, 6 / erm. 4 / Familienkarte 17 €).

wohl jeden begeistert. Am Palmsonntag versammeln sich in Heilbad Heiligenstadt Zehntausende zu einer der größten szenischen Leidensprozessionen Deutschlands. In Erinnerung an den Leidensweg Christi werden sechs lebensgroße Passionsdarstellungen durch die Straßen getragen. Begründet hat die Leidensprozession 1581 das Jesuitenkolleg, von dem die erfolgreiche Rekatholisierung des Eichsfeldes ausging. Auch zu DDR-Zeiten fanden die Prozessionen jedes Jahr statt.

Von der Marienkirche zur Ägidienkirche

Bei einem Bummel durch Heiligenstadt wird man schnell feststellen: Die Geschichte der Stadt ist noch heute lebendig. Bereits aus weiter Entfernung

sind die Wahrzeichen von Heiligenstadt zu sehen, die beiden achteckigen Türme der im 14. Jh. erbauten **Marienkirche**. Das **Rathaus** an der Ratsgasse, dessen älteste Teile aus dem 13. Jh. stammen, brannte bei dem großen Feuer von 1739 aus und blieb 50 Jahre lang Ruine. Der mittelalterliche Bau schien den Stadtoberen nicht mehr zu gefallen. Direkt am Marktplatz ließen sie sich ein herrliches Barockpalais errichten, das **Neue Rathaus**. Der barocke **Neptunbrunnen** (1736) am anderen Marktplatzende wurde im 19. Jh. vom Schlossvorplatz an seinen jetzigen Standort verlegt. Von hier läuft man nur wenige Schritte zur reich ausgestatteten **Ägidienkirche**, der Kirche der Neustadt. Im linken Seitenschiff ist das Prunkstück des Gotteshauses zu bewundern, der Vierzehn-Heiligen-Altar von 1698.

Vom Markt zum Schloss

Am Marktplatz führt die **Wilhelmstraße** vorbei, die freundliche, farbenfrohe Gebäude aus dem 18. und 19. Jh. säumen. Sie verläuft in westlicher Richtung zur **Martinskirche,** auch Stifts- oder Bergkirche genannt, einem prachtvollen Zeugnis gotischer Baukunst, das 1487 fertiggestellt war. In dem Gotteshaus ließ sich am 28. Juni 1825 der unbekannte 29-jährige Göttinger Jurastudent Harry Heine auf den Namen Heinrich taufen, um zum Protestantismus zu konvertieren. Mit dem Taufschein erhielt er als Jude das ›Entreebillett zur europäischen Kultur‹. Das benachbarte dreigeschossige barocke **Schloss** am Friedensplatz (heute Landratsamt), das aus einer Burganlage hervorgegangen ist, entstand 1736 bis 1738 als kurmainzische Statthalterei. 1342 hatten die Mainzer Erzbischöfe das Eichsfeld erworben, 1803 fiel es an Preußen.

Literaturmuseum Theodor Storm

Kasseler Tor 2, Tel. 03606 61 37 94,
www.stormmuseum.de, Di–Fr 10–17,
Sa, So 14.30–16.30 Uhr, 2 €
Von 1856 an war Theodor Storm für
acht Jahre als Kreisrichter in Heiligenstadt tätig. Dem Schöpfer von »Der
kleine Häwelmann«, »Der Schimmel-
reiter« und »Pole Poppenspäler« ist
das nach ihm benannte Literaturmuseum gewidmet. Sein Domizil fand es
im Mainzer Haus (1436), dem ältesten
Haus von Heiligenstadt.

Klausmühle

Theodor Storm war oft und gern beim
›Klausmüller‹ zu Gast, dem damaligen
Besitzer der Klausmühle in der heuti-
gen Klausgasse. Wenn man von der
Wilhelmstraße in die Gasse einbiegt,
ist das Fachwerkhaus rechter Hand
nicht zu übersehen. In ihm soll Tilman
Riemenschneider um 1460 geboren
worden sein. Das behaupteten die Hei-
ligenstädter stets hartnäckig, doch der
Geburtsort blieb umstritten. Erst lin-
guistische Untersuchungen der Freien
Universität Berlin im Jahr 2000 liefer-
ten den Beweis, dass der berühmte
Bildhauer der Spätgotik tatsächlich in
Heiligenstadt zur Welt gekommen ist.

Heinrich-Heine-Park

Einwohner und Touristen bummeln
gerne durch den Park mit seinem 7 m
hohen künstlichen **Wasserfall** sowie
dem ältesten **Denkmal** (1815), das an
die Völkerschlacht bei Leipzig erinnert.

Übernachten

Zum Wohlfühlen – **Best Western Hotel am Vitalpark:** In der Leineaue 2,
Tel. 03606 663 70, www.hotel-am-
vitalpark.bestwestern.de, 130 Zi., DZ/
ÜF ab 120 €. 4-Sterne-Haus mit allen
der Kategorie entsprechenden An-

nehmlichkeiten. Im Bademantel kann
man zum Baden oder Wellness-Behandlungen gehen: Das Hotel hat einen Zugang zum Vital-Park.
Ruhig – **Hotel Jüdenhof:** Jüdenhof 5–7,
Tel. 03606 66 38 88, http://am-jueden
hof.de, 23 Zi., DZ/ÜF ab 57 €. Ruhige
gemütliche Atmosphäre im ehemaligen Mühlenviertel, gastliche Zimmer.
Wie im Mittelalter – **Wirtshaus Klausenhof:** Bornhagen, Tel. 036081 614 22,
www.klausenhof.de, Mi–So geöffnet,
Jan., Febr. geschlossen. Wem es nach
dem Essen gefällt (s. S. 84), der bleibt
über Nacht, nächtigt wie im Mittelalter
im Stroh oder – weil dies heutzutage
nicht jedermanns Sache ist – in einem
der zeitgemäß eingerichteten Zimmer
wie der Fürstenstube. Im zum Klausenhof gehörenden »Wurst- und Haus-
schlachtemuseum« erfahren Sie viel
Wissenswertes über das alte Brauch-
tum der Wurstherstellung im Eichsfeld
(Mi–So 11–18 Uhr).

Essen & Trinken

Gemütlich – **Altheiligenstädter Gasthaus ›St. Martin‹:** Wilhelmstr. 22, Tel.
03606 60 28 60, www.gasthaus-sankt
martin.de, tgl., So nur auf Reservie-
rung, Hauptgerichte 10–23 €. Im Ge-
wölbekeller oder der gemütlichen Jun-
kerstube wird deftig geschmaust,
Fisch, Ochsensteaks oder Gerichte aus
Omas Kochbuch.
Bodenständig – **Norddeutscher Bund:**
Göttinger Str. 25, Tel. 03606 553 00,
www.hotel-norddeutscher-bund.de,
tgl. geöffnet, Hauptgerichte 8–16 €.
Rustikaler Gasthof von 1855 mit bo-
denständiger Küche, insbesondere
Eichsfelder Gerichte. In der zum Haus
gehörenden Fleischerei kann noch ein
Mitbringsel, zum Beispiel die luftgetrocknete Wurst Feldgieker, gekauft
werden.

Aktiv & Kreativ

Baden und Wellness – **Vitalpark mit Eichsfeld-Therme:** In der Leineaue 1, Tel. 03606 663 90, www.vitalpark-hei ligenstadt.de, tgl. geöffnet. Wasserlandschaft mit Whirlpools, sieben Saunen, Sprudelliegen, Strömungskanal, Außenbecken, separatem Sportbecken. Wellness- und Fitness-Angebot.

Infos & Termine

Touristinformation: Wilhelmstr. 50, 37308 Heilbad Heiligenstadt, Tel. 03606 67 71 41, www.heilbad-heili genstadt.de
Palmsonntagsprozession: Zehntausende sind bei der Prozession (s. S. 83).

Ausflug ab Heiligenstadt

Wallfahrtskapelle Etzelsbach
▶ B 2
etwa 1 km östlich vom Dorf Steinbach entfernt (nördlich der A 38 zwischen Heiligenstadt und Leinefelde)

Das Etzelsbacher Kirchlein ist seit Jahrhunderten Wallfahrtsort, doch außerhalb des Eichsfeldes kannte es bis zum September 2011 kaum jemand – bis Papst Benedikt XVI. mit dem Hubschrauber einflog und mit rund 90 000 Gläubigen einen festlichen Abendgottesdienst unter freiem Himmel feierte. Die Bilder gingen live um die Welt. Seitdem ist das abgelegene Etzelsbacher Gotteshaus auch Touristenziel.

Mühlhausen ▶ C 3

Jeder Stein in der Stadt atmet Geschichte, rund 400 Häuser stehen in Mühlhausen (38 000 Einw.) unter Denkmalschutz. Den Beinamen ›Steinerne Chronik Thüringens‹ dürfte Mühlhausen wohl niemand streitig machen. Die zwischen dem Eichsfeld, dem Hainich und dem Höhenzug Dün gelegene Stadt war vom 9. bis zum Beginn des 13. Jh. bevorzugter Aufenthaltsort deutscher Könige und Kaiser, 1180 wurde sie Freie Reichsstadt. Vieles erinnert noch an den deutschen Bauernkrieg 1524/25, dessen geistiger

Mühlhausen

Führer in Thüringen der Theologe Thomas Müntzer war. Am 27. Mai 1525 richtete man ihn mit weiteren Anführern des Bauernheeres vor den Toren der Stadt hin. Zum Gedenken an den radikalen Theologen und Reformator bekam Mühlhausen 1975 von den DDR-Oberen den Beinamen ›Thomas-Müntzer-Stadt‹ verordnet, den es nach der Einheit 1991 rasch wieder ablegte.

Historische Wehranlage
Tel. 03601 856 60, www.muehl haeuser-museen.de, April–Okt. Di–So 10–17 Uhr, 3 / erm. 2 €
Die mittelalterliche **Stadtmauer** blieb auf nahezu der ganzen Länge von 2,7 km erhalten. Von der Stadtseite des **Inneren Frauentores** 1 sind auf rund 300 m Länge die Befestigungsanlagen zu besichtigen, darunter der **Raben-turm** 2. Von dessen Aussichtsplattform reicht der Blick weit ins Land bis zum Eichsfeld.

Entlang der Holzstraße
Vorbei an der **Hospitalkapelle St. Antonii** 3 aus dem 13. Jh. und dem ehemaligen **Wirtschaftshof des Klosters Zella** 4 am Ende der Straße, der lange als Thurn- und Taxis'scher Posthof diente, führt der Rundgang zum Star der Mühlhäuser Bauten.

Marienkirche/Müntzer-Gedenkstätte 5
Tel. 03601 856 60,
www.muehlhaeuser-museen.de,
Di–So 10–17 Uhr, 3 / erm. 2 €
Das Baudenkmal von nationalem Rang ist nach dem Erfurter Dom die zweitgrößte Hallenkirche Thüringens. In allen Epochen der Mühlhäuser Stadtgeschichte spielte sie eine bedeutende Rolle: In ihr verkündeten mittelalterliche Herolde die Rechtsentscheidungen des Kaisers, ließen sich reiche Bürger der Stadt begraben, predigte Thomas Müntzer, hielten die Fürsten die Bauernkriegs-Siegesfeier ab, und hier erklang zum ersten Mal die berühmte Ratswahlkantate von J.S. Bach. Das 1975 säkularisierte Gotteshaus ist seitdem Müntzer-Gedenkstätte.

Pfarrhaus 6
Neben der Kirche, am Platz ›Bei der Marienkirche‹, Ecke Herrenstraße, steht

89

das Pfarrhaus, das seine heutige Gestalt nach dem Stadtbrand von 1689 bekam. Eine Gedenktafel teilt mit, dass dort von Februar bis Mai 1525 Thomas Müntzer nach seiner Wahl zum Pfarrer der Marienkirche wohnte, eine andere, dass in dem Haus im Jahr 1800 Friedrich August Stüler geboren wurde, der sich später in Berlin einen Namen als Architekt machte. Als sein bedeutendstes Werk gilt das Neue Museum (1843–1846) in der Bundeshauptstadt.

Synagoge 7

Tel. 03601 42 76 40, Di–Fr 10–17, 1. und 3. So im Monat 13–17 Uhr, 1,50 / erm. 1 €

In der Jüdenstraße 24 kann man die Synagoge besichtigen, die 1841/42 in Mühlhausen erbaut und in der Pogromnacht am 9. November 1938 geschändet wurde.

Rathaus 8

Ratsstr. 19, Tel. 03601 45 20, Mo–Fr 9–12.30, Mo, Mi, Do 13–16, Di bis 18 Uhr, Ostern–Okt. Sa, So, Nov.–Ostern Sa bei Stadtführung 11 Uhr ab Tourist-Info

Das Rathaus der Stadt ist ein wahrlich verwinkelter Bau, eingezwängt in kleine Straßen und Gassen. Im Laufe der Jahrhunderte erhielt es viele Anbauten und musste manchen Umbau erdulden. Kein Wunder, dass es Gotik, Renaissance und Frühbarock vereint. Die einzelnen, ab 1300 entstandenen Gebäude sind innen durch unzählige Durchgänge verbunden, außen durch einen Brückengang. Historisch und künstlerisch bedeutend ist die im Renaissancestil gestaltete **Große Ratsstube**, in der sich während des Bauernkrieges der aus 16 Bürgern bestehende ›Ewige Rat‹ zusammenfand. Auch im **Rathaussaal** hat sich viel von der ursprünglichen Ausstattung erhalten.

Bauernkriegsmuseum Kornmarktkirche 9

Tel. 03601 856 60, www.muehl haeuser-museen.de, Di–So 10–17, 3 / erm. 2 €

Wenige Schritte vom Rathaus entfernt erreicht man die ehemalige gotische Franziskanerkirche St. Crucius, die heutige Kornmarktkirche, in der der ›Ewige Rat‹ aus requirierten Glocken Geschütze gießen ließ. In ihr informiert die Dauerausstellung »Mühlhausen 1525« über die Bauernaufstände des 16. Jh.

Südlich des Kornmarkts

Am vorzüglich hergerichteten Untermarkt dominiert die frei stehende gotische **Divi-Blasii-Kirche 10**, die Hauptkirche der Altstadt. Besonders wenn die Sonne scheint, erfreuen die gotischen Glasfenster im Chor mit ihrer Farbenpracht. Sie sind auf 1330/60 datiert und gehören somit zu den ältesten in Thüringen.

Vorbei an der gotischen **Annenkapelle 11** läuft man weiter zum Alten Gymnasium. Der Neorenaissancebau beherbergt das **Museum am Lindenbühl 12**, das Stadt- und Regionalgeschichtsmuseum (Kristanplatz 7, Tel. 03601 856 60, www.muehlhaeuser-museen.de, Di–So 10–17, 2 / erm. 1,50 €).

Übernachten

Familiär – **Hotel Ammerscher Bahnhof 1**: Ammerstr. 83/85, Tel. 03601 87 31 32, www.ammerscherbahnhof.de, 13 Zi., DZ/ÜF 70 €. Individuelles Haus in der Nähe der Altstadt. Das Restaurant ist bekannt für seine gute Thüringer Küche und hausgeschlachteten Fleisch- und Wurstwaren.

Mittendrin – **Brauhaus zum Löwen 2**: Felchtaer Str. 3, Tel. 03601 47 10, www.brauhaus-zum-loewen.de, 81 Zi., DZ/

ÜF ab 84 €. Im historischen Altstadtkern gelegen, angenehme, im gemütlichen Landhausstil eingerichtete Zimmer und ein rustikales Restaurant, hauseigene Brauerei.
Freundlich – **Mirage 3**: Karl-Marx-Str. 9, Tel. 03601 43 90, www.mirage-ho tel.de, 80 Zi., DZ/ÜF ab 78 €. Das Haus liegt ruhig und doch zentral, die Zimmer lassen keine Wünsche offen, freundlicher Service.

Essen & Trinken

Historisch – **Mälzerhof 1**: Untermarkt 35, Tel. 03601 81 24 46, www.maelzer hof.de, Mo geschl., So nur 11–15 Uhr, Hauptgerichte 8–14 €. Niveauvolle Gastlichkeit in historischen Gemäuern von 1763. Es kommt vorwiegend Thüringer Küche auf den Tisch.
Mittelalterlich – **Wirtshaus Antoniusmühle 2**: Am Frauentor 7, Tel. 03601 40 38 50, www.antoniusmuehle.de, Mo geschl., Hauptgerichte 10–15 €. Uriges rustikales Ambiente auf zwei Etagen in einer ehemaligen Senf- und Getreidemühle. Die Spezialität ist eine Elle Bratwurst (58,5 cm) mit Kartoffeln und Sauerkraut.

Aktiv & Kreativ

Baden – **Thüringen-Therme 1**: Lindenbühl 10, Tel. 03601 401 23, www. thueringentherme.de, Di–So ab 12 Uhr. Schwimmen, Saunieren, Spaß und Entspannen für die ganze Familie. Sport- und Wellenbecken mit Wasserfall, Sprungturm und 75-m-Riesenrutsche.
Sportvielfalt – **Thuringia-Funpark 2**: Industriestr., Tel. 03601 44 44 55, www.thuringia-funpark.de, Di–So ab 12 Uhr. Die Skater- und Bikeranlage lässt keine Wünsche offen, die Half-

Museumskarte
Preisbewusste kaufen sich in Mühlhausen für den Besuch der Museen eine Tageskarte. Wer alle fünf Museen besucht (www.muehlhaeuser-museen.de), zahlt 13 / erm. 9 €, die 2 Tage gültige Tageskarte kostet 8 / erm. 6 €. Von Nov. bis März, wenn nicht alle Einrichtungen geöffnet sind, werden für die Tageskarte nur 5 / erm. 3 € verlangt.

pipe ist 4 m hoch und 17 m breit. Darüber hinaus sind Platten und Spielfelder für Streetball, Badminton und Tischtennis vorhanden.

Abends & Nachts

Locker – **Leo 2**: im Brauhaus zum Löwen (s. o.), Mi ab 20, Do ab 18, Fr, Sa ab 20 Uhr. Der »Löwe« tobt! Wer richtig Party feiern möchte, kommt hierher. Lockere Thekenatmosphäre mit viel Musik und immer wieder neue Themenpartys.

Infos & Termine

Information
Touristinformation: Ratsstr. 20, 99974 Mühlhausen, Tel. 03601 40 47 70, www.muehlhausen.de

Verkehr
Mit der **Regionalbahn** ist Mühlhausen von Erfurt, Gotha und Weimar zu erreichen. **Busse** fahren nach Niederdorla und Volkenroda.

Termine
Thüringer Bachwochen: März/April. Zahlreiche Konzerte zu Ehren des großen Komponisten, der einige Jahre in Mühlhausen wirkte.

Stadtkirmes: letzte Augustwoche. Es sei die größte Stadtkirmes Deutschlands, behaupten die Mühlhausener. 1877 fand sie zum ersten Mal statt.

Ausflüge ab Mühlhausen

Klostergelände Volkenroda ▶ C 2
Tel. 036025 55 90, www.kloster-volken roda.de, Kirche, Klostergelände und Schulbauernhof tgl., Christus-Pavillon Mai–Okt. Di–So 10–17 Uhr
Nach der Expo 2000 in Hannover ging der für die Weltausstellung geschaffene **Christus-Pavillon** auf Wanderschaft. 10 km östlich von Mühlhausen hat er auf dem Gelände des Klosters Volkenroda eine neue Heimat gefunden. Bei der Weltausstellung war die kubische Stahl-und-Glas-Konstruktion für Zehntausende ›Tankstelle für die Seele‹.

Die romanische **Kirche** des Zisterzienserklosters wurde 1150 vom Mainzer Erzbischof geweiht, 1968 musste sie wegen Baufälligkeit ihre Tore schließen. Die DDR-Behörden hatten kein Interesse an der Sanierung. Seit 1994 ist das wiederhergestellte Kloster als Europäisches Jugendbildungszentrum erneut ein Ort der geistlichen Einkehr. Auf engstem Raum erleben die Besucher einen faszinierenden architektonischen Kontrast zwischen dem historischen Sakralraum der Kirche aus dem 12. Jh. und dem modernen Sakralraum des Christus-Pavillons.

Opfermoor Niederdorla ▶ C 3
Tel. 03601 75 60 40, www.opfer moor.de, tgl. März–Okt. 10–18, Nov.–Febr. 10–17 Uhr, 3 / erm. 1,50 € / Freigelände 2 €
Nur 5 km südlich von Mühlhausen, in Niederdorla, beginnt eine Reise in die Vergangenheit, wenn man die Holzbrücke zum **rekonstruierten germanisch-frühdeutschen Dorf** am Niederdorlaer Erdfallsee überschritten hat. Die Häuser entstanden mit Handwerkstechniken, die vor 2000 Jahren verbreitet waren. Die Wände sind aus Flechtwerk, das mit Lehm verputzt wurde, die Dächer mit Schilfmatten gedeckt. 1957 hatten Torfarbeiter im Moor Gebäudereste entdeckt. Daraufhin begannen Archäologen zu graben und förderten eine germanische Kultanlage zutage. Die Funde sind im **Ausstellungspavillon ›Opfermoor Vogtei‹** zu sehen. Nach der Einheit fand Niederdorla mit der Behauptung Aufmerksamkeit, hier sei der Mittelpunkt Deutschlands.

Hainich ▶ C 3

Ein Urwald mitten in Deutschland! Das war selbst in Thüringen bis vor wenigen Jahren kaum bekannt. Zwischen Bad Langensalza, Eisenach und Mühlhausen bedeckt auf über 160 km² Europas größter zusammenhängender Buchenwald den kleinen Gebirgszug Hainich. Um dieses Stück Natur in seiner Ursprünglichkeit zu erhalten, hat man 75 km² davon zum Nationalpark erklärt und die UNESCO nahm 15,7 km² der Buchenwälder in ihre Weltnaturerbeliste auf (s. S. 45).

Nationalpark-Zentrum Thiemsburg

tgl. 10–19, April–Okt. bis 16 Uhr, 2,50 / erm. 1,50 €
Hier, zwischen Zimmern und Craula im Stadtwald von Bad Langensalza, lässt sich der Nationalpark medial entdecken. Ein Kurzfilm zeigt den heimlichen Star, die Wildkatze, in ihrem Le-

bensraum und eine Jahreszeitenuhr für jeden Monat einige für den Hainich typische Pflanzen- und Tierarten. Das Zentrum bekam seinen Namen von der Thiemsburg, einem alten, nicht mehr bestehenden Forsthaus.

Baumkronenpfad!

Tel. 03603 89 26 58, www.baumkro nenpfad-hainich.eu, tgl. April–Okt. 10–19, Nov.–März 10–16 Uhr (wetter bedingte Schließungen möglich), 8,50 / erm. 3 / Familienkarte 20 € (inkl. Ausstellung)

Im Hainich wird dem Urwald aufs Dach gestiegen. In luftiger Höhe von bis zu 24 m spaziert man auf dem Baumkro nenpfad über den Wipfeln der Bäume. Nach der Verlängerung im Sommer 2009 schlängelt sich der Pfad mittler weile in zwei Schleifen zu je 238 und 308 m Länge durch die Baumkronen. Kleine Ausbuchtungen mit Sitzbän ken laden zum Verweilen ein, Schau tafeln am Geländer geben Hinweise, worauf man beim Blick in die Natur achten sollte.

Wer von noch größerer Höhe auf den beeindruckenden Wald schauen möchte, klettert auf den Baumturm, um von der **Besucherplattform** dort in 44 Meter Höhe einen grandiosen Blick zu genießen.

Anfahrt Baumkronenpfad

Die Anfahrt erfolgt am günstigsten von Bad Langensalza aus zum Wan derparkplatz Thiemsburg. Von dort sind es etwa 10 Min. zu Fuß.

Übernachten

Ländlich angenehm – **Hotel Schloss Goldacker:** Weberstedt (▶ C 3), Am Schloss 11, Tel. 036022 99 94 04, www.

hotel-goldacker.de, 14 Zi., DZ/ÜF ab 50 €, Restaurant Mo geschl., Hauptge richte 8–14 €. Das ehemalige Rittergut ist nach jahrelanger Sanierung ein hübsches Hotel geworden. Im Land hausstil eingerichtete Zimmer mit Du sche und WC oder preiswerte Zimmer im Herbergsstil mit Dusche und WC auf der Etage. Im Restaurant kommt Thü ringer Küche auf den Tisch. Das Schloss beherbergt auch ein kleines Heimat museum.

Modern gemütlich – **Schlosshotel Beh ringen:** Behringen (▶ C 3/4), Hauptstr. 98, Tel. 036254 850 90, www.schloss hotel-behringen.de, 25 Zi., DZ/ÜF ab 74 €. 3-Sterne-Komfort im liebevoll sa nierten Renaissanceschloss. Das Hotel ist barrierefrei und bietet vielfältige Möglichkeiten der Freizeitgestaltung. Sehenswert ist der angrenzende Skulp turenpark.

Aktiv & Kreativ

Wandern – Der Hainich ist für Wande rer ein Paradies. Zahlreiche gut ausge schilderte **Rundwanderwege und Na turlehrpfade** von 2,5 bis 10 km Länge machen die einzigartige Natur erleb bar. Infos im Nationalpark-Zentrum, an den Info-Punkten sowie den Touristin formationen in Bad Langensalza, Mühlhausen und Eisenach.

Regelmäßig finden am Wochen ende **Führungen/Wanderungen** zu un terschiedlichen Themen durch den Na tionalpark statt. Informationen unter: www.nationalpark-hainich.de.

Infos

Information

Hainichland Tourismusverband: Am Schloss 2, 99947 Weberstedt, Tel. 036022 98 08 36, www.hainichland.de

Nationalpark-Zentrum Thiemsburg: Thiemsburg am Baumkronenpfad, OT Alterstedt, Tel. 03603 89 24 64, www. nationalpark-hainich.de

Verkehr

Bus: Mai–Okt. verkehren Busse für Wanderer zwischen Eisenach, Bad Langensalza und Mühlhausen, die die Wanderparkplätze Kammerforst, Craula, Lauterbach, Weberstedt, Thiemsburg tangieren (www.regionalbus-gmbh.de sowie www.kvgeisenach.de).
Taxi: Verschiedene Taxibetriebe in Bad Langensalza, Mühlhausen und Eisenach bieten Fahrten zum Nationalpark zu Festpreisen an. Infos in den Tourist informationen.

Kyffhäusergebirge

Das nur 65 km² große Mini-Gebirge gilt als verkleinertes Abbild des Harzes. Im Volksmund wird es nur ›Der Kyffhäuser‹ genannt. Natur und Geschichte sind auf engstem Raum vereint, was den Kyffhäuser zu einem der interessantesten Mittelgebirge macht – und zu einem besonders sagenumwobenen. Mit ihm verbindet sich eine der bekanntesten deutschen Sagen, von der es angeblich 99 Varianten geben soll: Kaiser Friedrich I. Barbarossa schläft in einer Höhle. Alle hundert Jahre erwacht er aus seinem tiefen Schlaf, winkt dem treuen Zwerg Alberich zu und bittet ihn hinaufzugehen und nachzuschauen, ob die Raben noch um den Berg fliegen und krächzen. Ist dies der Fall, wird der Kaiser traurig und murmelt in seinen roten Bart, dass er noch hundert Jahre warten müsse, um zurückzukehren und Frieden und Einheit zu stiften. Seufzend schließt er die Augen und schläft abermals hundert Jahre.

Kaiser-Wilhelm-Denkmal

▶ E 2

Tel. 034651 27 80, www.kyffhaeuser-denkmal.de, April–Okt. tgl. 9.30–18, Nov.–März tgl. 10–17 Uhr, 6 / erm. 5 / Familienkarte 15 €

Nach dem Völkerschlachtdenkmal in Leipzig und dem Kaiser-Wilhelm-Denkmal an der Porta Westfalica ist das Kaiser-Wilhelm-Denkmal das drittgrößte Denkmal in Deutschland und ein Touristenmagnet. Der Volksmund verkürzte den Namen bereits kurz nach der Einweihung am 18. Juni 1896 auf Kyffhäuser-Denkmal, auch Barbarossa-Denkmal wird der gigantische Klotz gern genannt. Wer vom Kyffhäuser-Denkmal spricht, meint nicht nur das Denkmal im herkömmlichen Sinne, er meint die gewaltige Anlage in dem Gebirge. Ihre Größe wird so richtig am Modell im **Burgmuseum** ersichtlich.

Errichtet hat man das Denkmal, um an die Reichsgründung 1871 und die Proklamation des preußischen Königs Wilhelm I. zum deutschen Kaiser zu erinnern. Der ›Weißbart‹ hatte die Einheit Deutschlands verwirklicht, von der Kaiser Barbarossa, der ›Rotbart‹, träumte. Im Felsenhof am Fuß des Denkmals sitzt der etwa 6,50 m hohe steinerne Barbarossa, und darüber reitet hoch zu Ross Kaiser Wilhelm I. 247 Stufen führen im 57 m hohen Denkmalsturm hinauf zur Krone, den Aufstieg belohnt ein grandioser Rundblick, auch zum 477 m hohen Kulpenberg, der höchsten Erhebung des Kyffhäusers.

Reichsburg Kyffhausen

Nach der Denkmalsbesichtigung geht es zu den Resten der einst mächtigen Reichsburg, die im 11. und 12. Jh. auf dem nordöstlichen Bergsporn, dem Burgberg, entstanden war.

Von der ursprünglichen gewaltigen Anlage mit 600 m Länge und 60 m Breite finden sich heute nur Reste, darunter der Barbarossa-Turm genannte Bergfried. Ob der rotbärtige Herrscher je hier weilte, konnte noch nicht bewiesen werden.

Infos

Touristinformation: siehe Bad Frankenhausen (S. 101), www.kyffhaeuser-tourismus.de

Bad Frankenhausen

▶ E 2

Kirche »Unser Lieben Frauen am Berge«

Warum nach Pisa fahren, um sich einen schiefen Turm anzuschauen? Auch Bad Frankenhausen hat einen. Jahr für Jahr neigt sich der 56 m hohe Turm der Kirche, meist nur Berg- oder Oberkirche genannt, mehr und mehr zur Seite. Jährlich sollen es etwa 6 cm sein, gegenwärtig beträgt die Lot- ▷ S. 98

Das Kyffhäuser-Denkmal beeindruckt durch seine immense Größe

Auf Entdeckungstour

Das Supergemälde von Bad Frankenhausen

Hoch oben auf dem Schlachtberg zeigt das monumentale Historienbild den Thüringer Bauernaufstand von 1525, aber auch viele Bildszenen zum Alltagsleben jener Zeit. Rund 3000 Personen sind zu sehen, darunter Albrecht Dürer wie auch Martin Luther.

Reisekarte: ▶ E 2

Planung: Tel. 034671 61 90, www. panorama-museum.de, s. S. 99

Zeit: 1 bis 2 Stunden

Anfahrt: ausgeschildert, Parkmöglichkeiten ca. 200 m vom Museum.

Ein monumentaler Bau umhüllt das Gemälde. Es ist diebstahlsicher, denn es misst 14 m in der Höhe und 123 m in der Länge. Das Panoramabild, das weder einen Anfang noch ein Ende hat, ist das größte auf Leinwand gemalte Ölgemälde der Welt. Es gehört zu den spektakulärsten Werken zeitgenössischer figurativer Malerei, für das es in der Gegenwart nichts Vergleichbares gibt. Etwa zwölf Jahre hat der 2004 verstorbene Akademieprofessor Werner Tübke, einer der bedeutendsten deutschen Maler und Grafiker der zweiten Hälfte des 20. Jh., für diese Riesenaufgabe benötigt. 2000 kg Ölfarbe haben er und seine Mitarbeiter verbraucht. Das Bild trägt den Titel »Frühbürgerliche Revolution in Deutschland«, denn als solche verstand die DDR die Bauernerhebung im 16. Jh. Gegenüber dem Auftraggeber, dem DDR-Kulturministerium, setzte Werner Tübke jedoch von Anfang an durch, dass er »den Auftrag in der ihm eigenen Malweise realisieren« konnte. So entstand unter seinen Händen ein monumentales Historienbild ganz nach seiner bildnerischen Konzeption.

Berühmte Persönlichkeiten

Am 16. Oktober 1987 war die Arbeit vollendet. Tübke signierte sein Werk unter der Brunnenschale, an der er Persönlichkeiten der Zeit im Halbkreis versammelt hat, unter anderem sieht man von links nach rechts den in rot gekleideten Schuhmacher und Dichter Hans Sachs, als sechsten Tilman Riemenschneider, an achter Stelle steht Albrecht Dürer, daneben Martin Luther und Lucas Cranach d. Ä., als 15. Nikolaus Kopernikus, daneben der Naturforscher und Arzt Paracelsus, Christoph Kolumbus und Johannes Gutenberg. In der Realität wäre ein solcher Prominentengipfel, wenn man sich die Le-

bensdaten der Dargestellten anschaut, niemals möglich gewesen. Sie in einem Historienbild zu versammeln war eine famose Idee von Tübke.

Um die Brunnenschale herum tobt die Entscheidungsschlacht vom 14. und 15. Mai 1525. Diesen Bildteil erkennt man am Regenbogen, der sich als Zeichen der Hoffnung über dem Schlachtfeld wölbt. Etwa 6000 Thüringer Bauern und Bürger hatten sich bei Frankenhausen versammelt, ihr Anführer war der radikale Prediger Thomas Müntzer. Er bildet oberhalb der Brunnenschale mit schwarzer Robe und auf den Boden gesenkter Fahne des Bundschuhs, dem Symbol der aufständischen Bauern, den Blickpunkt. Den Aufständischen gegenüber standen die Truppen des Landgrafen von Hessen und die Söldner des Herzogs Georg von Sachsen. Zu einer Schlacht kam es allerdings nicht, wie Historiker schreiben, sondern zu einer Schlächterei. Die zahlenmäßig überlegenen, aber sehr schlecht ausgerüsteten Bauernhaufen wurden niedergemetzelt, wie es Tübke im Bildteil links neben Müntzer darstellt. Nur wenige konnten fliehen. Mit der Niederlage der Aufständischen endete eine der bedeutendsten Bauernerhebungen des Spätmittelalters in Deutschland.

Der Künstler im Bild

Da es von Thomas Müntzer kein authentisches Porträt gibt, hat Tübke dem Revolutionär kurzerhand seine eigenen Züge verliehen, also eine Art Selbstbildnis geschaffen. Möchte man sehen, wo sich der Künstler auf dem Bild ein zweites Mal verewigt hat, muss man sich weiter nach rechts zur Druckerwerkstatt begeben. Hier ist deutlich »Tübke« zu lesen. Neben der Werkstatt steht der Künstler selbst, erkennbar an dem zum Himmel gerichteten Blick und dem Pinsel in der rechten Hand. Hinter ihm reitet auf dem Pferd seine dritte Frau, Brigitte Tübke-Schellenberger. Zu Beginn der Arbeit standen Tübke im Leipziger Großatelier 15 Assistenten zur Seite, die meisten waren Absolventen der Leipziger Kunsthochschule. Schwierig gestaltete sich die Anpassung des Stils, denn das Riesenbild sollte wie von einer Hand gemalt erscheinen. Die Assistenten trainierten ein Jahr lang für diese Aufgabe, fünf von ihnen wurden schließlich als Mitarbeiter ausgewählt, weil ihr Malstil dem des Meisters am nächsten kam. Dennoch bemalte Tübke, oft bis zur Erschöpfung arbeitend, rund zwei Drittel der Fläche selbst, das sind mehr als 1000 m². Die im sowjetischen Textilkombinat Kursk gewebte 1,1 t schwere Leinwand war im Mai 1982 zusammengehängt worden. 576 Metallschellen, die an einem im Gewölbe verankerten Stahlring befestigt sind, halten sie. Ein zweiter Ring hält die untere Verspannung.

Das Leben jener Zeit

Ein reines Schlachtengemälde hatte Werner Tübke schon im Vorfeld ausgeschlossen. Seine ineinandergreifenden Bildszenen zeigen neben den Ereignissen des Bauernkrieges auch das politische, gesellschaftliche und geistige Panorama der Epoche, das Alltagsleben jener Zeit. So wird unterhalb des Regenbogens rechts bürgerlich getafelt, dahinter spielen fahrende Sänger zu einem höfischen Fest auf. Das Elend dieser Zeit hat Tübke links im winterlichen Teil dargestellt: Not und Gewalt sowie am unteren Bildrand Krüppel und Bettler. Und dazwischen lässt er als Kontrast eine Edeldame dahingaloppieren.

Höchstes Lob

Wer in die abgedunkelte Rotunde tritt, wird von der Farbigkeit überwältigt. Die Dichte der Darstellung fasziniert. Die inhaltliche Umsetzung macht das Supergemälde zu einem viel diskutierten Werk in Deutschland.

In dem Panorama-Museum verbirgt sich das größte Ölgemälde der Welt

abweichung rund 4,50 m. In Pisa sind es etwa 20 Zentimeter mehr, doch das fällt dem ungeschulten Auge kaum auf. Ursache für die Neigung sind Salzauswaschungen im Bodenbereich.

Salzsiedehaus

Am Südhang des Kyffhäuser wurden bereits im Jahr 998 in einer Schenkungsurkunde zwei Salzsiedestellen erwähnt. Die Salzgewinnung ließ Frankenhausen (8 700 Einw.) wachsen. Ein nachgebautes Salzsiedehaus im oberen Bereich des Kurparks veranschaulicht, wie es vor Jahrhunderten zuging. Um 1800 erkannte man die Heilwirkung der Sole, 1927 bekam die Stadt offiziell den Beinamen ›Bad‹ und entwickelte sich rasch zu einem bedeutenden Kurort.

Burg und Kirche

Von der bis ins 16. Jh. bewohnten Oberburg stehen noch der **Palas** (13. Jh.) und Reste des Burgturms, **Hausmannsturm** genannt.

Als ein wahres Kleinod gilt die **Altstädter Kirche St. Petri** zwischen Lange- und Breite Straße, ein Gotteshaus im Miniformat, das wegen seines schlichten Äußeren kaum beachtet wird. Die ältesten Teile dieses romanischen Bauwerkes stammen wahrscheinlich aus dem 10. Jh.

Regionalmuseum

Tel. 034671 620 86, Mi–So 10–17 Uhr, 2,50 / Familienkarte 7 €
Im unscheinbaren Renaissanceschloss (1533) der Stadt befindet sich das Regionalmuseum. Es zeigt sowohl naturkundliche als auch stadtgeschichtliche Ausstellungen sowie ein Zinnfigurendiorama zur entscheidenden Bauernkriegsschlacht in Thüringen. Die fand am 15. Mai 1525 statt und endete mit einer vernichtenden Niederlage des Bauernheeres.

Panorama-Museum

Di–So April–Okt. 10–18, Nov.–März bis 17, Juli, Aug. auch Mo 13–18 Uhr; 5 / erm. 4 €, Führungen zu jeder vollen Stunde, Nov.–März nur Sa, So, sonst mit Audioguide
Seit der Bauernkriegsschlacht trägt der Weiße Berg einen Kilometer nördlich der Stadt den Namen Schlachtberg. Dort entstand in den 1980er-Jahren das Museum, ein kesselförmiger Betonbau, dem der Volksmund rasch den Namen ›Elefantenklo‹ gab (s. S. 96).

Wanderungen rund um den Kyffhäuser

In Bad Frankenhausen beginnt der **Kyffhäuser-Rundweg**, den der Deutsche Wanderverband mit dem Prüfzertifikat ›Qualitätsweg wanderbares Deutschland‹ ausgezeichnet hat. Herrliche Ausblicke, naturnahe Wege, landschaftliche Vielfalt und eine gute Ausschilderung könnten die Tester überzeugen.

Wer den gesamten Weg (37 km) erwandern will, dem empfehlen sich drei Tagesetappen. Die erste, 8,8 km lang, führt zur berühmten **Barbarossahöhle** (Tel. 034671 545 13, www.hoehle.de, Führungen April–Okt. tgl. 10–17, Nov.–März Di–So 10–16 Uhr, 7,50 / erm. 4 €). Die Führung dauert knapp 1 Std., und es werden rund 800 m zurückgelegt.

Der zweite Teil der Wanderung, 12,5 km lang, hat das Kyffhäuser-Denkmal zum Ziel, und beim letzten, 15,9 km langen Teilstück geht es von hier durch die Obstwiesen von **Tilleda,** vorbei am Panorama-Museum (s. S. 96) und zurück zum Ausgangspunkt.

Übernachten

Mit Überblick – **Hotel Residenz:** Am Schlachtberg 3, Tel. 034671 750, www.

Unser Tipp

Der Orientexpress auf Fahrt

Einsteigen kann man in den Orientexpress nicht, es ist eine Miniatur-Ausgabe, die in der riesigen **Modellbahnanlage in Wiehe** auf schmalen Gleisen rollt. Eisenbahnfreaks schlägt hier das Herz schneller. Auf Gleisen rattern mehrere Hundert Mini-Züge. Thüringen wird im Maßstab 1:87 in den 1960er- und 1970er-Jahren gezeigt, als noch Dampflokomotiven durch die Landschaft zuckelten und sich vor geschlossenen Schranken die DDR-Kleinwagen Trabant stauten. Ein Highlight ganz besonderer Art ist in einer anderen Halle zu sehen: die Zugverbindungen in den USA von Ost nach West (Tel. 034672 836 30, www.modellbahn-wiehe.de, tgl. 10–18 Uhr, 10 / erm. 7,50 / Familienkarte 25 €).

residenz-frankenhausen.de, 85 Zi., DZ/ÜF ab 109 €. Haus in idyllischer Hanglage mit herrlichem weitem Blick auf Bad Frankenhausen. Die hoteleigene Venus Vital-Therme bietet ein großes Solebad aus natürlichen Quellen, verschiedene Saunen und Dampfbäder sowie Wellness- und Beautyanwendungen. Auch Nicht-Hotelgäste sind willkommen.

Gutbürgerlich – **Thüringer Hof:** Anger 15, Tel. 034671 510 10, www.thueringer-hof.com, 21 Zi., DZ/ÜF 55 €. Im 16. Jh. als Gasthof erstmals erwähnt, empfängt der modernisierte Thüringer Hof auch heute gern Gäste – in einem freundlichen, gutbürgerlichen Ambiente mitten im Zentrum von Bad Frankenhausen. Im rustikalen Restaurant gibt es Thüringer Küche.

Essen & Trinken

Bodenständig – **Alte Hämmelei:** Bornstr. 33, Tel. 034671 51 20, tgl. geöffnet, Hauptgerichte 8–15 €. Nettes historisches Wirtshaus mit einer langen Tradition, in dem Thüringer Küche serviert wird. Besonders lauschig ist die an der alten Stadtmauer gelegene Gartenterrasse mit Biergarten.

Einkaufen

Für Schleckermäuler – **Goethe-Schokoladentaler-Manufaktur:** Gewerbegebiet 13, Oldisleben (7 km südlich) Tel. 034673 / 77 65 50, www.goethe-schokoladentaler.de, Mo–Do 13–17, Fr 13–18, Sa 9–13, 14–17 Uhr, Führungen 15, Sa 13 Uhr. In der Schaumanufaktur kann zugeschaut werden, wie Konfitüren und schokoladige Köstlichkeiten aus besten Zutaten entstehen – man kann natürlich auch kosten.

Aktiv & Kreativ

Baden – **Kyffhäuser-Therme:** August-Bebel-Platz 9, Tel. 034671 51 23, www.kyffhäuser-therme.de, tgl. geöffnet. Badespaß für die ganze Familie: Fünf verschiedene Becken mit 3,5 % Sole, Massagebänke, Wasserfall, Riesenrutsche. Verschiedene Saunen.

Infos & Termine

Information
Kyffhäuser-Information: Anger 10, 06567 Bad Frankenhausen, Tel. 034671 717 17, www.bad-frankenhausen.de

Verkehr
Die **Regionalbahn** fährt von und nach Erfurt und Nordhausen über Sonders-

hausen-Bretfeld, dort umsteigen von und nach Bad Frankenhausen. Mit **Bussen** gelangt man nach Sondershausen, zum Kyffhäuser und zur Barbarossahöhle.

Termine

Fliederfest: 2. Maiwochenende. Das Frühlingsfest erlebt mit dem Umzug durch die Stadt und der Wahl der Fliederkönigin seine Höhepunkte.

Historischer Bauernmarkt: 3. Septemberwochenende. Buntes Marktgeschehen, viele kulturelle Veranstaltungen, ein Umzug in historischen Kostümen und großes Feuerwerk.

Sondershausen ▶ D 2

Keine Stadt kann Vergleichbares bieten: Konzerte in 650 m Tiefe, mit Spreewaldkähnen unter Tage auf dem Laugensee kurven, Mountainbike-Rennen und Kegel-Wettkämpfe in 670 m Tiefe. Zu erleben ist das im Erlebnisbergwerk »Glückauf«, einer einstigen Kaligrube.

Der Kalibergbau dominierte von 1893 bis 1991 in dem Ort Sondershausen (24 000 Einw.). Nach der Einheit Deutschlands verloren in der Region mehr als 20 000 Bergleute ihren Job, als die Treuhand die meisten Gruben schließen ließ. Die Kumpel gingen auf die Straße, die Proteste Tausender waren groß, aber es half nichts. Der Abbau von Kali, die Menschen hier sprechen vom weißen Gold, fand sein (Zwangs-)Ende.

Erlebnisbergwerk »Glückauf«

Tel. 03632 65 52 80, www.erlebnis bergwerk.com, Grubenfahrten nur nach Voranmeldung Di–Fr 11, 14, Sa 10, 14, So 11 Uhr (Kinder müssen mindestens 10 Jahre alt sein)

Bevor der Förderkorb im ältesten noch befahrbaren Kalischacht der Welt in die Tiefe saust, erhält jeder Besucher Schutzkittel und Arbeitshelm. Während der zweieinhalbstündigen Befahrung im offenen Lkw werden 15 km zurückgelegt. Es geht über spärlich ausgeleuchtete holprige Strecken und enge Kurven, auch zu einer Fahrt auf dem Laugensee in originalen Spreewaldkähnen. Wer eine Mordsgaudi erleben möchte, zieht sich ein »Arschleder« um, wie der Bergmann den Ledergürtel mit Rückenfortsatz nennt, und saust damit auf einer Rutsche mit 40 % Gefälle bergab.

Die Temperaturen betragen in der Tiefe von 670 m angenehme 21° bis 24° C. Neben den touristischen Grubenfahrten finden kulturelle und sportliche Veranstaltungen statt.

Altstadt

Schloss und Schlossmuseum

Tel. 03632 62 24 20, Di–So 10–17 Uhr, 5 / erm. 4 €

Sondershausen liegt inmitten der Hügellandschaft von Hainleite und Windleite. Die Stadt war 600 Jahre lang, bis 1918, Residenz der Fürsten von Schwarzburg-Sondershausen. An die würden sich heute wohl nur Geschichtsinteressierte erinnern, hätten die Blaublütigen nicht das bau- und kunstgeschichtlich bedeutende Schloss samt Park hinterlassen. Der Thüringer Kleinstaaterei sei Dank!

In der unregelmäßigen Vierflügelanlage zeigt das Schlossmuseum prunkvolle Ausstattungen sowie kostbare und kuriose Sammlungen aus dem Besitz der einstigen Regenten. Herausragend ist der sich über das gesamte zweite Obergeschoss des Südflügels erstreckende **Festsaal,** den 16 überlebensgroße vollplastische Stuckfiguren antiker Gottheiten beherrschen. Als Glanzstück der Ausstellung gilt die ›Goldene Kutsche‹ von Fürst Heinrich I., der 1740 bis 1758 regierte. Es ist die einzige erhalten gebliebene französische Prunkkarosse auf deutschem Boden. Das **Liebhabertheater** mit seinen etwa 80 Plätzen stellt ein Kleinod der besonderen Art dar. Die feierliche Eröffnung des Theaters fand 1834 statt. Die Mini-Bühne mit der original erhaltenen Vorhangmechanik misst nur 5 x 5 m.

Vom Markt zur Stadtkirche

Vom Schloss führen eine breite Freitreppe und die Auffahrt hinunter zum

Germanischer Alltag
2 km westlich von **Greussen** (▶ D 2) lebt Geschichte auf. Im **Archäologischen Freilichtmuseum Funkenburg** ist zu sehen, wie unsere Vorfahren vor rund 2000 Jahren gelebt und gewohnt haben. So errichteten sie den Speicher für die Getreidelagerung auf Pfählen, damit das Getreide trocken blieb und Nagetiere es nicht erreichen konnten. Die Siedlung war in den 1970er-Jahren ausgegraben worden, danach wurde ein Teil der Gebäude fast originalgetreu nachgebaut. Jährlich am 3. Augustwochenende, zum Funkenburgfest, wird gezeigt, wie man einst getöpfert, geflochten und Holz bearbeitet hat (Tel. 03636 70 46 16, www.funkenburg-westgreussen.de, Mo–Fr 9–17, April–Okt. auch Sa, So 10–17 Uhr, 3 / erm. 1,50 €).

Markt mit der klassizistischen **Hauptwache,** dem barocken **Prinzenhaus** und dem **Rathaus.** Durch die Stubengasse geht man weiter zur **Stadtkirche St. Trinitatis** mit der im 19. Jh. angebauten Gruft der Fürsten zu Schwarzburg-Sondershausen.

Possen ▶ D 2

Südöstlich von Sondershausen, mitten auf dem Höhenzug der Hainleite, ließ Fürst Günter 1732 bis 1737 das Jagdschloss ›Possen‹ erbauen, Reithalle und Bärenzwinger kamen später dazu. Und um einen guten Blick auf die Umgebung zu haben, errichtete man 1781 Europas höchsten **Fachwerkturm.** Das achteckige Bauwerk hat eine Höhe von 42 m, 214 Stufen führen zur Aussichtsplattform.

Der Possen ist heute ein **Freizeit- und Erholungspark** mit einem großen Kinderspielplatz und einem Wildgehege, in dem sich unter anderem Wildschweine tummeln. Im Jagdschloss etabliert sich auch ein Restaurant.

Übernachten

Solide – **Thüringer Hof:** Hauptstr. 30–32, Tel. 03632 65 60, www.thueringerhof.com, 49 Zi., DZ/ÜF ab 69 €. Das Stadthotel profitiert davon, das einzige in der Stadt zu sein. Die Zimmer sind ordentlich, einfach und zweckmäßig eingerichtet.

Essen & Trinken

Gourmet mit Stern – **Schlossrestaurant:** Schloss 1, Tel. 03632 66 70 66, www.gourmetschloss.de, Di–Sa ab 18 Uhr, 3-Gang-Menü ab 48 €, 5-Gang-Menü ab 65 €. Gehobene Küche in elegantem Ambiente: Neben französischer Küche tischt Sternekoch Ralf Kronmüller auch Regionales und eigene Kreationen auf. In der Café-Lounge »Anna Louisa« (Mi–So) gibt es mittags preiswertere leichte Gerichte sowie im Sommer Kaffee und Kuchen.

Aktiv & Kreativ

Sport und Spiel – **Freizeit- und Erholungspark Possen:** Tel. 03632 78 28 84, www.possen.de, tgl. ab 10 Uhr geöffnet, kein Eintritt. Eine große Freizeitanlage für Sport und Spiel für die ganze Familie. Jagdschloss, Fachwerkturm, Wild- und Bärengehege mit den Bären Possi, Pepe und Sascha. Bei Kindern beliebt ist der Streichelzoo mit einheimischen Tieren.

Abends & Nachts

Klassisch – **Loh-Orchester:** Tickets Tel. 03632 78 81 11, www.theater-nord hausen.de. Das traditionsreiche Orchester gibt regelmäßige Sinfoniekonzerte und Konzerte im wunderschönen Blauen Saal des Schlosses, in den Sommermonaten finden die beliebten Loh-Konzerte im Achteckhaus im Schlosspark statt.

Infos & Termine

Information
Sondershausen-Information: »Alte Wache«, Markt 9, 99706 Sondershausen, Tel. 03632 78 81 11, www.sondershau sen.de sowie www.kyffhaeuser-touris mus.de

Verkehr
Die **Regionalbahn** fährt bis Erfurt, die Kyffhäuser-Bahn pendelt bis Bad Fran-

kenhausen. **Busverkehr** gibt es von und nach Bad Frankenhausen und Mühlhausen.

Termine
Residenzfest: ein Wochenende Mitte Juni. Frühschoppen, Markttreiben und alles, was zu einem zünftigen Stadtfest gehört.
Schlossfestspiele: Juli, www.schloss festspiele-sondershausen.de. Ein noch junges Festival, das sich aber bereits etabliert hat. Junge Künstler führen jedes Jahr ein neues Werk des Musiktheaters auf.

Durch das Thüringer Becken

Der Nordwesten von Thüringen gilt touristisch als die unspektakulärste Region des Landes. Mehrere Flüsse fließen hier, sagen die Einheimischen gern, wohl um damit kundzutun, die Natur habe ihre Region nicht völlig vergessen. Doch wer in Deutschland hat schon von Lossa, Prösebach, Helbe, Vippach gehört, die meisten sind ein Zwischending zwischen Bach und Flüsschen. Lediglich die **Unstrut** konnte aus der Anonymität heraustreten und brachte es zu einem gewissen Bekanntheitsgrad. Aber das wohl nur, weil der Wein von ihren Hängen auch außerhalb Thüringens getrunken wird.

Das Thüringer Becken zählt zu den fruchtbarsten Regionen Deutschlands, es wird deshalb von der Landwirtschaft geprägt. Zu sehen gibt es aber auch hier einiges, vor allem in Bad Langensalza. Wer in der Nähe von Weißensee weilt, sollte der **Runneburg** einen Besuch abstatten, einer der größten romanischen Burganlagen Deutschlands, oder in **Sömmerda** eines der schönsten Rathäuser Thüringens anschauen.

Auf Entdeckungstour

Die Gartenmeile von Bad Langensalza

Ein grüner Gürtel mit Tausenden farbiger Blüten umgibt Bad Langensalza. Die gestaltete Natur der Kurpromenade und in den zehn unterschiedlichen Themengärten zeigt sich in ihrer ganzen Vielfalt. Kein anderer Ort in Deutschland dürfte Vergleichbares vorweisen können.

Reisekarte: ▶ C 3

Planung: www.bad-langensalza.de

Zeit: knapp 1 Tag

Start: an der Kurpromenade hinter dem Zierturm.

Die Gärten und Parkanlagen in Bad Langensalza sind Orte der Ruhe. Der Spaziergang beginnt auf der **Kurpromenade**. Was offiziell Promenade heißt, ist in Wirklichkeit ein Park mit farbenprächtigen Blumenrabatten, alten Bäumen und einem Bach, der dort plätschert, wo einst der Wallgraben verlief. Hat man das Promenadenende erreicht, beginnt rechter Hand der **Schlösschenpark**. Thüringens Fürsten und Herzöge ließen sich nicht nur ihre Residenzen, sondern auch die Sommer- und die vielen Witwensitze mit prachtvollen Grünanlagen schmücken.

Rosen und Azaleen

Zehntausende – oder sind es Hunderttausende? – Rosenblüten bilden im Sommer im **Rosengarten** ein Farbenmeer, das mit seinem Duft betört. Niemand hat die Rosenblüten bislang gezählt, wohl aber die Rosenstöcke. Es sind weit über 10 000 in fast 450 Arten, die auf dem rund 20 000 m² großen Gelände das Auge erfreuen. Der Duft, die Schönheit und die Eleganz der Rosen machen den Gartenbesuch zu einem sinnlichen Erlebnis. Rosen heben die Stimmung, lassen die Hektik des Alltags vergessen und sind ein Rezept, um glücklich zu sein. Das behaupten die Bad Langensalzaer. Sie verkünden das selbstbewusst, weil sie sich als Rosenexperten sehen, denn seit 1870 wird die Königin aller Blumen in der Stadt angebaut und gezüchtet. 88 Sorten haben ihre Wiege in dem Ort.

Vom Rosengarten sind es nur wenige Schritte zum ›Kofuko no niwa‹, dem ›Garten der Glückseligkeit‹, dem **Japanischen Garten,** der in das Land der aufgehenden Sonne entführt. Er verzaubert die Gäste mit üppig blühenden Seerosen, formvollendeten Bonsais, einer Azaleenlandschaft sowie dem Pflanzenpavillon. Über den Teich führt eine hölzerne Zickzack-Brücke. Asiatische Gäste überqueren sie gern, denn sie wissen: Böse Geister können nur geradeaus sehen, wer also über die Brücke geht, lässt sie zwangsweise zurück. Bevor man weiterläuft, sollte man sich im ›Pavillon des Teetrinkens‹ bei einer Schale grünem Tee niederlassen.

Exotische Pflanzen

Die Bad Langensalzaer haben die Magnolien zurückgeholt. Denn bis zur Eiszeit waren sie auch in Europa heimisch und gehören somit zu den ältesten Blütenpflanzen der Erde. Den Japanischen und den Botanischen Garten verbindet der **Magnoliengarten**, in dem von März bis August 33 Magnolienarten und Sorten blühen. Heute erfreuen die beliebten Ziergewächse mit ihren Blüten die Menschen in Ostasien, in Amerika – und in Bad Langensalza.

Yucca, Agaven und Kakteen, von Pergolen umsäumt, bilden den Blickpunkt im **Botanischen Garten**. Hinter der Stadtmauer versteckt sich der **Naturgarten**, in dem alte Obst- und Gemüsesorten, Heilkräuter, Färbepflanzen sowie verschiedene Kleinbiotope entdeckt werden können. Am Nordturm befindet sich das **Arboretum** mit etwa 130 Baumarten. 1280 hatten Mönche hier ein Kloster gegründet und die ersten Bäume gepflanzt.

Hinter dem Weißen Turm demonstriert der **Traco-Park** mit Mauern, Treppen, Wegen und Wasserkunst vielfältige Garten- und Landschaftsgestaltung. Wer noch Zeit und Muße hat, besucht auch den **Naturgarten** hinter der Stadtmauer sowie den **Stadt-Umland-Garten** am Kultur- und Kongresszentrum.

Bad Langensalza führt uns vor Augen, wie schön der Mensch die Natur zu seiner Freude gestalten kann.

Bad Langensalza ▶ C 3

Viel Grün hat Bad Langensalza (18 500 Einw.) zu bieten, und das in vielseitigen Facetten. Rosenstadt nennt sich der Kurort, weil es einen Rosengarten gibt. Doch das ist eigentlich untertrieben. Keine andere Stadt in Thüringen kann mit solch einer Fülle an Parks und Themengärten aufwarten wie Langensalza (s. S. 104). Dazu kommen mittelalterliche Stadttürme sowie eine vielgestaltige und gut erhaltene Altstadt. 1811 entdeckte man eine **Schwefelwasserquelle,** ein Jahr später schon begann der Kurbetrieb. Im Jahr 1996 konnte man weitere Sole- und Heilwasserquellen erschließen.

Altstadt

Die Altstadt ist noch weitgehend von der mittelalterlichen **Befestigung** umsäumt. 17 ihrer einst 24 **Wehrtürme** sowie das **Klagetor** aus dem 14./15. Jh. haben die Jahrhunderte überdauert. Vom barocken **Rathaus** (Mitte 18. Jh.) erklingt tagsüber zu jeder vollen Stunde das aus 32 verschieden großen Glocken bestehende Glockenspiel. Vor dem Bauwerk steht der **Marktbrunnen** (1582). Das Stadtbild von Langensalza prägen besonders viele Fachwerkhäuser – wenn sie auch oft mit Putzfassade versehen sind. Im **Haus Kornmarkt 8** kam 1762 Christoph Wilhelm Hufeland zur Welt, Arzt von Goethe, Schiller und Herder, der später in Berlin zum Leibarzt des preußischen Königs und Leiter der Charité aufstieg. Der mächtige, 81 m hohe Turm der breit gelagerten **Bonifatiuskirche** aus dem 15. Jh. überragt die Dächer der Altstadt.

Entlang der Stadtmauer

An der Stadtbefestigung reihen sich die Kurpromenade und zehn Themengärten (s. S. 104). Zum Schloss umgebaut wurde im 17. Jh. die mittelalterli-

che **Dryburg**, die Stammsitz des Deutschordenshochmeisters Hermann von Salza war. Das **Friederikenschlösschen**, östlich der Altstadt am Straßenring gelegen, dient heute als Haus des Gastes. Herzogin Friederike von Sachsen-Weißenfels ließ sich das zauberhafte Bauwerk im 18. Jh. als Witwensitz errichten. Der Park des Schlosses mit Orangerie, Brunnenhäuschen und Remise lässt ein wenig die Ruhe und Beschaulichkeit des Rokoko aufkommen. Bad Langensalza hat sich seit der Einheit gut entwickelt, man fährt gern hierher. Wie aber sah Alt-Langensalza um 1800 aus? Am Stadtrand taucht man im **Miniaturenpark** (Thamsbrücker Str., Mai–Okt. Sa 9–17 Uhr) in die Vergangenheit ein.

Übernachten

Ideale Lage – **Residenz am Kurpark:** Grabenweg 5-5b, Tel. 03608 81 00 51, www.residenz-am-kurpark.de, 17 Ferienwohnungen, ab 2 Übernachtungen ab 35 €. Schöne Wohnungen mit komplett ausgestatteter Küche in unmittelbarer Nachbarschaft zu den Parkanlagen.

Ländlich – **Hotel im Thielschen Grund:** Unterm Berge 5, OT Thamsbrück, Tel. 03603 84 61 51, www.imthielschen grund.de, 12 Zi., DZ/ÜF 50 €. Kleines idyllisches Familienhotel am Rand von Thamsbrück, 4 km von Bad Langensalza entfernt. Einfache Zimmer, die große Liegewiese und das parkähnliche Grundstück können von den Gästen zur Erholung genutzt werden.

Essen & Trinken

Urig – **Zur Weintraube:** Mühlhäuser Str. 11, Tel. 03603 84 61 33, www.zur-wein traube.de, tgl. geöffnet, Hauptgerichte 7–13 €. Eines der ältesten Gasthäuser der Stadt, das historische Ambiente spiegelt sich in der urigen Kneipe wider. Serviert werden gutbürgerliche Küche, aber auch saisonale Gerichte.

Aktiv & Kreativ

Baden und Genießen – **Friederiken-Therme:** Böhmenstr. 5, Tel. 03603 397 60, www.thueringen-kur.de, tgl. geöffnet. Die Therme ist das Herzstück des Kur- und Wellnessangebotes der Stadt. 32 °C warmes Wasser, Sprudelliegen, Saunen und ein breites Angebot an Wellness-Behandlungen werden dem Besucher geboten.

Japanische Tradition – **Teezeremonie:** Eine japanische Teezeremonie im Japanischen Garten zu erleben, ist eine feierliche Angelegenheit. Sie bietet neben dem Genuss die Möglichkeit, etwas mehr von den fernöstlichen Traditionen kennenzulernen. Termine und Anmeldung in der Touristinformation.

Infos & Termine

Information
Touristinformation: Bei der Marktkirche 11, 99947 Bad Langensalza, Tel. 03603 82 58 45, www.bad-langen salza.de

Verkehr
Regionalbahnen fahren von und nach Erfurt, Gotha, Jena, Mühlhausen und Weimar, **Busse** nach Eisenach, zum Nationalpark Hainich und von Mai bis Sept. zum Baumkronenpfad (s. S. 93).

Termine
Hanami: April. Japanisches Kirschblütenfest im Japanischen Garten mit Krönung der Kirschblütenprinzessin und

allerlei fernöstlichen Zeremonien und Leckereien.
Rosenfest: ein Juliwochenende. Zur Rosenblüte steht die schönste aller Blumen im Mittelpunkt mit Vorträgen, Ausstellungen und Musik. Alle zwei Jahre wird eine Rosenkönigin gewählt.
Brunnenfestwoche: Juni. Zu Ehren der Quellen in der Stadt begeht man dieses Volksfest mit Musik, Spaß, Rummel, Unterhaltung für die ganze Familie und einem bunten fantasievollen Festumzug.

Ausflug nach Bad Tennstedt ▶ D 3

Das Städtchen (2800 Einw.) schmückt sich mit beachtenswerten Bauwerken. Sie stammen aus dem Mittelalter, als Waid der Stadt zu Wohlstand verhalf. Hübsche Details zieren das **Rathaus** am Markt, so an der Nordfront der **Brunnenlöwe mit Stadtwappen** vom einstigen Marktbrunnen und an der Ostseite ein **Renaissancewappen** aus Sandstein. Wahrzeichen wurde das im Jahr 1448 fertiggestellte **Osthöfer Tor,** das als erstes Bauwerk der Stadtbefestigung entstand. Erhalten sind neben großen Teilen der Mauer noch mehrere Türme sowie die **Fronveste.**

Bekannt ist der Ort auch durch eine Schwefelquelle, die im Jahr 1811 entdeckt wurde. Seitdem wird hier gekurt, prominentester Kurgast war der Dichter Johann Wolfgang von Goethe, der sich im 1812 erbauten Badehäuschen behandeln ließ, dem heutigen Rosencafé.

Infos

Stadtinformation: Kurstr. 10 (im Haus des Gastes), 99955 Bad Tennstedt, Tel. 036041 570 76, www.badtennstedt.de

Die Landesmitte

Highlights!

Domberg Erfurt: Das monumentale Ensemble von Dom und Severikirche, das zu den beeindruckendsten mittelalterlichen Baugruppen in Europa zählt, wurde zum Wahrzeichen der Thüringer Landeshauptstadt. S. 126

Goethes Wohnhaus in Weimar: Mehr als 50 Jahre wohnte der Dichter in dem Haus am Frauenplan, heute ist es das ›Heiligtum‹ der Stadt. Fast ein halbes Jahrhundert war es einer der geistigen Mittelpunkte Deutschlands. S.133

Auf Entdeckungstour

Bunte Welt des 18. Jh. – die Puppenstadt von Arnstadt: Wie ging es in einer kleinen deutschen Residenzstadt in der ersten Hälfte des 18. Jh. zu? Detailgetreuen Einblick in die Arbeits-, Wohn- und Lebensverhältnisse gibt auf ungewöhnliche Weise die barocke Puppenstadt ›Mon plaisir‹. S. 116

Die Hohenfeldener Häuslesammler: Mehr als 30 Gebäude aus vier Jahrhunderten geben im Thüringer Freilichtmuseum Hohenfelden Einblick in vergangene Lebenswelten. Ein Großteil der Häuser wurde in anderen Dörfern Thüringens abgebaut und ins Hohenfeldener Museum umgesetzt. S. 134

Kultur & Sehenswertes

Park an der Ilm: Goethes Gartenhaus bildet in dem englischen Landschaftsgarten in Weimar den Anziehungspunkt. S. 139

Kunsthaus Apolda: Immer für Überraschungen gut! Karl Lagerfeld, Oskar Kokoschka und Francisco de Goya wurden schon in spektakulären Ausstellungen vorgestellt. S. 146

Aktiv & Kreativ

Pferderennbahn Gotha Boxberg: Wie einst wetteifern bei Galopprennen die Damen hier um die schönsten Hüte, bei Open-Air-Veranstaltungen wie Pop-Konzerten dagegen Teenies um den lautesten Jubelsturm. S. 113

Ilmtalradweg: Die Natur genießen und ein bisschen was für die Gesundheit tun! In Weimar entlang der Ilm radeln und dabei viel Sehenswertes entdecken. S. 143

Genießen & Atmosphäre

Restaurant Anna Amalia: Man gönnt sich ja sonst nichts! In Weimar kann man sich vom besten Koch Thüringens, Marcello Fabbri, im legendären Hotel Elephant verwöhnen lassen. S. 142

Toskana-Therme Bad Sulza: Eintauchen, wohlfühlen, baden in Klang, Farbe und Licht. ›Liquid Sound‹, flüssigen Klang, nennen die Experten diese Art der Entspannung. S. 147

Abends & Nachts

Michaelisstraße: Erfurts Eldorado für Nachtschwärmer. Auf der Kneipenmeile beginnt das Leben erst, wenn es dunkel wird. Eine Kneipe oder Bar reiht sich an die andere. S. 132

Nationaltheater Weimar: Oper und Schauspiel, Operette und Ballett in einer der traditionsreichsten und renommiertesten Spielstätten Deutschlands. S. 143

Historische Städte an der A 4

Gotha, Erfurt, Weimar sind weithin bekannt. Wie aufgefädelt liegen sie nördlich der Autobahn A 4, die Thüringen in der Landesmitte fast geradlinig durchquert. Weimar ist der Welt durch Johann Wolfgang von Goethe und Friedrich Schiller ein Begriff, Erfurt kennt man als Landeshauptstadt und eine der schönsten Städte Deutschlands, aber Gotha? Das hat sich sogar in die europäische Geschichte eingemischt. Das politisch nahezu unbedeutende einstige Herrscherhaus Sachsen-Coburg und Gotha kann man gut und gerne als umtriebig bezeichnen. Durch geschickte Heiratspolitik gelangten die Gothaer auf zahlreiche europäische Throne und kamen so zu europäischer Bedeutung. Auf Schloss Friedenstein war das Herrscherhaus zu Hause. Von hier ist es nicht weit bis nach Erfurt mit seiner wunderschönen Altstadt, nach Weimar zu den als UNESCO-Welterbe geadelten Stätten der Klassiker und des Bauhauses und zu Sehenswertem in der Gegend wie Arnstadt und Bad Sulza.

Gotha ▶ D 4

Schloss Friedenstein mit seinen reichen Kunst- und Kulturschätzen ist der absolute Besuchermagnet der Stadt. Wer sich für den Adel interessiert, dem dürfte der »Gotha« ein Begriff sein, das Genealogische Handbuch der Blaublütigen, benannt nach seinem ersten Verlagsort. 1763 erschien das Nachschlagewerk unter dem Titel »Gothaischer Hof-Kalender zum Nutzen und Vergnügen eingerichtet« zum ersten Mal. Im 17. und 18. Jh. besaß Gotha im Verlagswesen eine über die deutschen Grenzen hinausgehende Bedeutung. Die erlangte es auch als ›Stadt der Versicherungen‹, wie es bis in die 1930er-Jahre auf dem Poststempel hieß. Denn in Gotha (45 000 Einw.) nahmen 1820 die erste überregionale Feuerversicherung und 1827 die erste überregionale Lebensversicherung ihren Geschäftsbetrieb auf.

Schloss Friedenstein **1** mit Schlossmuseum und Ekhof-Theater

Schlossmuseum: Tel. 03621 82 34 51, 7 / erm. 3 €; Ekhof Theater, Tel. 03621 82 34 61, 3 / erm. 2 €
beide: www.stiftungfriedenstein.de, Di–So April–Okt. 10–17, Nov.–März 10–16 Uhr
Die Dreiflügelanlage mit zwei Ecktürmen war der erste Schlossneubau nach dem Dreißigjährigen Krieg. Seit Lan-

gem beherbergt Deutschlands größte frühbarocke Schlossanlage das Schlossmuseum mit prunkvollen Repräsentationsräumen. Einmalige Schätze werden in der Kunstkammer präsentiert, deren Ursprung auf Herzog Ernst den Frommen (1601–1675) zurückgeht. Ab Anfang 2013 wird ein Teil der international bedeutenden Exponate im nahen Herzoglichen Museum (s. u.) zu sehen sein.

Im ältesten barocken Schlosstheater Deutschlands, dem **Ekhof-Theater**, sind die hölzerne Bühnentechnik sowie die Ausstattung aus der Erbauungszeit zu besichtigen, die sich nahezu im Original erhalten haben. Manch einer kommt im Sommer nur zu den Aufführungen, um die einmalige Technik kennenzulernen und um die barocke Atmosphäre mit den Kristallleuchtern und den goldverzierten Rängen zu genießen. Das Theater im Westturm von Schloss Friedenstein gehört zum Museum für Regionalgeschichte und Volkskunde.

Zur Wehr- und Befestigungsanlage von Schloss Friedenstein gehören die **Kasematten** 2 , ein Gewölbesystem von etwa 2,5 km Länge, von denen heute ca. 300 m begehbar sind. In drei Ebenen verbirgt es sich unter dem Schlosspark. Nach dem Dreißigjährigen Krieg entstand die Anlage auf den Trümmern der geschleiften Festung Grimmenstein (Tel. 03621 82 34 51, einstündige Führungen nach Voranmeldung).

Herzogliches Museum 3

www.stiftungfriedenstein.de,
Eröffnung Anfang 2013
Zu sehen sind Schätze, die zum Wertvollsten gehören, das Thüringen besitzt: ägyptische Mumien, Porzellan aus Meißen und Asien, Plastiken von der Gotik bis zum Klassizismus, niederländische und altdeutsche Gemälde, darunter 23 Cranach-Bilder und die

»Mona Lisa« von Gotha, jenes »Gothaer Liebespaar«, das wohl jeder Kunst- und Reiseführer verzeichnet. Es ist das einzige erhaltene Tafelgemälde eines weiterhin unbekannten Künstlers der Vor-Dürerzeit, der es um 1480 gemalt hat. Das prachtvolle, am Gothaer Park gelegene Gebäude entstand 1864–1879 als Museum; es sollte die herzoglichen Sammlungen präsentieren.

Altstadt

Vorbei am überlebensgroßen **Standbild des Herzogs Ernst I.** 4 , des Bauherrn von Schloss Friedenstein, steigt man entlang der **Wasserkunst** 5 zum Hauptmarkt hinab. Die 1895 eingeweihte Wasserkunst, eine dreistufige Brunnenanlage, die von dem ca. 29 km langen Leinakanal gespeist wird. Der wurde 1369 fertiggestellt und war jahrhundertelang die einzige Wasserversorgung von Gotha. Das Pumpwerk für die Wasserkunst befindet sich im Keller des **Lucas-Cranach-Hauses** 6 . Im Vorgängerbau des zweigeschossigen Barockgebäudes wurde die Ehefrau von Cranach d. Ä. geboren, später wohnte seine Tochter Ursula hier.

Den Blickpunkt am Hauptmarkt, der als historisches Bauensemble unter Denkmalschutz steht, bildet das rote **Rathaus** 7 . Dessen Nordseite sollte keinesfalls übersehen werden, denn sie gehört zu den schönsten Renaissancefassaden ganz Thüringens. Bei der Kopfskulptur über der Uhr, deren Unterkiefer sich zu jeder vollen Stunde bewegt, soll es sich um den 1567 hingerichteten Ritter Wilhelm von Grumbach handeln. Von der Plattform des **Rathausturms** in 23 m Höhe bietet sich ein herrlicher Blick auf Gotha (tgl. April–Okt 11–18, Nov.–März bis 16 Uhr).

Westlich des Hauptmarktes, an der Klosterstraße, empfängt den Gast eine Oase der Stille: das vor über 700 Jahren

gegründete **Augustinerkloster** 8 mit Kirche, Kreuzgang und Kapitelsaal. In der barock ausgestatteten Kirche mit einer prachtvollen Orgel, deren Prospekt von 1692 stammt, hat Martin Luther gepredigt (Mo–Fr 10–12, 14–16 Uhr). Läuft man östlich vom Hauptmarkt weiter, kommt man zum Buttermarkt und dem Neumarkt, einem idyllischen, für Fußgänger reservierten Altstadtbereich mit Geschäften, Kneipen und Cafés.

Ausflüge um Gotha ▶ D 4

Wanderungen führen zum **Kleinen und Großen Seeberg,** 4 km südöstlich von Gotha. In dem Naturschutzgebiet befindet sich auch der Tierpark (tgl. geöffnet), wo auf 6 ha ca. 140 Tierarten leben. Vom **Gahlberg und Krahnberg,** 3 km nordwestlich von Gotha, eröffnen sich fantastische Blicke zu den Drei Gleichen und bei guter Sicht bis zum ca. 50 km entfernten Ettersberg bei Weimar.

Besonders reizvoll ist eine Fahrt mit der **Thüringerwaldbahn** in den Thüringer Wald bis Tabarz und eine Wanderung auf den 916 m hoch gelegenen Inselsberg (S. 170).

Übernachten

Komfortabel – **Best Western Hotel Der Lindenhof** 1: Schöne Aussicht 5, Tel.

Gotha

03621 77 20, www.lindenhof.bestwes tern.de, 90 Zi., DZ/ÜF 99–119 €. Am Stadtrand von Gotha, sehr ruhig gele gen, bietet das Hotel allen erwarteten Komfort. Es gibt Standard- und Kom fortzimmer, auch einige Appartements mit separatem Schlafraum. Sauna, Dampfbad, Fitness und Sonnenterrasse ergänzen das Angebot.

Angenehme Atmosphäre – **Hotel Am Schlosspark 2**: Lindenauallee 20, Tel. 03621 44 20, www.hotel-am-schloss park.de, 95 Zi., DZ ab 105–115 €. Feines Hotel mit großzügigen, farblich har monisch abgestimmten Zimmern un weit von Schloss Friedenstein und dem Schlosspark. Naturheilpraxis sowie Wellness- und Beautybehandlungen.

Ländlich verspielt – **Landhaus Hotel Romantik 3**: Salzgitterstr. 76, OT Sieb leben, Tel. 03621 364 90, www.land haus-hotel-romantik.de, 16 Zi., DZ/ÜF 84–125 €. Ein Bauernhof wurde zum Hotel umgebaut. Die Liebe zum klei nen romantischen Detail – viele Rü schen, Rosen, Himmelbetten – macht die im Landhausstil eingerichteten Zimmer so angenehm.

Essen & Trinken

Einfallsreich – **Orangerie 2**: im Hotel Am Schlosspark, tgl. geöffnet, Haupt gerichte mittags 7–14 €, abends 13–

15 €. Gepflegtes Hotel-Restaurant mit einer guten internationalen Küche, beispielsweise Roulade vom Bachsaib ling und Zander auf Noilly-Prat-Sauce mit Möhrengemüse oder mit Taboulé gefüllte Maispoularde in Calvados sauce, mit Apfel-Chicorée-Chutney so wie Fettuccine.

Saisonal – **Romantik Restaurant Pa genhaus 1**: Schloss Friedenstein, Tel. 03621 40 36 12, www.romantik-res taurant-pagenhaus.de, tgl. geöffnet, Hauptgerichte 8–18 €. Im Westflügel hat sich ein Restaurant im historisch rustikalen Ambiente etabliert. Verar beitet werden vor allem Produkte aus der Region zu jahreszeitlich abge stimmten Gerichten.

Süßes – **Café Suzette 1**: Bebelstr. 8, Tel. 03628 85 67 55, www.cafe-su zette.de, Mo geschl. Eines der ältesten Cafés der Stadt, die Wand- und De ckengestaltung stammt von 1927, ebenso die Original Wiener Kaffee haus-Stühle. Feine Konditoreiwaren in eigener Herstellung, beliebt sind die Trüffelpralinen.

Aktiv & Kreativ

Pferderennen und mehr – **Pferderenn bahn Boxberg 1**: www.boxberg-go tha.de. Die Pferderennbahn von 1878 zeugt mit ihrer im Jugendstil erbauten hölzernen Tribüne vom Glanz vergangener Jahre. Heute finden nicht nur Galopprennen statt – an denen die Damen wie einst um die schönsten Hüte wetteifern –, sondern auch Pop-Konzerte mit jubelnden Teenies.

Radeln – **Radtouren** zum Drei-Gleichen-Gebiet (s. S. 121). Gotha liegt zudem am **Radfernweg Thüringer Städtekette** von Eisenach nach Altenburg. Nähere Informationen bei der Tourist-Information (s. u.).

Abends & Nachts

Klassisch – **Thüringen Philharmonie Gotha:** Tickets über die Touristinformation, Tel. 03621 50 78 57 12, www. thphil.de. Regelmäßig klassische Konzerte in der **Stadthalle** **1** (Goldbacher Str. 35) und im **Kulturhaus** **2** (Ekhofplatz 3).

Infos & Termine

Information
Tourist-Information Gotha/Gothaer Land: Hauptmarkt 33, 99867 Gotha, Tel. 03621 50 78 57 12, www.kultourstadt.de

Verkehr
Einige **ICE** halten in Gotha, ansonsten IC-Züge und **Regionalbahnen** von und nach Eisenach, Erfurt, Mühlhausen und Weimar. Die **Thüringer Waldbahn** fährt nach Friedrichroda und Tabarz, **Busse** nach Oberhof und zu vielen Orten in der Umgebung. Im **Stadtverkehr** gibt es Straßenbahnlinien.

Termine
Gothardusfest: 1. Maiwochenende, www.gothardusfest.de. Stadtfest mit großem Festumzug zu Ehren des Schutzpatrons der Stadt.

Ekhof-Festival: Ende Juni bis Ende Aug., www.ekhof-festival.de. Aufführung barocker Opern und Konzerte in dem Theater im Schloss (s. S. 111).
Barockfest: letztes Augustwochenende. Auf Schloss Friedenstein finden Veranstaltungen und Attraktionen statt, die an die Barockzeit erinnern.

Mit der Linie 4 ins Grüne ▶ D 4–C 4

Tel. 03621 43 11 16,
www.waldbahn-gotha.de
In Gotha am Hauptbahnhof in die Straßenbahn Linie 4 setzen, und los geht's!

Schloss Friedenstein in Gotha war der erste Schlossneubau
nach dem Dreißigjährigen Krieg

Nach einer kleinen Stadtrundfahrt rollt die Bahn mit der Spurbreite 1000 mm hinein in den Thüringer Wald. Von Gotha fährt sie über Waltershausen nach Friedrichroda (S. 168) und Tabarz. Täglich sind es mehr als 20 Fahrten, die Höchstgeschwindigkeit auf der Strecke beträgt 65 km/h.

Waltershausen

www.waltershausen.de

An der Haltestelle Waltershausen-Gleisdreieck zweigt die 2,4 km lange Strecke ins Zentrum von Waltershausen (12 000 Einw.) ab, das einen Abstecher lohnt. Dort steht am Markt die barocke **Stadtkirche,** die als Vorläufer der Dresdner Frauenkirche gilt. Das Got-

teshaus schmückt sich mit der größten erhaltenen Barockorgel in Thüringen, geschaffen von Orgelbaumeister Tobias Gottfried Trost. Für Orgelfans: drei Manuale, 47 Register und 2990 Pfeifen hat das Wunder-Instrument, 1755 war es vollendet. Am Markt steht noch das das Stadtbild prägende **Fachwerk-Rathaus** (1441), das älteste seiner Art im Freistaat.

Waltershausen war zu Beginn des 19. Jh. ein Zentrum der Puppenproduktion. Das **Museum Schloss Tenneberg** weiß davon recht anschaulich zu berichten (Tel. 03622 691 70, Mi–So April–Okt. 10–17, Nov.–März 10–16 Uhr, Jan. geschl., 2,50 / erm. 1,50 / Familienkarte 6 €). ▷ S. 118

Auf Entdeckungstour

Bunte Welt des 18. Jh. – die Puppenstadt von Arnstadt

Wie ging es in einer kleinen deutschen Residenzstadt in der ersten Hälfte des 18. Jh. zu? Detailgetreuen Einblick in die Arbeits-, Wohn- und Lebensverhältnisse gibt auf ungewöhnliche Weise die barocke Puppenstadt »Mon plaisir« (Mein Vergnügen).

Reisekarte: ▶ D 4

Planung: Schlossplatz 1, 993190 Arnstadt, Tel. 03628 60 29 32, www.arnstadt.de, Di–So 9.30–16.30 Uhr, 6 / erm. 3,50 €

Zeit: 2 Stunden

Start: im Neuen Palais an der Kasse, die Puppenstadt befindet sich im südlichen Seitenflügel im Erdgeschoss.

Wie haben unsere Vorfahren Anfang des 18. Jh. gelebt, die Armen und die Wohlhabenden? Wie waren sie gekleidet, wie wohnten sie? In Arnstadt verraten uns das 82 Stuben mit 391 etwa 20 bis 28 cm großen Wachsfiguren. Sie stehen in vier Museumsräumen oftmals übereinander. Vermutlich mussten mehr als 100 Hofbedienstete, Handwerker und Mönche nähen, bosseln und modellieren, und das alles zum Vergnügen der kinderlosen Fürstin Auguste Dorothea von Schwarzburg-Arnstadt (1666–1751). »Mon plaisir« nannte die Fürstin das Kleinod, das sie und den Hof vor allem während ihrer 35-jährigen Witwenzeit beschäftigte. Die kulturhistorische Kostbarkeit hat sich erhalten. Alles wird zum Schutz der Objekte im spärlichen Licht gezeigt.

In die Stuben schauen

Dass es die Handwerker seinerzeit nicht leicht hatten, zeigt gleich im ersten Raum die **Weberstube**. Das gesamte Arbeits- und Familienleben spielte sich in einem Zimmer ab. Obwohl alle Familienmitglieder zugreifen mussten, reichte der kärgliche Verdienst nicht aus – wie das Bett in der Ecke zeigt –, um den Arbeitsraum vom Wohn- und Schlafzimmer zu trennen. So ist es auch beim **Drechsler** eine Treppe höher. Dem **Bäcker** diente die Backstube zugleich als Verkaufsraum. Der Blick in die **Hofküche** zeigt, wie es bei den Wohlhabenden, den Adligen, zuging. Die blitzenden Pfannen, Trichter, Siebe und Teller reichen auf den Borden bis an die Decke, Köche und Mägde sind dabei, leckere Speisen zuzubereiten. Beim **Hofbarbier** wird ein vornehmer Herr im Hausrock rasiert. Ein Löffel liegt bereit. Der wurde älteren Männern bei der Rasur in den Mund geschoben, um die Wangen-

haut zu straffen, was das Rasieren erleichterte. Daher stammt die Redewendung »sich nicht über den Löffel balbieren lassen«.

Jahrmarktszenen zeigen zwei große Puppenstuben, für die vermutlich der Marktplatz von Arnstadt Pate gestanden hat. Neben der Gemüsefrau hat sich der Wachszieher niedergelassen, davor der Scherenschleifer, auch die Töpferwarenhändlerin ist an ihren Waren zu erkennen. Der Schuhmacher hat ein breit gefächertes Angebot, handgenähte Lederstiefel wie auch seidene Pantöffelchen. Wohlhabende Bürger schauen, noch im Nachtgewand, dem bunten Treiben zu. Einige von ihnen, die Puppenstube zeigt es, mischten sich zu dieser offensichtlich frühen Stunde bereits unter die Marktbesucher. Ansonsten erinnert das Markttreiben ein wenig an unsere heutigen Volksfeste: Komödianten, Possenreißer und Musikanten belustigten die Verkaufenden und die Kunden.

Eine Meisterleistung

Die **Bekleidung** der Puppen gibt uns heute Auskunft über die Mode in der ersten Hälfte des 18. Jh. Kaum vorstellbar ist die Mühe, die es machte, die mehr als 2670 inventarisierten Gegenstände naturgetreu anzufertigen. So sind die Weingläser auf dem Tisch der Hofküche lediglich 2,4 cm hoch. Die zum großen Teil porträtecht modellierten Charakterköpfe der Puppen, die fast alle mit Haar versehen wurden, sollen zwei Franziskanermönche geschaffen haben. Als Haar verwendete man feine Schaf- oder Ziegenwolle. Entstanden sind die kleinen Kunstwerke aus Bienenwachs, dem man vermutlich Terpentin, Harz, Schweinefett und andere bis heute unbekannte Substanzen zusetzte, um die notwendige Konsistenz und Farbe zu erlangen.

Fahrt nach Tabarz

Ab Schnepfenthal verlaufen die Gleise der Thüringerwaldbahn über 2 km auf einem gemeinsamen Bahndamm parallel zu den Schienen der Eisenbahnstrecke Fröttstädt–Friedrichroda. Für Fotofreunde ein beliebtes Motiv, wenn Eisenbahn und Straßenbahn um die Wette fahren. Nach 21,7 km und 59 Min. Fahrzeit ist die 23. Haltestelle erreicht, die letzte. In **Tabarz** (www.tabarz.de), vor allem bei Natur- und Wanderfreunden beliebt, heißt es für alle: Aussteigen bitte!

Arnstadt ▶ D 4

Arnstadt ist *die* Bachstadt. 172 Jahre hat die Familie Bach die Stadt geprägt: Allein 17 Bachs kamen hier zur Welt, 8 wurden hier getraut und 25 fanden auf dem alten Gottesacker ihre letzte Ruhestätte.

Der berühmteste von ihnen, Johann Sebastian, trat in Arnstadt als 18-Jähriger seine erste Organistenstelle an. Mitten auf dem Marktplatz lehnt er – eben als 18-Jähriger – etwas aufmüpfig, mit von sich gestreckten Beinen an einem Meilenstein. So, wie ihn der Bildhauer darstellte, erlebten ihn die Arnstädter vermutlich als jungen Mann. Wiederholt musste er vor dem Konsistorium erscheinen, beispielsweise weil er eine auf vier Wochen genehmigte Urlaubsreise eigenmächtig verlängerte, während eines Gottesdienstes den Weinkeller besuchte und eine »fremde Jungfer« auf der Empore zur Orgel singen ließ. Bach musste die Kirche verlassen – die heute seinen Namen trägt.

Die Stadt ehrte ihn im Jahr 1985, anlässlich seines 300. Geburtstages, mit dem Denkmal auf dem Markt. Die »fremde Jungfer« hat er übrigens später im nahen Dornheim geheiratet.

Johann Sebastian Bach gilt als der größte Musiker aller Zeiten, seine Werke sind die meistgespielten in der Welt.

Arnstadt (25 000 Einw.), eines der Tore in den Thüringer Wald, wurde erstmals 704 urkundlich genannt und darf sich deshalb rühmen, eine der ältesten deutschen Städte zu sein. Seit der Einheit erhielt der Ort seine Farbigkeit zurück und ist wieder hübsch anzuschauen.

Altstadt

Neue Kirche

Die Neue Kirche am Markt ist jene, auf der Bach 1707–1710 auf der Orgel gespielt hat und die 1935 seinen Namen bekam. Sie ging aus einem spätgotischen Bau hervor.

Liebfrauenkirche

Die engen Gassen und verschwiegenen Winkel mit holprigem Pflaster strahlen in Arnstadt noch viel mittelalterlichen Charme aus, besonders um die doppeltürmige Liebfrauenkirche westlich vom Markt. Sie gilt nach dem Naumburger Dom als der bedeutendste Kirchenbau Mitteldeutschlands aus der romanisch-gotischen Übergangszeit.

Häuser berühmter Persönlichkeiten

Mit dem **Haus Kohlgasse 7** besitzt Arnstadt die einzige authentisch erhaltene Wohnstätte Johann Sebastian Bachs. In diesem vermutlich 1582 errichteten Wohnhaus hat er, so wird angenommen, bei der Familie seines Onkels Johann Christoph Bach gewohnt.

Zu den musischen Größen Arnstadts gehört auch Eugenie John (1825–1887), die im **Haus Nr. 12** an der Ostseite des Marktes geboren wurde. Doch unter diesem Namen kennt sie keiner. Berühmt wurde die Dame mit dem Pseudonym E. Marlitt, unter dem sie naive, Tränen treibende Romane schrieb. Sie erschienen zuerst in der Familienzeitschrift »Die Gartenlaube«. Wie man auch zu den Trivialromanen der Marlitt stehen mag: Ihre Arbeiten wie »Goldelse« und »Das Haideprinzeßchen« erreichten höchste Auflagen und bescherten ihr viel Geld. Von 1871 bis zu ihrem Tod wohnte sie in der spätklassizistischen **Villa** der heutigen Marlittstraße 9.

Schloss

Schlossmuseum
Schlossplatz 1, Tel. 03628 60 29 32, Di–So 9.30–16.30 Uhr, 6 / erm. 3,50 €

Unser Tipp

Alles um die Thüringer Rostbratwurst
Wer nicht gerade Vegetarier ist, erliegt garantiert dem Duft und dem Anblick der Thüringer Rostbratwurst. Die Thüringer behaupten, die Bratwurst sei bei ihnen erfunden worden. Als Beweis verweisen sie auf eine Propsteirechnung des Arnstädter Jungfrauenklosters vom 20. Januar 1404. Ein heiliges Datum für Bratwurst-Freaks ist der 17. Dezember 2003. An diesem Tag wurde im Amtsblatt der EU kundgetan, dass die Thüringer Bratwurst von jetzt an EU-geschützt ist. Sicher nahezu alles, was es zu ihr zu sagen gibt, kann man im **Bratwurstmuseum Holzhausen** (5 km östl. von Arnstadt) sehen und lesen. Was wohl haben die meisten Besucher in der Hand, wenn sie das Museumsgelände verlassen? Eine leckere Thüringer Rostbratwurst. (Tel. 03628 60 44 12, www.bratwurstmuseum.net, April–Okt. Di–So 11–17 Uhr, 3 €).

Brüsseler Bildteppiche aus dem 16. Jh., barocke Gläser, ostasiatische und Meißner Porzellane sowie Dorotheenthaler Fayencen sind im **Neuen Palais** (1729–1738) zu sehen. Es entstand als privater Wohnsitz für Fürst Günter I. von Schwarzburg-Sondershausen und als Witwensitz für seine Gemahlin Elisabeth Albertine.

Touristischer Anziehungspunkt ist die Puppenstadt ›Mon plaisir‹ (›Mein Vergnügen‹, s. S. 116).

Am Schlossgarten
Von dem sanierten, 65 m hohen **Neideckturm,** dem Rest des ab Ende des 18. Jh. verfallenen Schlosses Neideck, hat man einen schönen, weiten Blick über die Stadt (Mo–Do 10–15.30, Sa, So 14–16 Uhr).

Im Gärtnerhaus an der Südseite des Schlossgartens (Mitte des 16. Jh.) steht das **Stadtmodell »Arnstadt um 1740«** im Maßstab 1:200. Auf einer 4,30 m langen und 3,20 m breiten Platte sind fast 1600 Gebäude zu sehen (Tel. 03628 58 09 20, www.stadtmodell.arnstadt.de, Mo–Do 10–14, Fr 10–12, Sa, So 14–16 Uhr, 1,50 €).

Übernachten

Brauerei-Ambiente – **Brauhaushotel:** Brauhausstr. 1–3, Tel. 03628 60 74 00, www.arnstadt-stadtbrauerei.de, 66 Zi., DZ/F 93–106 €. In die alten Gemäuer einer Brauerei ist ein modernes Hotel gezogen. Die komfortablen Zimmer unterschiedlicher Kategorien fügen sich harmonisch in das alte Sudhaus. Ein Schwimmbad mit leicht solehaltigem Wasser und eine Saunalandschaft verheißen Entspannung.
Angenehm – **Hotel Krone:** Am Bahnhof 8, Tel. 03628 770 60, www.krone-2000.de, 40 Zi., DZ 65–75 €. Das renovierte Jugendstilhaus befindet sich ge-

genüber dem Hauptbahnhof von Arnstadt. Die Zimmer des Hotels sind gut ausgestattet, auch der familiäre Service ist angenehm.

Essen & Trinken

Apfelwein und mehr – **Schellhorns Wein & Bierstube:** Ritterstr. 3–5, Tel. 03628 60 27 80, www.schellhorns-weinstube.arnstadt.de, nur am Abend geöffnet, So geschl., Hauptgerichte 5–12 €. Hier gibt es deftige Thüringer Küche mitten in der historischen Altstadt und leckeren selbst hergestellten Apfelwein. Probieren sollte man unbedingt einen der 300 Cocktails, denn die werden von der Deutschen Meisterin im Cocktailmixen von 2007 gemixt!
Historisch – **Zur Goldenen Henne:** Ried 14, Tel. 03628 58 95 60, www.henne-arnstadt.de, tgl. geöffnet, Mo–Di nur abends, Hauptgerichte 8–15 €. Seit 1608 empfängt die »Henne« Gäste und ist nun wieder frisch herausgeputzt seit einigen Jahren. Besonders nett sitzt es sich im Kaminzimmer. Eine gediegene Thüringer Küche wird hier zu akzeptablen Preisen gereicht.

Einkaufen

Kristall – **Arnstadt Kristall:** Bierweg 27, Tel. 03628 660 00, www.arnstadt-kristall.de, Mo–Sa geöffnet. Werksverkauf mit einer riesigen Auswahl an Bleikristallprodukten. Auch Vorführungen und Produktionsbesichtigungen sind möglich.
Thüringer Produkte – **Arnsch'ter Fässchen:** Ried 14, www.thueringer-laden.de. Exklusive Weine, Öle, Thüringer Spezialitäten, Thüringer Kräuterlikör in der Apothekenflasche, Geschenkideen.

Aktiv & Kreativ

Baden und Wellness – **Sport & Freizeitbad:** Wollmarkt, www.bad-arnstadt. de, tgl. geöffnet. Das Sportbad mit sechs 25-m-Bahnen, ein Spaßbecken mit Wasserattraktionen, der Wellnessbereich mit mehreren Saunen und Behandlungsangeboten versprechen Fitness und Erholung. Beliebt sind die vierstündigen Wellness-Abende mit Eisaufguss, Schlammpackung, Salzaufguss, Gesichtsmaske und Fußbad (Termine Tel. 03628 60 33 79).

Abends & Nachts

Unterhaltsam – **Theater im Schlossgarten:** Im Schlossgarten, Tel. 03628 618 60, www.theater-arnstadt.de. Konzerte und verschiedene Gastspiele finden in dem Haus aus der ersten Hälfte des 19. Jh. statt.

Infos & Termine

Information
Touristinformation: Markt 3, 99310 Arnstadt, Tel. 03628 60 20 49, www. arnstadt.de

Verkehr
Regionalbahnen gibt es von und aus Erfurt, Ilmenau, Meiningen und Saalfeld. **Busse** fahren von Arnstadt nach Erfurt, Ilmenau, Meiningen, Oberhof, Saalfeld und Suhl.

Termine
Arnstädter Bachtage: zweite Märzhälfte. Konzerte zu Ehren des Komponisten J. S. Bach (s. S. 118).
Wollmarkt: eine Woche Ende Juni. Volksfest mit Jahrmarkt auf Wollmarkt und Hammerwiese, und das schon seit 160 Jahren.

Ausflug zu den Drei Gleichen ▶ D 4

Burgen
In einer Nacht im Mai 1231 soll ein Kugelblitz drei Burgen gleichzeitig in Brand gesetzt haben: die Burg Gleichen, die Wachsen- und die Mühlenburg. So erzählt man es sich bis zum heutigen Tag in Thüringen. Seitdem heißen die drei Festungen trotz ihrer unterschiedlichen historischen Entwicklung die Drei Gleichen. Wer die Autobahn A 4 zwischen Gotha und Erfurt entlangfährt, den grüßen schon von Weitem die drei burgbekrönten Kuppen.

Namensgeber für das Burgen-Trio war die 1089 erstmals erwähnte **Burg Gleichen.** Im Burgturm befindet sich ein kleines Museum (Tel. 036202 824 40, www.drei-gleichen.de, April–Okt. tgl. 9–18, März, Nov., Dez. tgl. 9–17, Jan., Febr. Sa, So 9–17 Uhr, 1,50 / erm. 1 €). Die **Wachsenburg** aus der Mitte des 10. Jh. beherbergt heute ein Hotel und ein kleines Museum (www.vestewachsenburg.de, Museum tgl. ab 11 Uhr, Okt.–März Mo geschl., 2 €). Die **Mühlburg,** bereits 704 in einer Urkunde genannt und somit die älteste der Burgen, ist zur Ruine verfallen (www.muehlberg. info, März–Okt. Mo–Fr 10–17, Sa, So bis 18 Uhr, 1,20 €).

Wechmar
Von der Burg Gleichen sind es etwa 5 km bis Wechmar, gern Wiege der Musikerfamilie Bach genannt. Das Oberbackhaus, in dem von 1571 bis 1964 Brot gebacken wurde, war um 1600 die Wohn- und Wirkungsstätte von Veit Bach und seinem Sohn Hans. Beide gelten als die Stammväter der großen Musikerfamilie Bach, deren berühmtester Sprössling Johann Sebastian ist. Heute befindet sich in dem Haus ein

kleines Museum (Tel. 036256 226 80, www.bach-stammhaus-wechmar.de, Di–So 10–17 Uhr, 2,50 / erm. 2 €).

Übernachten, Essen

Beim Burgherrn zu Gast – **Veste Wachsenburg:** Holzhausen (▶ E 10), Tel. 03628 742 40, www.veste-wachsenburg.de, 16 Zi., DZ/ÜF 110–140 €, mit WC/Dusche auf der Etage 80 €. Restaurant tgl. geöffnet, Jan.–März Mo geschl., Hauptgerichte 12–20 €. Zimmer befinden sich im Palas und in der Kemenate der Wachsenburg. Wer etwas Besonderes genießen möchte, bucht die im Neo-Barockstil eingerichtete Hochzeitssuite für 250 €. Frische und hochwertige Produkte finden in der Küche Verwendung.

Erfurt ▶ E 4

Thüringens Perle wird Erfurt (199 000 Einw.) oft genannt. Dem kann man bedenkenlos zustimmen. Erfurt mit seiner mittelalterlich geprägten Altstadt gehört wahrlich zu den schönsten Städten Deutschlands. Anger, Fischmarkt, Krämerbrücke, Domberg – ein architektonisches Schmuckstück reiht sich an das andere. Die Landeshauptstadt, eine lebendige Metropole, erscheint dem Besucher wie ein riesiges Freilichtmuseum der Architektur. In engen Gassen verstecken sich Cafés und kleine schicke Läden, 142 Brücken soll es geben. Das führt vielfach zur Bezeichnung »Klein-Venedig«. An prachtvollen Bürgerhäusern und unzähligen Kirchen lässt sich der einstige Wohlstand ablesen, der sich auf die drei ›W‹ – Wein, Waid und Wolle – gründete. Erfurt spielte aber auch in der Politik seit jeher eine bedeutende Rolle, in der Stadt fanden Reichs- und

Parteitage sowie Fürstenkongresse statt. Und hier trafen sich 1970 die beiden deutschen Regierungschefs: Willy Brandt aus dem Westen und Willi Stoph aus dem Osten. Willy Brandt begrüßten Tausende DDR-Bürger begeistert als Hoffnungsträger, man jubelte ihm zu, als er sich am Fenster des damaligen Hotels Erfurter Hof (das prachtvolle Haus gegenüber dem Hauptbahnhof) zeigte.

Vom Anger zum Dom

Der Rundgang beginnt am **Anger,** im Mittelalter Erfurts größter Waidmarkt und damit ein bedeutender europäischer Handelsplatz. An seiner Nordseite, wo er sich zu einer dreieckigen Fläche weitet, fällt an der Ecke zur Bahnhofstraße ein prächtiger Barockbau mit reichem plastischem Schmuck ins Auge. Das Haus ist Domizil des **Angermuseums** 1 , das bildende Kunst und Kunsthandwerk vornehmlich aus Thüringen ausstellt. Überregional bedeutend sind die Sammlungen mittelalterlicher Kunst (Tel. 0361 55 45 60, www.angermuseum.de, derzeit wegen Sanierung geschlossen). Das erstmals 1183 in den Annalen genannte **Ursulinenkloster** 2 bewohnen noch heute Ordensschwestern. Hinter dem **Martin-Luther-Denkmal** steht die schlichte **Kaufmannskirche** 3 aus dem 13./14. Jh., deren Glocken am 18. April 1668 für die Hochzeit von Johann Sebastian Bachs Eltern läuteten.

Stadtmuseum »Haus zum Stockfisch« 4
Johannesstr. 169, Tel. 0361 655 56 51, www.stadtmuseum-erfurt.de, Di–So 10–18 Uhr, 3 / erm. 2 / Familienkarte 13 €
An der Erfurter Stadtgeschichte Interessierte besuchen das repräsentative

Spätrenaissance-Haus, das seit 1922 museal genutzt wird. Zu sehen sind Alltagsgegenstände aus fast 200 Jahren Erfurter Wohnkultur. Wer sich über den recht eigenwilligen Namen Gedanken macht: Stockfische sind getrocknete Meeresfische, mit denen im Mittelalter auch in Erfurt Handel getrieben wurde.

Kaisersaal 5
Futterstraße
Ganz in der Nähe des Stadtmuseums, im Kaisersaal, schrieb man im 19. Jh. europäische Geschichte. Im Jahr 1808 hatte Napoleon zum Fürstenkongress in das damalige Ballhaus der Universität geladen. Zwei Kaiser, vier Könige und 18 Fürsten saßen sich gegenüber. Seit 1994 wird das klassizistische Gebäude, dessen Name an die bedeutende Zusammenkunft erinnert, wieder als Tagungs-, Konzert- und Ballhaus genutzt.

Am Wenigemarkt
Die Futterstraße mündet in den Wenigemarkt mit Bürgerhäusern aus dem 19. Jh. und einem modernen Brunnen von 1969. Hinter der **Ägidienkirche** 6 am westlichen Platzende versteckt sich eines der Wahrzeichen von Erfurt: die **Krämerbrücke** 7, die längste durchgehend mit Häusern bebaute und bewohnte Brücke nördlich der Alpen (s. S. 124).

Augustinerkloster 8
Tel. 0361 576 60 32, www.augustiner kloster.de, Führungen Mo–Sa 10, 11, 12, 14, 15, 16, So 11, 12, April–Okt. Mo–Sa auch 17 Uhr, 5 / erm. 4,50 €
Ein kleiner Abstecher führt zum Augustinerkloster, an dessen hölzerne Pforte am 17. Juli 1505 Martin Luther klopfte und Einlass begehrte. In dem evangelischen Kloster, das heute ein Hotel sowie eine Tagungs- und Begeg-

nungsstätte beherbergt, informiert eine Ausstellung über den Aufenthalt Luthers.

Entlang der Allerheiligenstraße
Vorbei an der **Michaeliskirche** 9 kommt man zur Allerheiligenstraße und damit in einen der romantischsten Winkel der Altstadt. Hier lässt sich manches Kleinod entdecken, so das **Haus »Zur Windmühle«** 10, Nr. 6, das durch sein Renaissanceportal Aufmerksamkeit erweckt. Es besitzt abgeschrägte Seitenwände, damit die Fuhrwerke besser in den großen Speichergebäuden einfahren konnten. Wenn einst in den Löchern über dem Portal Strohbündel steckten, wurde damit kundgetan, dass ein »gut neu Bier aufgetan« war. Im Mittelalter stand Bier, als es noch kein sauberes Trinkwasser gab, als Getränk hoch im Kurs.

Alte Synagoge 11
Waagegasse 8, Tel. 0361 655 16 08, www.alte-synagoge.erfurt.de, Di–So 10–18 Uhr, 5 / erm. 3 €
Der fast 30 kg schwere ›Jüdische Schatz‹, den man 1998 bei Grabungen fand, besteht aus 3142 französischen Silbermünzen, 14 Silberbarren und mehr als 600 gotischen Goldschmiedearbeiten in exzellenter Ausführung. Beim Pogrom 1349 wurde er unter der Mauer eines Kellerzugangs vergraben, 649 Jahre später hat man ihn gefunden. Als er in Paris, New York und London gezeigt wurde, löste er Begeisterung aus, denn es ist der mit Abstand umfangreichste Fund dieser Art. Seit Herbst 2009 wird er zusammen mit mittelalterlichen Handschriften in der Synagoge gezeigt. Darunter ist der ›Erfurter Judeneid‹ – eine bestimmte, darin niedergelegte Rechtsform –, der vor mehr als 800 Jahren unter Erzbischof Konrad I. entstand und der älteste in deutscher Sprache ▷ S. 126

Lieblingsort

Mediterranes Flair

Ein Stück Mittelalter in Erfurts City: Die **Krämerbrücke** 7, das steinerne Pendant zum berühmten Ponte Vecchio von Florenz. Sie präsentiert sich so, wie sie nach dem Stadtbrand 1472 wieder aufgebaut wurde. Zum Namen verhalfen ihr die im Mittelalter Krämer genannten Kleinhändler. Im Erdgeschoss der 32 bunten Häuschen, die die 125 m lange und 18 m breite steinerne Brücke säumen, laden Läden und Restaurants zum Schauen und Verweilen ein. Im ›Thüringer Spezialitäten-Markt‹ kaufen wir gern Regionales, als Schleckermäuler kommen wir an der ›Schokoladenmanufaktur Goldhelm‹ nicht vorbei und vor der Weinhandlung ›L´Escargot‹ können wir stundenlang bei einem Schoppen Saale-Unstrut-Wein sitzen, das Treiben auf der Brücke beobachten, das mediterrane Flair im Herzen Thüringens genießen (www.kraemer bruecke.de, s. S. 123).

Erfurt

sein dürfte. Zu sehen ist auch das jüdische Ritualbad aus dem Mittelalter, das bei Erdarbeiten an der Erfurter Krämerbrücke entdeckt wurde.

Fischmarkt

Den Platz möchte man gar nicht wieder verlassen. Eine Piazza Italiana in Thüringen! Architektonische Augenweiden ringsherum. Der Fischmarkt war im Mittelalter Kreuzungspunkt der durch Erfurt führenden Handelsstraßen, er gilt als der historische Mittelpunkt der Stadt.

Prunkvoll das 1584 erbaute **Haus »Zum Breiten Herd«** 12 mit einer hübschen Renaissancefassade und einem Figurenfries, der sich im benachbarten **Gildehaus** fortsetzt, sowie das **Haus »Zum Roten Ochsen«** 13 von 1562 mit dem Standbild des Römers von 1591 davor. In der warmen Jahreszeit stehen Stühle und Tische vor Cafés und Res-

taurants, mancher sitzt hier stundenlang. Nicht vergessen werden sollte, beim Abschied dem neogotischen **Rathaus** 14 wenigstens einen Blick zu widmen. Vom Fischmarkt geht es die Marktstraße entlang. Dort, wo rechter Hand die Allerheiligenstraße einbiegt, hat man die gotische **Allerheiligenkirche** 15 erbaut, die sich mit ihrem unregelmäßigen Grundriss der Straßengabelung anpasst.

Domberg!

Domplatz

Auf dem Domhügel thronen vieltürmig Dom und Severikirche, die Wahrzeichen der Stadt. Die mittelalterliche Baugruppe gehört zu den beeindruckendsten in Europa. Besonders abends, wenn beide Bauwerke im Licht erstrahlen, bietet sich ein feierliches Bild. Wer die bei-

den katholischen Kirchen besuchen möchte, muss zunächst 70 Stufen vom Domplatz aus hinaufsteigen. Im Juli und August ist diese Freitreppe Schauplatz der **Domstufenfestspiele,** eines Open-Air-Festivals von großer Beliebtheit.

Dom St. Marien 16

Tel. 0361 646 12 65, www.dom-erfurt.de, Mai–Okt. Mo–Sa 9–18, So 13–18, Nov.–April Mo–Sa 9.30–17, So 13–17 Uhr

311 Jahre dauerte der Bau des Doms St. Marien, im Jahr 1465 war das gewaltige, im Innern reich mit Bildwerken ausgestattete Bauwerk schließlich fertiggestellt. Die Chorfenster, Mitte des 14. Jh. entstanden, gehören zu den besten Zeugnissen spätmittelalterlicher Glasbildkunst.

Die Landesmitte

Im mittleren Domturm hängt die Gloriosa, die Königin aller Glocken, 2,50 m hoch und 11,45 t schwer (s. S. 130). Acht starke Männer mussten einst Hand anlegen, um die größte frei schwingende Kirchenglocke des Mittelalters zu läuten.

Rund um den Dom

In der um 1335 vollendeten gotischen **Severikirche 17** stellt der um 1365 geschaffene Sarkophag des hl. Severus eine der großartigsten Leistungen der deutschen Bildhauerei dar. Das Leben des im Jahr 348 verstorbenen Severus hört sich wie ein Märchen an: Der Tuchmacher wohnte der Bischofswahl in Ravenna als Zuschauer bei, als sich auf seinem Haupt eine Taube niederließ. Die Kirchenoberen sahen dies als Zeichen des Herrn an und weihten den Tuchmacher zum Bischof. Die Gebeine von Severus gelangten über mehrere Stationen schließlich im Jahr 836 nach Erfurt (wie Dom St. Marien, s. o.).

Die einzige noch in großen Teilen erhaltene barocke Stadtbefestigung Mitteleuropas steht in Erfurt nordwestlich des Domplatzes: die **Zitadelle Petersberg 18**. Mit ihren Kasematten gilt sie als Musterbeispiel europäischer Festungsbaukunst des 17. und 18. Jh.

Große Arche

Angenehm bummelt es sich durch das traditionsreiche Altstadtviertel Große Arche mit dem im Jahre 1536 erbauten **Renaissancehaus »Zum Sonneborn« 19** und dem historischen Waidspeicher Große Arche 14, in den das **Naturkundemuseum 20** zog, das zu den modernsten Deutschlands gehört (Tel. 0361 655 56 80, www.naturkundemuseum-erfurt. de, Di–So 10–18 Uhr, 5 / erm. 3 €). Der restaurierte **Waidspeicher 21** im Archhof mit dem Mär-

chenbrunnen davor wurde zum ›Theater Waidspeicher‹.

Weiter geht es zu der etwa 1270 von Dominikanermönchen errichteten **Predigerkirche 22**.

Die Anfang des 18. Jh. erbaute ehemalige **Kurmainzische Statthalterei 23** gilt als das monumentalste Profangebäude Erfurts. Hier kam es am 2. Oktober 1808 zu dem berühmten Treffen

zwischen Napoleon Bonaparte und Johann Wolfgang von Goethe. In seinem Leben, erinnerte sich der Dichterfürst später, habe ihm »nichts Höheres und Erfreulicheres« begegnen können. Das Gebäude, in dem kurmainzische Statthalter und preußische Regierungspräsidenten residierten, beherbergt heute die Staatskanzlei des Freistaates Thüringen.

Am Angerbrunnen

Beim Monumentalbrunnen von 1889/90, meist **Angerbrunnen** 24 genannt, und der benachbarten spätgotischen **Wigbertikirche** 25 endet der Stadtrundgang – wieder am Anger.

Sehenswert an dieser Stelle des Erfurter Fußgängerboulevards ist der quadratische Turm der ehemaligen

Ein eindrucksvolles mittelalterliches Bauensemble: Dom und Severikirche in Erfurt

Gut zu wissen

Nach der Reparatur 2004 bekam die weltberühmte **Glocke Gloriosa** im Erfurter Dom ein Schonprogramm verordnet. Die neue ›Läuteordnung‹ sieht vor, dass die Glocke nicht mehr wie in den vergangenen Jahrzehnten 17-mal im Jahr, sondern nur noch an acht kirchlich bedeutsamen Tagen zu hören ist, darunter am Oster- und Pfingstsonntag. Die Läutedauer von sechs bis sieben Minuten ist gleich geblieben, da es allein eine Minute bis zum ersten Glockenschlag dauert und eine weitere, bis die Gloriosa in vollem Klang ertönt (Termine unter: www.dom-erfurt.de, Führungen April–Okt. Do 9–13, Fr 13–16, Sa 11–16, So 13–16 Uhr jeweils zur vollen Stunde, aber nicht am 1. Wochenende im Monat, 2,50 €).

Bartholomäuskirche **26** aus dem 12. Jh. mit seinem 60-teiligen **Glockenspiel.** Mit einem Tonumfang von fünf Oktaven gehört das Carillon in Erfurt zu den größten in Deutschland, die schwerste Glocke wiegt etwa 2,4 t, die kleinste kommt auf 20 kg. Das Glockenspiel erklingt zu regelmäßigen Konzerten (Termine unter: www.bartholomaeusturm.de), ansonsten wird es tgl. um 10, 12 und 18 Uhr automatisch ausgelöst.

Übernachten

Spartanisch – **Evangelisches Augustinerkloster zu Erfurt** **8**: Augustinerstr. 10, Tel. 0361 57 66 00, www.augustinerkloster.de, 69 Zi., DZ/ÜF 78 €. Ruhe und Besinnung findet man nach einem anstrengenden Sightseeing hinter den Klostermauern mitten in der Stadt. Die Zimmer sind schlicht und hell möbliert und ohne Radio, TV und Telefon ausgestattet.

Beliebt – **IBB Hotel** **1**: Gotthardstr. 27, Tel. 0361 674 00, www.ibbhotels.de, 91 Zi., DZ/ÜF 99–155 €. Im historischen Gemäuer des »Alten Schwan« entstand das Designerhotel an der Krämerbrücke. Es besticht durch seine ruhige Lage, seine Natürlichkeit und die Freundlichkeit.

Zentral und komfortabel – **Radisson Blu Hotel** **2**: Juri-Gagarin-Ring 127, Tel. 0361 551 00, www.radisson-erfurt.de, 282 Zi., DZ/ÜF 104–170 €. In der historischen Altstadt gelegen. In den oberen Etagen gibt es besonders große Zimmer und Suiten, der Wellnessbereich befindet sich in der 17. Etage.

Luxus – **Pullman Erfurt Am Dom** **3**: Theaterplatz 2, Tel. 0361 644 50, www.pullmanhotels.com, 160 Zi., DZ/ÜF 109–179 €. Das Hotel der Luxusklasse hebt sich durch seine moderne Architektur hervor und verfügt über stilvoll eingerichtete Zimmer mit hochwertiger Ausstattung. Die große Lobby des Hauses bietet Raum für Kunstausstellungen.

Persönlich – **Hotel Erfurtblick** **4**: Nibelungenweg 20, Tel. 0361 22 06 60, www.hotel-erfurtblick.de, 10 Zi., DZ/ÜF 80 €. Die Hotelpension garni mit hellen, freundlichen Zimmern hat sich einen guten Ruf erworben. Ein weiter Blick auf Erfurt eröffnet sich von der gepflegten Gartenanlage.

Essen & Trinken

Grande cuisine – **Alboths Restaurant im Kaisersaal** **5**: Futterstr. 15/16, Tel. 0361 568 82 07, www.alboths.de, Di–Sa ab 18.30 Uhr, Hauptgerichte 20–27 €, 4-Gänge-Menü 67–90 €. Claus Alboth gehört zu den besten Köchen Thüringens. Seine Kochkunst bietet kulinarischen Genuss in einem gediegenen Ambiente. Etwa alle zwei Monate kredenzt der Chef zwei neue 8-Gang-

Menüs, die auch individuell zusammengestellt werden können.

Gehoben italienisch – **Il Cortile** **1**: Johannesstr. 150, Tel. 0361 566 44 11, www.ilcortile.de, Di–Sa 12–14 und 18–23 Uhr, Hauptgerichte 16–22, Pasta 9–16 €. Eine täglich frische italienisch angehauchte Küche zaubert der Padrone Denis König auf den Tisch. Vor allem Fischgerichte und seine immer wieder neuen Kreationen begeistern die Gäste.

Thüringische Spezialitäten – **Gasthaus Feuerkugel** **2**: Michaelisstr. 3–4, Tel. 0361 789 12 56, www.feuerkugel-erfurt.de, tgl., Hauptgerichte 8–13 €. Wer die deftige Thüringer Küche liebt, is(s)t in dem historischen Gasthaus genau richtig: handgemachte Thüringer Klöße mit Rinderroulade, Sauerbraten, Entenkeule oder Wildschweinbraten. Geblättert wurde in Großmutter Käthes Kochbuch und manch nettes Rezept neu erfunden.

Hochgelobt – **Zumnorde** **3**: Grafengasse 2–6, Tel. 0361 658 57 91, www.restaurant-zumnorde.de, Mi–Sa geöffnet, Hauptgerichte 13–20 €. Elegantes Restaurant mit Bar, Biergarten und Terrasse. Auf den Tisch kommen leichte mediterrane Küche und eigene Kreationen. Preiswerte Mittagskarte.

Rustikal – **Waldkasino** **4**: Waldkasino 2, Tel. 0361 345 66 77, www.waldkasino.de, tgl. geöffnet, Hauptgerichte 8–16 €. Mancher kommt nur, um das köstliche obergärige Selbstgebraute zu trinken. In dem rustikalen Gastraum wird sowohl italienische als auch thüringische Küche serviert, von der großen Terrasse bietet sich ein herrlicher Blick auf Erfurt.

Einkaufen

Auf dem **Anger** und Umgebung, auf dem **Wenigemarkt** und **Fischmarkt** so-

Unser Tipp

150 000 Blumen duften

Im Frühjahr schwebt der Duft von Tulpen, Hyazinthen und Narzissen über dem südwestlichen Stadtrand von Erfurt. 150 000 dieser Frühjahrsblumen vereinen sich im April und Mai zum größten ornamental bepflanzten Blumenbeet Europas. In den Monaten danach bis zum Herbst zeigt sich das Beet in wechselnder Blütenpracht. Es gehört zum **Egapark Erfurt** **27**, einem der größten Blumen- und Gartenparks Deutschlands. Besonders beliebt: der Japanische Fels- und Wassergarten, in dem sich Felsen, Wasser, Pflanzen und Pavillons zu einem Gesamtkunstwerk fernöstlicher Kultur vereinen. Das weiträumige Areal bietet das ganze Jahr über nicht nur eine Fülle von Farbenpracht, sondern auch viele Veranstaltungen (Tel. 0361 564 37 37, www.egapark-erfurt.com, März–Okt. tgl. 9–18, Mai–15. Sept. bis 20, Nov.–Febr. 10–16 Uhr).

wie auf der **Krämerbrücke** und der **Lange Brücke** laden Kaufhäuser und Geschäfte, Boutiquen, Galerien und auch Antiquariate zum Schauen und Kaufen ein.

Für Schleckermäuler – **Goldhelm Schokoladen Manufaktur** **1**: Krämerbrücke 12–14 und Kreuzgasse 5, Tel. 03616 60 98 51, www.goldhelm-schokolade.de, tgl. geöffnet. Frisch gerührte Schokolade, feine Pralinen, Schokolade mit Ingwer oder Chili, Schokoladeneis und andere Köstlichkeiten: Wer kann da widerstehen?

Alles aus Thüringen – **Thüringer Spezialitätenmarkt** **2**: Krämerbrücke 19,

Tel. 0361 346 34 95, www.thueringer-spezialitaeten.de, Mo–Sa geöffnet, April–Mitte Nov. auch So. Rund 500 ausgewählte Produkte aus Thüringen werden angeboten.

Alles Senf – **Born Senf & Feinkost** 3: Wenigemarkt 11, Tel. 0361 74 03 40, www.born-feinkost.de, Mo–Sa geöffnet. Echter Born-Senf gehört zu einer echten Bratwurst. Kosten, kaufen und staunen sind angesagt, denn ein kleines Museum informiert über 200 Jahre Thüringer Senf-Geschichte.

Samen und Pflanzen – **N. L. Chrestensen** 4: Witterdaer Weg 6, Tel. 0361 510 15, www.gartenversandhaus.de, tgl. geöffnet. Der Traditionsbetrieb des Erfurter Gartenbaus bietet ein breites Angebot an Pflanzen, Garten- und Dekorationsartikeln, auch im Online-Versand.

Aktiv & Kreativ

Baden – **Avenida-Therme** 1: am Stausee Hohenfelden, 19 km südl. von Erfurt, Tel. 036450 44 90, www.avenida-therme.de, tgl. geöffnet. Eine Erlebnis- und Wellnessidylle mit einer mallorquinischen Saunawelt, einer Wellness-Oase mit umfangreichen Anwendungen und einer Erlebniswelt mit Palmen, Vulkan, Poolbar und dem Schiff »La Paloma«.

Eislaufen – **Eissportzentrum** 2: Arnstädter Str. 53, Tel. 0361 655 46 95, www.gunda-niemann-stirnemann-halle.de. Kufenfreunde finden ein perfektes Areal vor, 400-m-Oval und eine Eishockey-Innenfläche. Öffentliches Eislaufen Okt.–Mitte März tgl.

Radeln – **Gera-Radweg:** www.geraradweg.de. Gekennzeichneter Radweg (75 km) entlang des Flüsschens Gera, das Erfurt durchfließt.

Der **Radfernweg Thüringer Städtekette** (über 225 km) führt ebenfalls durch Erfurt (www.thueringer-staedtekette.de), 10 km durch das Stadtgebiet, u. a. am Hauptbahnhof vorbei.

Abends & Nachts

Ausgehen

Für Nachtschwärmer – **Michaelisstraße** 1: Hier, mitten in der Altstadt unweit der Krämerbrücke, erwacht das Leben erst nach Einbruch der Dunkelheit. Hier hat sich Erfurts Kneipen- und Barmeile etabliert.

Beliebt – **Engelsburg** 2: Allerheiligenstr. 20/21, Tel. 0361 24 47 70, www.eburg.de. Studentenclub mit der Gaststätte Steinhaus und dem Café Duck-Dich, oft Live-Musik ab 21 Uhr.

Kultur

Die Puppen tanzen lassen – **Theater Waidspeicher** 21: Domplatz 18, Tel. 0361 598 29 24, www.waidspeicher.de, www.kabarett-diearche.de. Das Theater in Domnähe ist die Spielstätte des Puppentheaters und des Kabaretts ›Die Arche‹.

Durch alle Sparten – **DASDIE Veranstaltungszentrum:** Tel. 0361 55 11 66, www.dasdie.de. An den drei Veranstaltungsorten **DASDIE live** 3 (Marstallstr. 12), **DASDIE Brettl** 4 (Lange Brücke 29) und **Alte Oper** 5 (Gorkistr. 1) kommen Veranstaltungen aller Art auf die Bühnen. Von Oper, Theater, Musical bis zu Varieté, Travestie, Comedy, Musical, Showtanz, Kabarett reicht das Spektrum.

Vielseitig – **Theater Erfurt** 6: Placidus-Muth-Str. 1, Tel. 0361 223 31 55, www.theater-erfurt.de. Im Jahre 2003 eingeweihter Neubau, in dem an rund 250 Tagen im Jahr Oper, Operette, Konzerte, Tanztheater wie auch Schauspielproduktionen im Großen Saal und in der Studiobühne zur Aufführung gelangen.

Infos & Termine

Information
Touristinformation: Benediktsplatz 1, 99084 Erfurt, Tel. 0361 664 00, www.erfurt-tourist-info.de

Verkehr
Erfurt hat einen ICE-Bahnhof, dort halten die **Züge** aus Berlin, Dresden, Frankfurt, Leipzig sowie die City Night Line aus Zürich. Regionalzüge fahren in alle Richtungen Thüringens. Mit dem **Bus** erreicht man Drei Gleichen, Hohenfelden, Weimar und weitere touristisch interessante Orte der Umgebung. **Straßenbahn** und **Bus** ermöglichen den öffentlichen Verkehr.

Termine
Krämerbrückenfest: 3. Juliwochenende. Beim größten Altstadtfest Thüringens machen Gaukler und Musiker das Terrain unsicher, Handwerker sind auf dem mittelalterlichen Markt.
Domstufen-Festspiele: Juli Sept. Ein auch überregional bekanntes und beliebtes Open-Air-Festival, bei dem jährlich ein neues Stück vor der romantischen Kulisse des Dombergensembles zur Aufführung kommt.
Weihnachtsmarkt: Adventszeit. Ein wunderschönes Ambiente vor der mittelalterlichen Kulisse der Innenstadt Erfurts.

Weimar ► E 4

Schon der Komponist Robert Schumann notierte 1828 in sein Tagebuch, dass es die Deutschen »gewaltig« nach Weimar hinziehe. Geändert hat sich daran kaum etwas. Eher dass noch mehr Geschichte dazugekommen ist. Seinerzeit reiste man nach Weimar wegen Goethe und Schiller, heute auch wegen Franz Liszt oder dem Bauhaus, um das Deutsche Nationaltheater zu besuchen oder das Kunstfest.

Besuchermagnet bleibt jedoch nach wie vor Dichterfürst Johann Wolfgang von Goethe. »SALVE« steht auf der Schwelle seines Wohnhauses – »Möge es Ihnen wohl ergehen«. Mit diesem Gruß empfängt Weimar (65 000 Einw.) seine Gäste. Die Stadt hat sich seit der Einheit Deutschlands herausgeputzt. Als Ort der Literatur, der Musik und der Kunst ist sie weltbekannt, war 1999 gar »Kulturstadt Europas«. Auf engstem Raum bietet Weimar eine Vielzahl von Einrichtungen, die für die deutsche und europäische Kultur und Geschichte von Bedeutung sind. Das ›Ensemble Klassisches Weimar‹ durfte sich in die Welterbeliste der UNESCO eintragen, die Bauhaus-Bauten sind ebenfalls verzeichnet. Weimar ist aber nicht nur Klassiker- und Kulturstadt, Weimar ist auch Buchenwald. In dem berüchtigten Konzentrationslager der Nationalsozialisten wurden Zehntausende Menschen erniedrigt, gequält, umgebracht. Demjenigen, der sich über Weimar ausführlicher informieren möchte, sei das DuMont-Reisetaschenbuch »Weimar« empfohlen.

Markt

Vom Marktplatz mit **Rathaus** `1`, **Stadthaus** `2`, **Cranachhaus** `3` und dem weithin bekannten **Hotel Elephant** `4` läuft man über die Frauentorstraße zu Weimars berühmtestem Museum.

Goethes Wohnhaus‼ `5`

Tel. 03643 54 54 00, www.klassik-stiftung.de, Ausstellung und Wohnhaus: April–15. Ok. Di–Fr, So 9–18, Sa 9–19, 16.Okt.–März Di–So 9–16 ▷ S. 137

Auf Entdeckungstour

Die Hohenfeldener Häuslesammler

Mehr als 30 Gebäude aus vier Jahrhunderten geben im Thüringer Freilichtmuseum Hohenfelden Einblick in vergangene Lebenswelten. Ein Großteil der Häuser wurde in anderen Dörfern Thüringens abgebaut und nach Hohenfelden umgesetzt.

Reisekarte: ▶ E 4

Planung: Tel. 036450 302 85, www.thueringer-freilichtmuseum-hohenfelden.de, April–Okt. tgl. 10–18 Uhr (im Winter reduziert), 5 € / erm. 4 €

Zeit: 2 bis 3 Stunden

Start: am Kassenbereich des 900 m vom Dorf entfernt gelegenen Teil des Museums »Am Eichenberg«.

Das **Haus Hoyer** aus Gügleben, einem kleinen Ort zwischen Arnstadt und Erfurt, würde es wohl heute nicht mehr geben, hätten es die Hohenfeldener Häuslesammler nicht zu sich geholt. Es befindet sich linker Hand vom Eingang. Das Bauernhaus gehörte den Familien Näther und später Hoyer, die zur dörflichen Oberschicht zählten. Die wollten ihren Wohlstand zeigen, und so wurden die beiden Schauseiten des eindrucksvollen Wohnstallhauses, die südliche Giebelseite und die dem Hof zugewandte Traufseite, reich mit Profilen verziert. Als sie das Haus 1604 erbauten, waren Stuben mit Wänden und Decken aus starken Holzbohlen üblich. Ab Mitte des 19. Jh. galt das als nicht mehr zeitgemäß, man versteckte das Holz hinter Putz und Tapete. So auch im Wohnstallhaus dieses Bauernhofes, in dem die Besucher beides an der Decke sehen können.

Wer finanziell nicht gut gestellt war oder in Regionen wohnte, in denen Holz und Steine fehlten, der baute sein Haus aus Lehm. Der war in Thüringen fast überall vorhanden. Das Wohnstallhaus des 1683 errichteten **Utzberger Hofes** ist aus massiven Lehmstampfwänden errichtet, teilweise sind sie bis zu einem halben Meter dick. Im Sommer schützte der Lehm vor der Hitze, im Winter vor der Kälte. Die Häuser sind mit Haushaltsgegenständen und Werkzeugen eingerichtet, denn auch diese sollen für spätere Generationen erhalten bleiben.

Häuser auf Wanderschaft

Der Hof aus Gügleben ging vor rund zwei Jahrzehnten auf Wanderschaft in das Freilichtmuseum nach Hohenfelden. Der **Utzberger Hof** – das kleine Dorf Utzberg liegt zwischen Erfurt und Weimar – folgte 1994 in drei Teilen. Freilichtmuseen sammeln Häuser wie andere Museen Porzellan, Glas oder Kunst. Sie erforschen das Leben und den Alltag der ländlichen Bevölkerung, sie bewahren Traditionen. Besonders typische Häuser werden am alten Standort abgebaut, jedes Teil wird nummeriert und im Freilichtmuseum wieder zusammengefügt. Manchmal transportiert man sogar größere Teile wie ganze Wände. Dass ein ganzes Gebäude auf Reisen geht, ist die Ausnahme. Wenn man sich dazu entschließt, dann trennt man jedoch Dach und Keller meist ab und transportiert beides gesondert. Eine solche Umsetzung bezeichnen die Fachleute als ›Ganzteiltranslozierung‹.

Schwarze Wände im Hirtenhaus

Das **Hirtenhaus** von Gügleben, ein einfacher eingeschossiger Fachwerkbau von 1824, kam 1995 als solches Ganzes ins Freilichtmuseum. Der Gemeindehirte, Hutmann genannt, gehörte zur sozialen Unterschicht. Er wurde für maximal vier Jahre in einem Dorf angestellt und trieb die gemeinschaftlichen Rinder- und Schafherden auf die Weide. 1834 betreute der Schäfer in Gügleben, so ist es in der Dorfchronik festgehalten, 685 Schafe. Das Dorf war verpflichtet, dem Hutmann und seiner Familie ein Dach über dem Kopf zu stellen. Die im musealen Hirtenhaus links vom Flur abgehende Stube war der einzige beheizbare Wohnraum. In der kleinen Schwarzen Küche hinter der Stube bereitete man auf einer offenen Herdstelle das Essen zu. Schwarze Küchen waren über Jahrhunderte typisch für Häuser auf dem Land. Deshalb werden sie beim Umsetzen eines Hauses auch mit ›eingepackt‹ und am neuen Standort fachgerecht wieder ins Haus eingesetzt. Im Freilichtmuseum sind solche Küchen noch im Utzberger- und im benachbarten **Ei-**

Altes Handwerk wird im Freilichtmuseum Hohenfelden gezeigt, auch in der Schmiede

chelborner Hof zu sehen. Von der offenen Feuerstelle zog der Rauch durch die Küche und färbte die Wände schwarz, er räucherte auch die unter der Decke aufgehängten Schinken, Speck und Würste.

Eisernes vom Schmied

Fast könnte man meinen, in Gügleben stehe heute kein historisches Haus mehr, denn neben dem Hoyer'schen Hof und dem Hirtenhaus stammt auch die **Schmiede** des Freilichtmuseums von dort. Der Schmied war auf dem Dorf unentbehrlich, er fertigte auf dem Amboss Arbeitsgeräte für die Landwirtschaft, Werkzeuge für Handwerker, zog eiserne Reifen auf hölzerne Wagenräder, beschlug Pferde und stellte Beschläge für Fenster und Türen her. Überflüssig wurden die Schmieden, als man industriell gefertigte Eisenteile preiswert kaufen konnte und Maschinen die Zugtiere er-

setzten. Werkstatt und Wohnräume befinden sich hier unter einem Dach, wie in Thüringen bei vielen Handwerkern üblich. Lärm und Ruß drangen in die linker Hand der Werkstatt befindliche Stube, in der sich fast das gesamte Familienleben abspielte.

Hohenfelder Bier

Wie vielerorts, so braute man auch in Hohenfelden gemeinschaftlich Bier. Das erfolgte im heute zum Museum gehörenden **Brauhaus** im alten Dorfkern. In den 1870er-Jahren endete das aufwendige Bierbrauen, da industriell hergestelltes Bier reichlich und preisgünstig auf den Markt kam. Heutzutage wird jedoch wieder mehrmals im Jahr vor den Augen der Museumsbesucher gemaischt, gerührt und geläutert, der Brauofen befeuert, denn dann stellt der Brauverein wie zu Urgroßvaters Zeiten das »Hohenfeldener Dorfbräu« her.

Uhr (Ausstellung bis 18 Uhr), Wohnhaus inkl. Ausstellung 10,50 / erm. 8,50 €, Ausstellung 6,50 / erm. 5,50 €

1782 zog Goethe in das Haus am Frauenplan, das fünf Jahrzehnte einer der geistigen Mittelpunkte Deutschlands war und heute internationalen Bekanntheitsgrad besitzt. Die 18 Räume des ersten Stockwerks zeigen fast unverändert, wie der große Dichter lebte und arbeitete. Im kleinen Hinterhaus befinden sich die Arbeitsräume des Dichters. In der Bibliothek neben dem Arbeitszimmer stehen rund 6500 Bücher. Durch den Hausgarten, den vor allem Goethes Frau Christiane betreute, spazierte er gern und oft mit Freunden. Zum Gebäudekomplex gehört das **Goethe-Nationalmuseum,** das seit Sommer 2012 eine ständige Ausstellung zu Leben und Werk Goethes zeigt.

Von der Schillerstraße zum Theaterplatz

Schillers Wohnhaus [6]

Schillerstr. 12, Tel. 03643 54 54 00, www.klassik-stiftung.de, April–15. Okt. Di–Fr, So 9–18, Sa 9–16, 16. Okt.– März Di–So 9–19 Uhr, 5 / erm. 4

Die den Fußgängern reservierte Schillerstraße führt zu Schillers Wohnhaus. 1802, nur wenige Jahre vor seinem Tod 1805, erwarb der Dichter das Haus. Im anspruchslos eingerichteten Arbeitszimmer im Dachgeschoss entstanden bei Kerzenlicht »Die Braut von Messina«, »Wilhelm Tell« und der Entwurf zum »Demetrius«.

Wittumspalais [7]

Am Palais 3, Tel. 03643 54 54 00, www.klassik-stiftung.de, Mi–Mo April–15. Okt. 10–18, 16. Okt.–März 10–16 Uhr, 5 / erm. 4

Mehr als drei Jahrzehnte war das barocke Palais, Witwensitz der Herzogin Anna Amalia, Zentrum des geistigen Lebens. Am Tisch von Anna Amalia saß alles, was in der Stadt Rang und Namen hatte: Dichter, Gelehrte, Wissenschaftler, Künstler. Berühmt waren die Tafelrunden der Herzogin, Menschen aus dem Bürgertum diskutierten mit Mitgliedern der Hofgesellschaft.

Deutsches Nationaltheater [8]

Theaterplatz (s. S. 143)

Schräg gegenüber dem Wittumspalais steht das Deutsche Nationaltheater, dessen berühmtester Intendant Goethe war. Was heute zu sehen ist, ist aber nicht mehr das Theater von Goethe und Schiller, sondern das dritte Haus an dieser Stelle, eröffnet 1908. An der Einweihung nahm der Kaiser noch teil, elf Jahre später versammelten sich in dem Haus jene, die ihn davongejagt hatten. Für 197 Tage war Weimar zum Regierungs- und Parlamentssitz geworden. Fern vom Berliner Aufruhr wurde im Theater die erste demokratische Verfassung in der deutschen Geschichte beschlossen, die der ersten deutschen Republik den Namen Weimars gab. Vor dem Theater grüßt das Wahrzeichen der Stadt, das 1857 von Ernst Rietschel geschaffene **Goethe-Schiller-Denkmal.**

Bauhaus-Museum [9]

Theaterplatz 1, Tel. 03643 54 54 00, www.klassik-stiftung.de, tgl. 10–18 Uhr (wegen des Neubaus auf Änderungen achten), 4,50 / erm. 3,50 €

Die legendäre Kunstschule des 20. Jh. war 1919 in Weimar gegründet worden, ihre Ideen und Konzepte trugen Lehrer und Schüler in alle Welt. Das kleine Bauhaus-Museum kann der Bedeutung der Kunstschule nicht im Geringsten gerecht werden. Das wird sich jedoch bald ändern, denn Weimar erhält ein neues, größeres Bauhaus-Museum, 2015 werden die ersten Besucher erwartet.

Vom Herderplatz zum Park an der Ilm

Stadtkirche St. Peter und Paul 10
April–Okt. Mo–Fr 10–18, Sa 10–12, 14–16, So 11–12, 14–15, Nov.–März tgl. 11–12, 14–15 Uhr

Das Gotteshaus wird fast nur als ›Herderkirche‹ bezeichnet, weil an ihr von 1776 bis 1803 Johann Gottfried Herder als Oberhofprediger und Kirchenrat wirkte. Eine Augenweide im Inneren ist das dreiflügelige Altargemälde von Lucas Cranach d. Ä.

Residenzschloss/ Schlossmuseum 11
Tel. 03643 54 54 00, www.klassik-stiftung.de, Museum: Di–So April–Okt. 10–18, Nov.–März 10–16 Uhr, 6 / erm. 5 €

Die Dreiflügelanlage entstand in ihrer heutigen Form nach einem Brand 1774, der vierte Flügel an der Südseite kam 1913/14 im neobarocken Stil hinzu. Die Innenräume des Schlosses gehören zu den prachtvollsten Raum-

Vorbestellung ratsam
Lediglich 290 Besucher dürfen aus Denkmalschutzgründen pro Tag den **Rokokosaal der Herzogin-Anna-Amalia-Bibliothek** 12 besichtigen. Deshalb empfiehlt es sich, langfristig im Voraus zu buchen. Kurzentschlossene haben aber auch die Chance auf eine Eintrittskarte: Ein kleines Kontingent für Einzelbesucher liegt für den jeweiligen Tag (Abgabe maximal 4 Tickets) an der Kasse bereit (Tel. 03643 54 54 00, Di–So ab 9.30 Uhr).

ensembles der europäischen Architektur um 1800.

In ihnen zeigt das **Schlossmuseum** Schätze aus seinen bedeutenden Kunstsammlungen vom Mittelalter bis zur Neuzeit. Berühmt sind die Cranachgalerie und die Werke der Weimarer Malerschule. Seit 2011 wird das Residenzschloss umfassend saniert und zum »Kosmos Weimar«, zum Zentrum der Museumslandschaft. Die Arbeiten werden mindestens bis 2017 dauern. Das bedeutet, dass es noch über viele Jahre zahlreiche Veränderungen in Weimars Museumslandschaft geben wird.

Herzogin-Anna-Amalia-Bibliothek 12
Tel. 03643 54 54 00, www.klassik-stiftung.de, Einzelbesucher Di–So 10–14.30 Uhr (letzter Einlass), Besuchergruppen Di–So 15, 15.30, 16 Uhr, 6,50 / erm. 5,50 €

Der dreigeschossige Saal im historischen Bibliotheksgebäude gehört zum Schönsten, was uns das Rokoko hinterlassen hat. Er gilt als Herzstück der Bibliothek, als Pantheon der deutschen Klassik. In den Regalen stehen die Bücher so, wie es von 1850 überliefert ist. An den Wänden hängen bekannte Gemälde, auf Konsolen stehen die Büsten derjenigen, die das klassische Weimar prägten.

Im Herbst 2004 erlebte Weimar eine Katastrophe: Meterhohe Flammen schlugen aus dem Dach des historischen Stammgebäudes der Bibliothek. Freiwillige rissen im heißen Löschwasser Bücher aus den Regalen, die eine Menschenkette in Sicherheit brachte. Tausende bibliophiler Schätze fielen dennoch den Flammen anheim. Dem historischen, 1761 entstandenen Rokokosaal konnte man jedoch seine alte Schönheit zurückgeben, seit 2007 ist er wieder zu besichtigen.

Park an der Ilm 13

Fast unverändert hat sich seit Goethes Zeiten der Park an der Ilm erhalten, ein englischer Landschaftsgarten, den Architekturen, Monumente und Denkmäler schmücken. Am Rand des Parks steht das **Liszt-Haus** 14, die ehemalige Hofgärtnerei, in der der berühmte Komponist und Klaviervirtuose von 1869 bis zu seinem Tod 1886 jährlich mehrere Monate wohnte (Marienstr. 17, Tel. 03643 54 54 00, www.klassik-stiftung.de, April–15.Okt. Di–So 10–18, 16. Okt.–März Sa/So 10–16 Uhr, 4 / erm. 3 €). Schräg gegenüber befindet sich das **Hauptgebäude der Bauhaus-Universität** 15, das von dem Belgier Henry van de Velde, einem Vertreter des Jugendstils, stammt. Goethe hatte, bevor er in das Haus am Frauenplan zog, sein Zuhause sechs Jahre in dem **Gartenhaus** 16 in den Wiesen an der Ilm (Tel. 03643 54 54 00, www.klassik-stiftung.de, Mi–Mo April–15. Okt. 10–18, 16. Okt.–März 10–16 Uhr, 4,50 / erm. 3,50 €).

Südlich der Bauhaus-Universität

Das **Römische Haus** 17 auf dem gegenüberliegenden Ilmufer entstand als Sommersitz des Herzogs. Der hatte seinem Freund Johann Wolfgang von Goethe den Auftrag mit den Worten übergeben: »Den Bau des Gartenhauses übergebe ich Dir ganz … und tue, als wenn Du für Dich bautest.« (Tel. 03643 54 54 00, www.klassik-stiftung.de, Mi–Mo April–15. Okt. 10–18, 16.–31. Okt. 10–16 Uhr, 3,50 / erm. 2,50 €).

Historischer Friedhof 18
Am Poseckschen Garten, tgl. März–Sept. 8–21, Okt.–Feb. 8–18 Uhr
Eine von Linden umrahmte Allee führt auf dem Historischen Friedhof zur

Fürstengruft 19, einer kuppelgekrönten Kapelle im klassizistischen Stil, in der 31 Mitglieder der herzoglichen Familie sowie Goethe und Schiller bestattet sind. 2008 machte eine groß angelegte Studie publik, dass im Schillersarg nicht Friedrich Schiller liege. Seitdem erinnert er als sogenanntes Kenotaph an den großen deutschen Dichter (s. S. 52; Tel. 03643 54 54 00, www.klassik-stiftung.de, tgl. April–15. Okt. 10–18, 16. Okt.–März 10–16 Uhr, 3,50 / erm. 3 €).

Mit der Fürstengruft verbunden ist die **Russisch-orthodoxe Kapelle** 20, die letzte Ruhestätte der kunstliebenden Großherzogin Maria Pawlowna (www.rok-weimar.gmx.home.de, tgl. April–Okt. 10–18, Nov.–März 10–16 Uhr).

Schloss und Park Belvedere 21
Tel. 03643 54 54 00, www.klassik-stif tung.de, Di–So April–15. Okt. 10–18, 16.–31. Okt. 10–16 Uhr, 5 / erm. 4 €, Orangerie: Langes Haus, Eingang Roter Turm Mitte Dez.–Febr. Mi–So 11–16, März, April bis 17 Uhr, 2,50 / erm. 2 €, Park: jederzeit frei zugänglich
Die Belvederer Allee führt schnurgerade in den Süden der Stadt zu einer der Sommerresidenzen der großherzoglichen Familie. Das Schloss beherbergt ein Museum für Kunsthandwerk zum Park gehören ein Russischer Garten – und ein Irrgarten.

Gedenkstätte Buchenwald 22

Tel. 03643 43 02 00, www.buchen wald.de, Außenlager tgl. bis zum Einbruch der Dunkelheit zu besichtigen, museale Einrichtungen Di–So April–Okt. 10–18, Nov.–März 10–16 Uhr, freier Eintritt
Nirgendwo sonst liegen Kultur und Barbarei, Humanität und Grauen so dicht beieinander wie in Weimar. Fast

Weimar

in Rufweite zu den Wirkungsstätten Goethes und Schillers errichteten die Nationalsozialisten das Konzentrationslager Buchenwald. Am Ende des Zweiten Weltkrieges war es das größte Vernichtungslager im Deutschen Reich, von rund 250 000 Häftlingen fanden mehr als 56 000 den Tod. Die Gedenkstätte Buchenwald erinnert aber auch an das zu DDR-Zeiten verschwiegene Speziallager, das die Sowjets 1945 hier einrichteten und das bis 1950 bestand. In ihm waren mehr als 28 000 Menschen inhaftiert, von denen über 7000 das Leben verloren. Eine monumentale Denkmalanlage am Südhang des Ettersberges ist den Toten und hier Gequälten gewidmet.

Übernachten

Mitten in der Natur – **Romantik Hotel Dorotheenhof** 1: Zum Dorotheenhof 1, Tel. 03643 45 90, www.dorotheenhof.com, 60 Zi., DZ/ÜF 105–150 €. Im eigenen Park am Rande der Stadt gelegener ehemaliger Gutshof. Der liebevolle familiäre Service macht den Aufenthalt in den behaglichen Zimmern, teilweise mit Blick auf Tiefurt, sehr angenehm.

Lauschig – **Am Schloss – Die kleine Residenz** 2: Grüner Markt 4, Tel. 03643 74 32 70, www.residenz-pension.de, 7 Zi., DZ/ÜF 65–70 €. Näher kann man nicht am Puls der Stadt sein. Eine hübsche Pension mit großen hellen Zimmern gegenüber dem Stadtschloss.

Hotel-Legende – **Hotel Elephant** 4: Markt 19, Tel. 03643 80 20, www.hotelelephantweimar.com, 99 Zi., DZ/ÜF 149–249 €. Wer Wert auf Tradition und angenehmen 5-Sterne-Komfort legt, ist hier richtig. Das wohl bekannteste Hotel von Weimar hat schon viele bedeutende Persönlichkeiten beherbergt. Die Einrichtung im Stil von Art déco und Bauhaus, zeitgenössische Ge-

mälde und Skulpturen knüpfen die Verbindung zur Gegenwart. Leider fehlt dem Hotel ein Wellness-Bereich.

Persönlich – **Amalienhof 3**: Amalienstr. 2, Tel. 03643 54 90, www.amalienhof-weimar.de, 32 Zi., DZ/ÜF ab 75–105 €. Das zur Vereinigung Christlicher Hotels gehörende Haus befindet sich an der Hintertür von Goethes Wohnhaus am Frauenplan, es hebt sich durch seine persönliche Atmosphäre hervor. Die Zimmer sind teilweise mit

antiken Möbeln ausgestattet, alle verfügen über einen kostenlosen Internet-Anschluss.

Klassisch modern – **Hotel Villa Hentzel 4**: Bauhausstr. 12, Tel. 03643 865 80, www.hotel-villa-hentzel.de, 13 Zi., DZ/ÜF 77–95 €. Am Rande der Altstadt, ganz in der Nähe der Bauhaus-Bauten, erhebt sich die klassizistische Villa von 1873, die nach einer umfassenden Renovierung individuell und geschmackvoll eingerichtete Zimmer beherbergt.

Essen & Trinken

Feine Kräuter – **Le Goullon** 1: s. Hotel Dorotheenhof, tgl. geöffnet, Hauptgerichte 12–20 €. Nur frische Zutaten und vor allem die Gemüse und Kräuter, die im hauseigenen Garten wachsen, finden in der Küche Verwendung. Eine hübsche Idee ist es, Rezepte aus der Goethezeit, neu interpretiert, nachzukochen.

Handgemachte Klöße – **Gasthaus Scharfe Ecke** 1: Eisfeld 2, Tel. 03643 20 24 30, www.gasthaus-scharfe-ecke.de,

Unser Tipp

Wunderschöne Aussichten
Vom **Waldgasthaus Balsamine** 5 soll man den zweitschönsten Blick Thüringens genießen, das behaupten die Wirtsleute. Dem soll bis heute niemand widersprochen haben. Der Blick der Gäste schweift von der großen Loggia über das malerische Ilmtal mit den bewaldeten Hängen, während sie sich die vorwiegend aus regionalen Produkten frisch zubereiteten Speisen schmecken lassen: im Frühjahr Heldrunger Spargel, im Sommer frisch gepflückte Erdbeeren und im Herbst Pilze aus den umliegenden Wäldern. Am Nachmittag schmeckt der selbst gebackene Kuchen köstlich. Doch es ist nicht nur der Blick, der auch die Autoren immer wieder in das Waldgasthaus zwischen Weimar und Bad Berka führt. Es ist auch das schöne Gefühl, dort zu sitzen, wo es sich einst die Boheme des Bauhauses hat gut gehen lassen (Buchfart, 7 km südl., Tel. 03643 49 64 19, www.waldgasthaus-balsamine.de, Mo geschl., Platzreservierung empfehlenswert).

Mo, Di geschl., Hauptgerichte 10–17 €. Ein liebevoll geführtes Haus, das sich der Thüringer Küche verschrieben hat. Die echten Thüringer Klöße werden mit der Hand hergestellt und sind so gut, dass viele sie ohne Braten, nur mit Sauce essen. Die Kloßmarie vor der Tür garantiert dafür.

Eine Institution – **Residenz Café** 11: Grüner Markt 4, Tel. 03643 594 08, www.residenz-cafe.de, tgl. geöffnet, Hauptgerichte 6–12 €. Hier treffen sich die Weimarer mit ihren Gästen zum Plausch und um das Flair zu genießen. Das älteste noch bestehende Kaffeehaus gehört zu Weimar wie das Goethehaus.

Immer voll – **Restaurant & Café Frauentor** 2: Schillerstr. 2, Tel. 03643 51 13 22, www.cafe-frauentor.de, tgl. geöffnet, Hauptgerichte 10–18 €. Die große Terrasse vor dem Restaurant an der Ecke Frauentorstraße/Schillerstraße ist bei schönem Wetter immer voll. Die meisten genießen die ausgezeichneten Torten und Kuchen aus der hauseigenen Konditorei, 18 verschiedene Sorten sind es täglich. Wer es herzhafter mag: Thüringer Küche und Gerichte aus Omas Rezeptbuch stehen auch auf der Karte.

Sterne–Koch – **Anna Amalia** 4: s. Hotel Elephant, Mo geschl., Okt.–April nur abends geöffnet und So, Mo geschl., Hauptgerichte 26–40 €. Die ausgezeichnete Gourmetküche von Marcello Fabbri wurde bereits mehrfach mit einem Michelin-Stern geadelt. Der beste Koch Thüringens ist ein wahrer Künstler am Herd. Es werden die feinsten Gerichte serviert, aber mit Sicherheit kein Thüringer Kloß!

Mit viel Geschichte – **Gasthaus zum Weißen Schwan** 3: Frauentorstr. 23, Tel. 03643 90 87 51, www.weisser schwan.de, Mai–Sept. Mo, Okt.–April So, Mo geschl. Hauptgerichte 11–20 €. Wer die Geschichte der Stadt Weimar erleben und verstehen will, muss hier wie einst Goethe oder der japanische Kaiser eingekehrt sein. Gehobene Thüringer und deutsche Küche werden serviert.

Kreative Küche – **Alt Weimar** **4**: Prellerstr. 2 (im Hotel Alt Weimar), Tel. 03643 861 90, www.alt-weimar.de, tgl. geöffnet, Hauptgerichte 23–25 €, 5-Gänge-Menü 49 €. Eine tolle Gourmet-Adresse! Chefkoch Sten Fischer überrascht immer wieder mit ungewöhnlichen Kreationen, die den Gaumen herausfordern.

Einkaufen

Schillerstraße, Wielandstraße, Markt: Hier sind die meisten Geschäfte, aber es lohnt sich, auch in die Nebenstraßen zu schauen.

Einkaufsmeile – **Atrium** **1**: Friedensstr. 1, Tel. 03643 867 40, www.weimar-atrium.de. Shoppen auf drei Etagen am Rande der Altstadt. Restaurants, Fitness und die Kindererlebniswelt Andilli sorgen für Abwechslung.

Kaffee und Geschenke – **Kaffeerösterei** **2**: Herderplatz 9, Tel. 03643 80 19 73, www.die-weimarer-kaffeeroesterei.de. Kaffeeliebhaber kommen hieran nicht vorbei. Eine Riesenauswahl an Kaffee, Zubehör und kleinen Geschenken.

Schirme – **Schirmfachgeschäft Annelies Pennewitz** **3**: Rittergasse 19, Tel. 03643 90 33 63. Schirme aller Couleur und Lederwaren. Nicht versäumen: das kleine Schirmmuseum in der oberen Etage!

Keramik – **moccarot** **4**: Marktstr. 15, Tel. 0160 96 45 43 13, www.moccarot. de. Handgefertigte Keramik in sachlichem Design, oft mit Tiermotiven.

Buntes Treiben – **Wochenmarkt** **5**: Markt, Mo–Fr 8–16, Sa 8–13 Uhr. Ein bunter Markt mit Verkauf von Obst, Gemüse, Blumen, Keramik und den Weimarer Zwiebelzöpfen.

Aktiv & Kreativ

Joggen – **Park an der Ilm** **13**: Der Park ist ein Dorado für Jogger. Behinderungen gibt es kaum, Fahrradfahren ist nicht gestattet, und Hunde sind an der Leine zu führen.

Radeln – **Ilmtalradweg** **1**: Der landschaftlich reizvoll gelegene Radweg schlängelt sich durch den Park an der Ilm bis nach Tiefurt und weiter ins Weimarer Land (www.ilmtal-radwander weg.de).

Abends & Nachts

Satirisch – **Kabarett Sinnflut** **1**: Theaterplatz 2a, Tel. 03643 77 93 86, www. kabarett-sinnflut.de. Abwechslungsreiche politisch-satirische Programme und immer auf den Punkt gebracht!

Traditionsreich – **Deutsches Nationaltheater und Staatskapelle Weimar** **8**: Theaterplatz 2, Tel. 03643 75 53 34, www.nationaltheater-weimar.de. Ein Theater mit großen Traditionen und großen Erwartungen: Oper, Operette, Schauspiel und Tanz.

Musik und Tanzen – **Theater im Gewölbe** **3**: Markt 11/12, im Cranachhaus, Tel. 03643 77 73 77, www.thea ter-im-gewölbe.de. Abwechslungsreiches Programm aus Musik, Theater und Kleinkunst. Die Thüringer Tanzakademie bietet Tanzkurse an.

Disco, Live-Musik und mehr – **Studentenclub Kasseturm** **2**: Goetheplatz 10, Tel. 03643 85 16 70, Mo–Sa ab 18 Uhr. Studentisches Flair im Turm der ehemaligen Stadtbefestigung.

Alternativ – **ACC Galerie Weimar** **3**: Burgplatz 1–2, Tel. 03643 85 12 61, www.acc-weimar.de. Hier werden Ausstellungen zeitgenössischer Kunst von überregionaler Bedeutung gezeigt und auch Lesungen, Theateraufführungen und Konzerte veranstaltet.

Die Landesmitte

Information
Touristinformation: Markt 10, 99423 Weimar, Tel. 03643 74 50, www.weimar.de, **Zweigstelle im Atrium:** Friedensstr. 1

Verkehr
ICE- und IC-Bahnanbindung gibt es von und nach Berlin, Dresden, Frankfurt/Main und Leipzig, **Regionalverbindungen** von und nach Eisenach, Erfurt, Gera, Gotha und Jena. **Busse** fahren ins Weimarer Land, nach Apolda, Bad Berka, Erfurt, Ilmenau, Jena, Rudolstadt. Das städtische Busliniennetz ist gut ausgebaut, alle Sehenswürdigkeiten, die außerhalb der Altstadt liegen, wie Belvedere, Ettersburg, Tiefurt, sind somit gut zu erreichen.

Termine
Thüringer Bachwochen: www.thueringer-bachwochen.de. Anfang März bis Mitte April; Konzerte.

Auf dem Flügel in Goethes Wohnhaus spielte auch Felix Mendelssohn-Bartholdy

Köstritzer Spiegelzelt: Mai–Juni, www.koestritzer-spiegelzelt.de. Sechs Wochen kann man sich an Kleinkunst im Spiegelzelt auf dem Beethovenplatz erfreuen.

Pèlerinages – Kunstfest Weimar: Aug.–Sept., www.kunstfest-weimar.de. Das einzige auch überregional bekannte Kultur-Festival Thüringens mit Konzerten, Ausstellungen, Tanz, Lesungen, Diskussionen, Kino. Im Mittelpunkt des Festivals stehen die Musik und die geistige Leitfigur Franz Liszt, jedes Jahr

wird es von einem anderen Motto geprägt.

Weimarer Zwiebelmarkt: 2. Oktoberwochenende, www.zwiebelmarkt.info. Das größte Volksfest Thüringens, in dessen Mittelpunkt die Zwiebel steht, hat eine über 350-jährige Tradition.

Apolda ▶ F 3

Von den 118 größten Glocken der Welt, die von 1734 bis 1902 gegossen wurden, stammen allein 40 aus Apolda (25 000 Einw.). 1722 hat ein Johann Christoph Rose den Glockenguss hier heimisch gemacht. Insgesamt haben die Glockengießer Apoldas mehr als 20 000 Turmglocken gegossen, darunter 1923 die größte Glocke für den Kölner Dom: 3,20 m hoch und 24 t schwer. Apolda, eingebettet in eine flachhügelige Gegend, war aber auch eine Textilmetropole. Im frühen 18. Jh. galt die Stadt als größte Strumpfmanufaktur in den deutschen Ländern, zu DDR-Zeiten war Apolda ein führender Standort der Textilindustrie. Seit der Wende versuchen einige reprivatisierte Unternehmen, sich auf dem Markt zu behaupten. In jüngster Zeit hat das Kunsthaus mit spektakulären Ausstellungen die Blicke vieler auf Apolda gelenkt.

Glocken- und Stadtmuseum

Bahnhofstr. 41, Tel. 03644 65 03 31, www.glockenmuseum-apolda.de, Di–So 10–18, Nov.–April bis 17 Uhr, 2,50 / erm. 1,50 / Familienkarte 6 €
Wen wundert's, dass Apolda bei so viel Glockentradition ein Glockenmuseum hat. Es befindet sich unter einem Dach mit dem Stadtmuseum. Im **Glockenmuseum** darf der überwiegende Teil der frei stehenden Glocken angeschlagen werden. Tonaufnahmen von Geläuten und Glockenspielen, die der Be-

sucher selbst auswählt, begleiten den Museumsrundgang.

Im **Stadtmuseum** steht die Textilindustrie im Mittelpunkt, die Apolda einst zum Beinamen ›Thüringisches Manchester‹ verhalf.

Kunsthaus

Tel. 03644 51 53 64, www.kunsthaus apolda.de, Di–So 10–18 Uhr, Eintritt variiert je nach Ausstellung
Dem Museum gegenüber, in einer im italienischen Landhausstil erbauten Villa (1872), zeigt das Kunsthaus Wechselausstellungen zu verschiedenen Stilrichtungen. Die Arbeiten von Kimberley Austin, Man Ray, Henri de Toulouse-Lautrec, Wolfgang Joop und anderen Berühmtheiten zogen die Besucher schon in Scharen an.

Weitere Bauten und Denkmäler

Beim Bummel durch den 1119 erstmals genannten Ort, der Ende des 13. Jh. zur Stadt erhoben wurde, sind wunderschön restaurierte **Bürgerhäuser** und **Villen** im Gründerzeit- und Jugendstil zu sehen. Sie stehen für das Repräsentationsbedürfnis der Textilfabrikanten und -händler. Auch den Marktplatz mit dem **Renaissance-Rathaus** (1558/59) säumen sie.

Am **Stadthaus**, 1908–1910 zwischen der Goldgasse und Am Brückenborn erbaut, erklingt täglich ein **Glockenspiel**. 18 Glocken vereinen sich zu Melodien, von denen 113 gespeichert sind (9.55, 11.55 und 16.55 Uhr).

Das bronzene **Dobermann-Denkmal**, das eine lustig herumtollende Hundegruppe zeigt, wurde 1999 in der Teichgasse/Ecke Zum Lindenberg aufgestellt. Gewidmet ist es dem 1894 verstorbenen Karl Friedrich Louis Dobermann, der die nach ihm benannten, weltweit verbreiteten Dobermänner züchtete. Der spitze, 80 m hohe Turm der neogotischen, backsteinernen

Stadtkirche (1892–1894) am Kantplatz überragt alle Bauten der Stadt.

Übernachten, Essen

Angenehmes Wohnen – **Am Schloss:** Jenaer Str. 2, Tel. 03644 58 00, www. hotel-apolda.de, 113 Zi., DZ/ÜF 90–110 €, Restaurant tgl. geöffnet, Hauptgerichte 10–18 €. In Apoldas Stadtmitte unmittelbar am Schloss gelegen. Die Zimmer bieten allen Komfort, der hübsche Garten mit Teich ist eine kleine Ruheoase. Im Restaurant werden nicht nur Thüringer, sondern auch leichte mediterrane Gerichte serviert.

Thüringisch und bayrisch – **2 Länder:** Erfurter Str. 2, Tel. 03644 502 20, www.hotel-2-laender.de, 35 Zi., DZ/ÜF 66–75 €, Restaurant tgl. geöffnet, Hauptgerichte 9–15 €. Hier hat man die Wahl: Entweder in den in Grün gehaltenen thüringischen Zimmern oder lieber in den in dezentem Blau eingerichteten bayrischen Zimmern übernachten? Eins haben sie alle gemeinsam: Balkon oder Terrasse mit Blick ins Grüne. Regionale und saisonale Frischeküche im Restaurant.

Infos & Termine

Information

Apolda-Information: Markt 1, 99510 Apolda, Tel. 03644 65 01 00, www. apolda.de

Verkehr

Apolda ist mit **Regionalzügen** zu erreichen, von Weimar fährt die **Buslinie** 281 ab Hauptbahnhof.

Termine

Apoldaer Bornfest: Mitte Mai. Alle Brunnen der Stadt werden mit frischem Grün und Blumen geschmückt.

Ein Brunnenmeister wird gekürt, der für ein Jahr Herr über alle Brunnen der Stadt ist.

Oldtimer-Schlosstreffen: 1. Juniwochenende. Aus der Tradition der Autoherstellung Anfang des 20. Jh. in Apolda stehen die Oldtimer-Treffen jedes Jahr unter einem anderen Motto.

Modenacht: Anfang Juli. Gala-Modenschau der Apoldaer Strickbetriebe unter freiem Himmel.

Ausflug nach Bad Sulza ▶ F 3

In der alten Salzsiederstadt (3100 Einw.), die in einem Talkessel 12 km von Apolda entfernt gelegen ist, haben sich historische Saline- und Kureinrichtungen erhalten. Zu ihnen gehört das 1903 im sogenannten Wunderwald eröffnete Inhalatorium, das in den 1930er Jahren eine der modernsten Anlagen dieser Art war. Heute haben in dem denkmalgeschützten Fachwerkgebäude die Gästeinformation und die Kurbibliothek ihr Domizil. Die wunderschön restaurierte Trinkhalle stammt von 1910. Erst 1967 endete in Sulza, das 1907 mit dem Zusatz ›Bad‹ geadelt wurde und heute ein staatlich anerkanntes Sole-Heilbad ist, die Salzgewinnung.

Ein Abstecher lohnt sich in das 3 km entfernte **Auerstedt** mit dem Kutschenmuseum der Klassik Stiftung Weimar und dem »Auerworldpalast«, einem aus lebenden Weiden geflochtenen Bau mit 25 m Durchmesser.

Gradierwerk ›Louise‹

Tel. 036461 202 54, Mai–Nov. Mo 10–12, Di, Do, Sa, So 10–12, 14–17, Fr 14–17, Dez.–April, Di, Do 13–15 Uhr

Die beeindruckendste historische Salineinrichtung ist das Gradierwerk ›Louise‹ mit Wandelgang und Zerstäuberanlage. Es dient der Freiluftinhalation. Die Sole, salzhaltiges Wasser, rieselt hier über ein Schwarzdorn-Reisig-Geflecht und zerstäubt.

Goethes Gartenhaus

Tel. 036461 918 50, www.goethe gartenhaus.de, April–Okt. Di–So 12–16 Uhr

Zwischen der Toskana-Therme (s. S. 148) und den historischen Salineeinrichtungen Schachtkaue und Kunstwinkel taucht als Überraschung plötzlich Goethes Gartenhaus aus dem Weimarer Ilmpark auf.

Im Kulturstadtjahr 1999 hatte man eine Kopie des Hauses hergestellt, doch nach dem Großereignis wusste Weimar mit dem Double nichts anzufangen und verkaufte es schließlich nach Bad Sulza. Das nutzt das ›geklonte‹ Gartenhaus für kulturelle Veranstaltungen.

Aktiv & Kreativ

Entspannung – **Toskana-Therme:** 99518 Bad Sulza, Tel. 036461 910 80, www.toskanaworld.net, www.liquid-sound.com. Turbulent geht es hier immer dann zu, wenn der Vollmond am Himmel (und im Kalender) steht. Dann wird bis 1 Uhr in der Frühe zu Live-Konzerten geladen.

Freitag dagegen schweben ab 21.30 Uhr maximal 30 Gäste mit den Ohren unter Wasser, um ausgewählte Meisterwerke der klassischen Musik zu hören (s. S. 148).

Infos

Gästeinformation: Kurpark 2, 99518 Bad Sulza, Tel. 036461 821 10, www.bad-sulza.de

Lieblingsort

Baden in Wasser, Licht und Musik ▶ F 3

In der Toskana-Therme in **Bad Sulza,** etwa 15 km von Apolda entfernt, schätzen wir es, nicht nur im Wasser, sondern auch in Licht und Musik zu baden. Der separate Liquid Sound Tempel ist ein mit Wasser gefüllter Konzertsaal. ›Liquid Sound‹ – flüssiger Klang nennt sich die pure Entspannung. Eintauchen in das warme Wasser heißt es hier, alle Hektik ablegen, die Zeit vergessen, sich wohlfühlen, die Unterwassermusik und Lichteffekte genießen (s. S. 147).

Der Thüringer Wald

Highlight!

Die Wartburg: Wie kein anderes Bauwerk ist die auf der Welterbeliste der UNESCO stehende Burg mit Legenden und historischen Ereignissen deutscher Geschichte verbunden. Von einer schlichten Grenzfeste wandelte sie sich zur landgräflichen Residenz und schließlich zu einem Nationaldenkmal Deutschlands. S. 152

Auf Entdeckungstour

Das Wartburgmuseum – Schatzkiste auf steilem Felsen: Kunsthandwerk, Möbel, Gemälde und Plastiken – die Wartburg ist nicht nur ein bekanntes Bau- und Geschichtsdenkmal, sondern auch ein bedeutendes Kunstmuseum. Besucher erwartet eine Auswahl der rund 10 000 Kunstwerke hinter den dicken Mauern. Die meisten Schätze stammen aus dem 19. Jh. S. 154

Rennsteig-Schnupperausflug: Ein Aussichtsturm, der weiten Ausblick bietet, eine Quelle mit erfrischendem Wasser und zahlreiche Grenzsteine, die an die Thüringer Kleinstaaterei erinnern – die Rennsteig-Schnuppertour von Masserberg nach Limbach bringt viele Entdeckungen in herrlicher Natur und macht Lust auf mehr. S. 176

Kultur & Sehenswertes

Bachhaus Eisenach: Es gibt viel Interessantes über den großen Komponisten zu erfahren, live erklingen Musikinstrumente aus der Zeit Johann Sebastian Bachs. S. 161

Goethestadt-Museum, Ilmenau: Goethes Lyrik in verschiedenen Sprachen hören und zugleich schauen, wie schön die Aussicht vom Kickelhahn ist, dem Entstehungsort seines Werks »Wandrers Nachtlied«. S. 181

Aktiv & Kreativ

Durch 14 Kurven zu Tal: Mit einem erfahrenen Piloten an Bord wie ein Weltmeister auf der Oberhofer Rennrodel- und Bobbahn mit 80 km/h zu Tal jagen. S. 172

Herbert-Roth-Wanderweg: 25 km um Suhl auf dem Weg wandern, der den Namen des bekanntesten DDR-Volksmusikers trägt, Herbert Roth. S. 175

Genießen & Atmosphäre

Ottilienbad, Suhl: Ein Meer von Kerzen säumt den Beckenrand beim stimmungsvollen Romantik-Abend jeden zweiten Donnerstagabend im Monat. S. 180

La Cheminée: In dem eleganten Ilmenauer Hotel-Restaurant mit offenem Kamin werden internationale, regionale und saisonale Speisen serviert. S. 182

Abends & Nachts

Kulturfabrik Alte Mälzerei: Im Tonnengewölbe des Industriedenkmals in Eisenach veranstaltet der mehr als 50 Jahre alte Jazzclub seine beliebten Konzerte. S. 166

Sternwarte und Planetarium Suhl: Am 40-cm-Cassegrain-Spiegelteleskop und am Refraktor unter fachkundiger Anleitung den Mond, die Planeten sowie ferne Galaxien beobachten. S. 180

Im grünen Paradies

Ein grünes Paradies zieht sich von Eisenach in südöstliche Richtung: der Thüringer Wald, Deutschlands größtes zusammenhängendes Waldgebiet und zugleich eine der schönsten Mittelgebirgslandschaften. Auf dem Kamm der schmalen, lang gestreckten Erhebung verläuft zwischen hohen, dunklen Tannen und Fichten Deutschlands bekanntester Höhenwanderweg, der Rennsteig. Im Westen hat der Thüringer Wald ein berühmtes Eingangstor: die weithin sichtbare Wartburg. Von hier geht es über Eisenach hinein in die weiten Wälder zu idyllischen Orten wie Friedrichroda und Ruhla, die Hunderte Kilometer Wanderwege verbinden. Und hinauf auf den Großen Inselsberg, die berühmteste Thüringer Erhebung, die aber gerade mal auf 916,5 Höhenmeter kommt. Turbulent geht es im Winter in Oberhof zu, große Sportveranstaltungen ziehen Tausende von Zuschauern an. Wer es ruhiger mag, wandert von Ilmenau auf den Kickelhahn, wo Goethe im September 1783 sein berühmtes Gedicht »Über allen Gipfeln ist Ruh« (Wanderers Nachtlied) verfasste. Oder er wendet sich zu solch beschaulichen Orten wie Vesser, die sich zwischen Bergwiesen und Tälern verstecken. Hier kann man noch die Seele baumeln lassen. Wer einmal bei uns gewesen ist, sagen die ›Wäldler‹ selbstbewusst, der kommt wieder.

Infobox

Auskunft

Region Thüringer Wald: Regionalverbund Thüringer Wald e.V., Zellaer Markt 1, 98544 Zella-Mehlis, Tel. 03682 47 76 90, www.thueringer-wald.com **Tourismusverein Rennsteig-Wartburgland e.V.:** Bahnhofstr. 22, 36448 Bad Liebenstein, Tel. 03695 85 88 72, www.tourismus-thueringer-wald.de

Anreise und Weiterkommen

Eisenach, Ilmenau, Oberhof und Suhl, die bedeutendsten Orte des Thüringer Waldes, sind mit der **Bahn** zu erreichen. In Eisenach hält der City Night Line auf dem Weg von Zürich und Basel nach Dresden und Prag. Durch den Thüringer Wald führt die Thüringer **Waldautobahn A 71**. **Busverbindungen** bestehen nach und nach Eisenach (www.kvg-eisenach.de); in die Umgebung von Eisenach (www.vgwak.de); nach Suhl und Zella-Mehlis (www.sngonline.de); und nach Südthüringen (www.fahrplan-suedthueringen.de).

Mit dem **Rennsteigbus** gelangt man von Frauenwald, Ilmenau, Oberhof, Schmiedefeld und Suhl hinauf auf die Höhe (Tel. 036842 29 00, www.bus-thueringen.de). Der Bus-Shuttle bringt die Gäste zum Ausgangspunkt der Wanderungen zurück (Tel. 0172 593 97 64, www.touristmobil.de).

Die Wartburg ► B 4

Tel. 03691 25 00, www.wartburg-eisenach.de, April–Okt. Führungen 8.30–17, Schließung des Burgtors 20 Uhr, Nov.–März Führungen 9–15.30, Schließung des Burgtors 17 Uhr; Kasse in der Dirnitz: Palasführung und selbstständige Besichtigung Museum 9 / erm. 7 / Familienkarte 21 € / Besichtigung nur Museum 5 / erm. 4 € (s. S. 154)
Die weithin zu sehende Burg ist Zeuge von mehr als 900 Jahren bewegter

Vom Bergfried der Wartburg fällt der Blick auf die Vogtei

deutscher Geschichte, sie ist deshalb nicht irgendeine unter den deutschen Burgen – sie ist eines der Nationalheiligtümer, ein Mythos. Die UNESCO hat die Wartburg auf die Welterbeliste genommen.

Die bedeutendsten Ereignisse in ihrer Geschichte: Einer mittelalterlichen Sage nach hat Ludwig der Springer 1067 die Burg gegründet. 1206 und 1207 sollen sich auf der Feste die berühmtesten Minnesänger zu einem Sangeswettstreit getroffen haben; die junge Landgräfin Elisabeth teilte Anfang des 13. Jh. Hab und Gut mit Kranken und Armen und wurde nach ihrer Heiligsprechung durch den Papst zur berühmten weiblichen Persönlichkeit des Mittelalters. Martin Luther krönte 1521/22 mit der Übersetzung des Neuen Testaments auf der Wartburg sein reformatorisches Werk und die oppositionellen Burschenschaften erhoben 1817 von hier aus den Ruf nach nationaler Einheit und hissten zum ersten Mal die schwarz-rot-goldene Fahne. Richard Wagner setzte dem Bauwerk mit seiner romantischen Oper »Tannhäuser«, in der er die Sage vom Tannhäuser mit der Legende vom Sängerkrieg verschmolz, ein musikalisches Denkmal. Deutschlands Dichterfürst Goethe betrat 1777 die Wartburg zum ersten Mal.

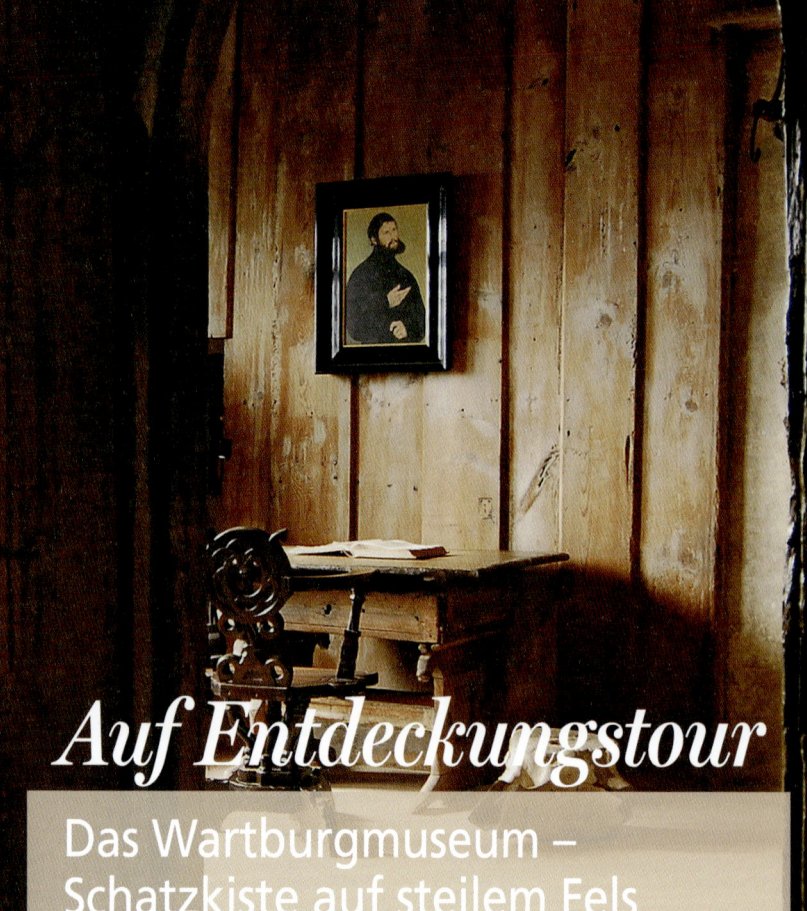

Auf Entdeckungstour

Das Wartburgmuseum – Schatzkiste auf steilem Fels

Kunsthandwerk, Textilien, Möbel, Gemälde und Plastiken – die Wartburg ist nicht nur ein bekanntes Bau- und Geschichtsdenkmal, sondern auch ein bedeutendes Kunstmuseum. Besucher erwartet eine Auswahl der rund 10 000 Kunstwerke hinter den dicken Mauern. Die meisten Schätze stammen aus dem 19. Jh.

Reisekarte: ▶ B 4

Planung: Tel. 03691 25 00, www.wartburg-eisenach.de, Karte: s. S. 158

Zeit: etwa 1 Stunde

Start: Der Eingang zum Museum ist im zweiten Burghof neben dem Bergfried, der Einlass erfolgt alle 15 Min.

Nach der Führung durch den Palas beginnt die Entdeckungsreise zu den Kunstschätzen – der individuelle Museumsrundgang. (Man kann das Museum allerdings auch separat besuchen.) In der Museumsausstellung sind aus Platzgründen nur etwa 400 Objekte zu sehen. Viele von ihnen kamen bereits zu Goethes Zeiten auf die Burg, denn der Dichterfürst hatte die »Auszierung« der Wartburg durch mittelalterliche Kunstwerke empfohlen. Goethes Sohn begleitete den ersten Transport mit Kunstgegenständen von Weimar zu der Burg auf dem steilen Felsenberg am Rand von Eisenach. Unter Herzog Carl Alexander von Sachsen-Weimar-Eisenach wurde gesammelt, gekauft, ersteigert. Mit großem Erfolg, wie das Museum beweist. Selbst ganze Bauteile konnte man erwerben, so den spätgotischen Erker des Hauses der Patrizierfamilie Harsdorf Enderndorf in Nürnberg. Großherzog Carl Alexander sah ihn auf einer Reise und erstand ihn 1872 für seine Wartburg, wo er seitdem die Südwand der Vogtei verschönert. Dort befindet sich die Lutherstube, das ›Heiligtum‹ der Burg.

Mittelalterliche Kostbarkeiten

Auf dem Weg durch die Museumsräume trifft der Besucher auf den **Reisealtar** aus Elfenbein, der aus der Zeit um 1300 stammt und zu den Kostbarkeiten des Museums gehört. Besonders farbenfreudig zeigt sich das **Reliquienkästchen** aus der französischen Stadt Limoges, das nach 1200 gefertigt wurde. Auf der Vorderseite ist das Martyrium einer Heiligen, der Valeria von Aquitanien, zu sehen. Auf der **Tiroler Harfe** mit Certosa-Mosaik, so glaubte man lange Zeit, habe der Minnesänger Oswald von Wolkenstein gespielt. Denn mit dem ins Holz eingelegten Wort »WANN« hatte dieser

viele seiner Lieder eingeleitet. Wolkenstein kann das Instrument aber nicht in den Händen gehalten haben, denn er starb 1440, die Harfe entstand aber erst 1450.

Ein treuer Anhänger Luthers: Lucas Cranach d. Ä.

Reich vertreten mit **Bildern** ist Lucas Cranach d. Ä. Im vierten der fünf Museumsräume steht man in der Ausstellung den Porträts der Eltern des Reformators, Margarete und Hans Luther, gegenüber. Beide besuchten ihren Sohn 1527 in Wittenberg, vermutlich saßen sie Cranach bei diesem Besuch Modell und wurden gemalt, wie sie tatsächlich waren: zwei einfache, arbeitende Menschen aus dem Volk. Von Cranach, der zu den treuesten Anhängern Luthers gehörte, stammen auch die als Hochzeitsbilder bezeichneten Porträts von Martin und Katharina Luther, geborene von Bora. Davon sind mehr als zwölf Exemplare bekannt, was auf eine Serienproduktion hindeutet. Cranach war nicht nur Hofmaler, sondern auch Unternehmer. In seiner Werkstatt in Wittenberg arbeiteten zeitweise mehr als elf Gesellen und zahlreiche Lehrlinge, die massenhaft Gemälde, Grafiken und Altarbilder produzierten.

Dürers Handschrift

Nicht zu übersehen ist im vierten Museumsraum der wuchtige **Dürerschrank**, eins der schönsten Möbelstücke, das aus der Übergangszeit von der Spätgotik zur frühen Renaissance erhalten geblieben ist. Das kunsthandwerkliche Meisterwerk wurde vermutlich 1510–1515 in Nürnberg hergestellt. Den Namen bekam der Schrank, weil vor allem Kupferstiche Albrecht Dürers als Vorlage für die figürlichen Reliefschnitzereien dienten.

Der Rundgang führt als Nächstes in das Schweizer Zimmer, dessen Interieur Großherzog Carl Alexander 1864 in der Schweiz von Fürst von Salis-Soglio erworben hat und dessen Zierde ein schmucker Turmofen von 1689 bildet.

Pirckheimers Stübchen

Der Weg vom Museum zur Lutherstube in der **Vogtei** führt über den mittelalterlichen Wehrgang, vorbei am Eseltreiberstübchen, einem schlichten Erkerraum, der den Eseltreibern zum Ausruhen diente, in die obere Vogteistube. Hier wurde im 19. Jh. das Studierstübchen des Humanisten Willibald Pirckheimer, eines Zeitgenossen Luthers, eingerichtet. Großherzogin Sophie von Sachsen-Weimar-Eisenach hatte das spätgotische Zimmer mit einer Wandverkleidung aus Lindenholz und hölzerner Netzgewölbedecke 1867 in Nürnberg erworben und es ihrem Gemahl Carl Alexander geschenkt. Der ließ es in der Stube einbauen.

Deutliche Wandlung

Den Höhepunkt des Rundgangs bildet die Lutherstube, in der der Reformator vom 4. Mai 1521 bis zum 1. März 1522 lebte. Mit seinen in Wittenberg angeschlagenen 95 Thesen hatte Luther für Aufruhr in der Kirche gesorgt. Papst und Kaiser belegten ihn mit Kirchenbann und Reichsacht, auf der Wartburg befand er sich in Sicherheit. Um nicht erkannt zu werden, hatte er sein Äußeres verändert. So schrieb er an seinen Freund Spalatin: »Ich lasse mir Haare und Bart wachsen. Du würdest mich schwerlich erkennen ...« Aus Martin Luther war der Junker Jörg geworden. In dem kleinen, äußerst karg möblierten Raum übersetzte der Reformator in nur zehn Wochen das Neue Testament aus dem griechischen Urtext in eine volkstümliche, bildhafte Sprache, die in allen deutschen Gebieten verstanden wurde.

Ein berühmter Tintenfleck

Nicht mehr vorhanden ist der berühmte, ab 1650 erwähnte Tintenfleck. Besucher kratzten ihn als Erinnerung millimeterweise von der Wand ab. 1894 soll er zum letzten Mal nachgefärbt worden sein. Der Fleck befand sich neben dem Kachelofen, dort, wo der Putz fehlte. Die Legende berichtet, Luther habe mit dem Tintenfass nach dem Teufel geworfen, als dieser ihn bei der Arbeit störte. Luther selbst sprach davon, den »Teufel mit Tinte zu vertreiben« und meinte damit, er habe mit seinen auf der Wartburg verfassten Schriften den Teufel bekämpft.

Auch den Arbeitstisch Martin Luthers trugen die Besucher Span für Span als Souvenir davon. Der heute in dem Raum stehende, spätgotische Kastentisch stammt aus dem Elternhaus Luthers in Möhra und kam 1817 auf die Burg.

Rückgabe

Großherzog Carl Alexander, der Wartburgerneuerer, hatte in seinem Testament verfügt, dass »nicht der geringste Gegenstand aus dem Schloss entfernt, veräußert, verschenkt, verborgt werden« dürfe. Daran hielten sich bis zum Ende des Zweiten Weltkrieges alle, die Sowjets aber interessierte das nicht. 1946 schleppten sie 856 meisterhaft gefertigte Objekte der Rüstkammer als Kriegsbeute davon. Bis heute ist über ihr Schicksal nichts bekannt. Ein schlanker Harnisch jedoch, um 1600 kunstvoll gefertigt, kam wie durch ein Wunder wieder zurück. Ein sowjetischer Offizier drückte ihn einer Eisenacher Familie in die Hand – als Entschädigung für die ihnen geraubten Möbel.

Bauensemble

Die Wartburg hat ihr heutiges Ausse-hen im Wesentlichen erst im 19. Jh. er-halten. Erbgroßherzog Carl Alexander von Sachsen-Weimar-Eisenach (1818–1901) hatte die verfallene Burg wie-derentdeckt und beschlossen, sie zu ei-nem ›Stammschloss der Ahnen‹ und zu einem ›Museum für die Geschichte des Herzoghauses und des Landes als auch einer Weihestätte für die deutsche Na-tion‹ zu machen. Die vorhandenen Burgbauten blieben weitestgehend unverändert, als Nachahmungen ent-standen Bergfried (1853–1859), Neue Kemenate (1853–1860), Dirnitz und Torhalle (1866/67), Gadem (1874–1877) und Ritterbad (1889/90).

1890 waren die Arbeiten in großen Teilen abgeschlossen, Carl Alexander resümierte über die wiederherge-stellte Wartburg: »... sie ist ein wahres Juwel geworden für die gebildete Welt überhaupt, für das deutsche Va-terland im Besonderen.«

Außenbesichtigung
Über die **Zugbrücke** 1 und durch das **Torhaus** 2 erreicht man den vorderen Burghof mit **Ritterhaus** 3 und **Vogtei** 4, der sein heutiges Aussehen im 15. Jh. erhielt. Der zweite Burghof wird durch die **Torhalle** 5 betreten. Das etwa 3 m große, vergoldete Kreuz auf dem **Bergfried** 6 kündet weithin von der kirchlichen Bedeutung der Burg – übersetzte doch Martin Luther hier die Bibel.

An die Südwand des **Palas** 7, eines Musterbeispiels spätromanischer Bau-kunst aus dem 12. Jh., wurde als letz-tes Bauwerk das **Ritterbad** angefügt. Die Kreuzritter hatten solche Bäder im Orient kennengelernt, die danach in vielen Burgen Europas Einzug hielten. Auch die Wartburg, das geht aus den Annalen hervor, besaß im Mittelalter

Wartburg-Anreise
Unterhalb der Burg gibt es einen ge-bührenpflichtigen Parkplatz, von hier führt ein etwa 500 m langer, relativ steil ansteigender Fußweg zum Burg-eingang. Für ältere und gehbehinderte Besucher besteht ein Bus-Pendelver-kehr vom Parkplatz zur Burg. An der Zufahrtsstraße werden die freien Stell-plätze elektronisch angezeigt. Wenn alles besetzt ist, bestehen an der B 19 in Marienthal reichlich Parkmöglich-keiten. Von hier verkehren kosten-pflichtige Shuttle-Busse zur Burg. Kin-der und Leichtgewichtige – 60 kg dür-fen nicht überschritten werden – können sich von Mai bis Okt. auf dem Rücken eines Esels zur Burg tragen las-sen, die Eselstation befindet sich un-terhalb des Parkplatzes. Von Mai bis Okt. verkehrt die Buslinie 10 zwischen Hauptbahnhof und Wartburg (www. kvg-eisenach.de).

ein solches Bad. Der 20 m hohe **Süd-turm** 8, von dem der Blick weit ins Thüringer Land reicht, ist im 13. Jh. entstanden.

Palasrundgang
Der Besuch der Wartburg ist das ganze Jahr über täglich individuell und bei freiem Eintritt möglich, die Besichti-gung der Innenräume des Palas, des romanischen Hauptgebäudes der Burg, dagegen nur im Rahmen einer etwa 45 Minuten dauernden Führung. Sie schließt auch die **Elisabethkeme-nate** ein, die ein Musterbeispiel der Mittelalter-Begeisterung vor rund 100 Jahren darstellt. Eine Million farbige Glassteine, Blattgold und Perlmutt wurden 1902–1906 zu einem prunk-vollen Mosaik im byzantinischen Stil zusammengefügt. Die Arbeit, die Sze-nen aus dem Leben der heiligen Elisa-

Wartburg

Sehenswert

1 Zugbrücke
2 Torhaus
3 Ritterhaus
4 Vogtei
5 Torhalle
6 Bergfried
7 Palas
8 Südturm

Übernachten

1 Hotel auf der Wartburg / Landgrafenstube

Essen & Trinken

1 Burgschenke

beth zeigt, war ein Geschenk Kaiser Wilhelms II. an den Großherzog in Weimar. Ebenfalls aus dem Leben der heiligen Elisabeth berichten sechs große Fresken des Spätromantikers Moritz von Schwind in der **Elisabethgalerie**, dem Arkadengang im ersten Obergeschoss.

Im **Sängersaal** gestaltete Moritz von Schwind auf einem großflächigen Wandbild eindrucksvoll den legendären Sängerkrieg von 1206/07.

Das zweite Obergeschoss nimmt der großzügige, üppig dekorierte **Festsaal** ein. Bayernkönig Ludwig II. war 1867 von dem Raum so begeistert, dass er für sein Märchenschloss Neuschwanstein eine kleinere Kopie anfertigen ließ. Auch in unserer Zeit wird der Festsaal für bedeutende gesellschaftliche und kulturelle Veranstaltungen genutzt, Musiker rühmen ihn wegen der hervorragenden Akustik..

Übernachten

Über den Wolken – **Hotel auf der Wartburg** 1 : Auf der Wartburg, Tel. 03691 79 70, www.wartburghotel.arcona.de, 37 Zi., DZ/ÜF ab 235 €. Den Wolken und Sternen ein Stück näher ist man im stilvollen 5-Sterne-Hotel direkt unterhalb der Wartburg. Von den Fenstern eröffnet sich ein fantastischer Blick auf die sanften Hänge des Thüringer Waldes. Die Zimmer sind sehr komfortabel und behaglich.

Essen & Trinken

Vortrefflich – **Landgrafenstube** 1 : Tel. 03691 79 71 19, April–Okt. tgl. geöffnet, Nov.–März tgl. nur abends, Hauptgerichte mittags 9–14 €, abends 17–28 €. Hausgemachte Thüringer Spezialitäten, saisonale Gerichte und immer wieder überraschende Rezepturen aus den ländlichen Weinanbaugebieten. Unbedingt einen Tisch am Fenster reservieren lassen, der Blick über Thüringer Wald, Rhön bis nach Hessen ist nicht zu übertreffen!

Preiswert – **Burgschenke** **1**: im Gadem der Wartburg, Tel. 03691 79 72 21, tgl. geöffnet, Hauptgerichte 7–12 €. Die ideale Variante für den kleinen Hunger und den schmalen Geldbeutel. Kleines rustikales Speisenangebot.

Infos & Termine

Information
Wartburg-Stiftung: Auf der Wartburg, 99817 Eisenach, Tel. 03691 25 00, www.wartburg-eisenach.de

Termine
Konzerte: von Mai bis Okt. im Festsaal und im Burghof.
Historischer Weihnachtsmarkt: an den Adventwochenenden.
Adventskonzerte: weihnachtliche Musik an den Adventssonntagen.

Eisenach ▶ B 4

Wer über die Stadt höchstens wusste, dass an ihrem Rand die Wartburg steht, der ist spätestens seit der Fernsehserie »Familie Dr. Kleist« klüger geworden. Fans der Serie sprechen mittlerweile von der ›Kleist-City‹. Ulrich Pleitgen, der »Johannes-Kleist«-Darsteller: »Eisenach ist wirklich einmalig, nicht nur als Drehort. Die herrliche Umgebung, natürlich die Wartburg – die Stadt hat einfach ein ganz besonderes Flair.« Dr. Kleist ist eine fiktive Person, die Eisenach bekannter gemacht hat, die wahren ›Stars‹ der Stadt sind jedoch Martin Luther, Johann Sebastian Bach und die Wartburg.

Eisenach (43 300 Einw.), am nordwestlichen Ende des Thüringer Waldes gelegen, entstand in einem Talkessel, später wuchsen die Häuser die grünen Berghänge hinauf. Viele Persönlichkeiten sind mit der Stadt verbunden: die erwähnten Johann Sebastian Bach und Martin Luther, Goethe, der hier oft weilte, und der niederdeutsche Dichter Fritz Reuter, der am Rand des Thüringer Waldes seinen Lebensabend verbrachte. Die Stadt ist aber alles andere als ein Museum für geistige Größen. Eisenach ist ein bedeutender Wirtschaftsstandort, ab Mitte des 19. Jh. entwickelte es sich zunehmend zur Industriestadt.

Altstadt

Am Nikolaiplatz
›Pforte Eisenach‹ wird das **Nikolaitor** **1** genannt, das einzige von einst fünf Stadttoren, das man hat stehen lassen. Der **Nikolaikirche** **2** gaben Umbauten 1886/87 ihr heutiges Aussehen von außen. In der Mitte des Nikolaiplatzes erhebt sich als überlebensgroße Skulptur Martin Luther (1882).

Am Marktplatz
Von hier führt die für Fußgänger reservierte Karlstraße zum nahezu quadratischen Marktplatz mit der **Georgenkirche** **3** an der Südseite. In dem Gotteshaus hat Luther 1521 gepredigt, wurde 1685 J. S. Bach getauft. In der Vorhalle ehrt ein monumentales Standbild den genialen Musiker. An den Chorwänden stehen zwölf Grabsteine thüringischer Landgrafen und ihrer Gemahlinnen. Der Grabstein von Ludwig dem Springer, dem Wartburggründer, verzeichnet das Todesjahr 1123. Vor dem Portal der Kirche krönt der vergoldete Drachentöter St. Georg den Marktbrunnen von 1549. Die Ostseite des Platzes dominiert das **Renaissance-Rathaus** **4** aus dem

16. Jh., das Bomben im Zweiten Weltkrieg rund zur Hälfte vernichteten. 1995/96 erhielt es moderne Anbauten. Die Nordseite des Platzes nimmt das **Schloss** 5 aus der Mitte des 18. Jh. ein, das nur acht Jahre als Residenz diente. In ihm befindet sich das **Thüringer Mu**seum mit einer Dauerausstellung zu Thüringer Porzellan. Im **Marstall** und weiteren Räumen sind Präsentationen aus den reichen kunsthandwerklichen und volkskundlichen Sammlungen zu sehen (Tel. 03691 67 04 50, Mo–Fr 10–18, Sa, So 10–17 Uhr, 4 / erm. 3 €).

Eisenach

Lutherhaus 6

Lutherplatz 8, Tel. 03691 298 30,
www.lutherhaus-eisenach.de,
tgl. 10–17 Uhr, 4,50 / erm. 4 €
In dem spätgotischen Fachwerkhaus
oberhalb des Marktplatzes soll Martin
Luther während seiner Schulzeit 1498–
1501 bei der Familie Cotta gewohnt
haben. Die moderne Ausstellung stellt
Luther als Schüler und als Bibelüber-
setzer vor, aber auch als Lehrer der Kirche und Erzieher des deutschen Volkes.

Bachhaus 7

Frauenplan 2, Tel. 03691 793 40,
www.bachhaus.de, tgl. 10–18 Uhr,
Eintritt 7,50 / erm. 3,50 / Familien-
karte 15 €
»Nicht Bach, sondern Meer sollte er
heißen wegen seines unendlichen, un-
ausschöpflichen Reichtums von Ton-
kombinationen und Harmonien!«,
meinte Ludwig van Beethoven über
den großen Komponisten. Im historischen Bachhaus am Frauenplan wird
seit 1907 umfassend über Johann Sebastian Bach informiert.

Zu seinem Namen kam das bereits
um 1590 urkundlich erwähnte Bürgerhaus, weil es der mündlichen ∞Über-
lieferung zufolge das Geburtshaus von
Bach sein soll. Hier sind Wohnräume
aus Bachs Zeit zu sehen und der Gast
hört live die historischen Musikinstrumente Hausorgel, Spinett, Klavichord,
Cembalo. Der angrenzende moderne
Ausstellungsneubau ist ganz der Musik
Bachs gewidmet.

Im Süden der Stadt

Reuter-Wagner-Museum 8

Reuterweg 2, Tel. 03691 74 32 93, Di–
So 11–17 Uhr, 4 / erm. 2 €
1854 entstand im Süden der Stadt der
Prinzenteich und mit ihm Wege und
Promenaden. Zu den ersten Villen, die
in dieser Gegend gebaut wurden, gehörten die am heutigen Reuterweg,
eine davon ließ sich Mecklenburgs ›Na-
tionaldichter‹ Fritz Reuter im Neore-
naissancestil errichten. Er wählte sich
Eisenach 1863 als Alterssitz und zog
1868 in die Villa mit Blick zur Wartburg. An der Eingangstür befindet sich
noch wie einst das Schild: »Dr. Fritz
Reuter. Morgens nicht zu sprechen«.
Im Jahr 1895 gelangte aus Wien durch
Kauf eine Richard-Wagner-   ▷ S. 164

Lieblingsort

Glucksendes Naturwunder
An heißen Sommertagen empfängt die **Drachenschlucht** 12 bei Eisenach den Besucher mit wohltuender Kühle. An solchen Tagen könnten wir uns stundenlang in der 180 m langen Klamm aufhalten, die viel Gespensterhaftes hat. Unter den Füßen gurgelt und gluckst es – aber man sieht nichts vom Wasser. Denn der durch die Schlucht fließende Marienbach ist mit Gitterrosten abgedeckt, damit man trockenen Fußes hindurchgelangt. Die moosbewachsenen Felswände ragen bis zu 10 Meter auf, Farne halten sich mühevoll daran fest, Feuersalamander huschen vorbei (s. S. 164).

Sammlung in das Haus, sie ist nach der in Bayreuth die umfangreichste und wertvollste über den Komponisten.

Der **Kartausgarten** , die schönste Parkanlage Eisenachs, ist eine grüne Oase in der Stadt. Den Straßenlärm schirmt die Wandelhalle von 1906 ab, ein Relikt des Kurbetriebes, den Großherzog Wilhelm Ernst in jenem Jahr hier eröffnet hatte und der 1938 erfolglos endete. Von hier führen die Waisen- und die Stöhrstraße zum 35 m hohen **Burschenschaftsdenkmal** 10, das die Göpelskuppe krönt. Es entstand zur Erinnerung an das Wartburgtreffen der Burschenschaften 1817.

Östlich des Prinzenteiches (s. o.) erstreckt sich das **Villenviertel Südstadt** 11 mit einer architektonischen Vielfalt, wie sie in Deutschland nur selten zu finden ist. Die Häuser entstanden zwischen 1862 und dem Ersten Weltkrieg,

als betuchte Pensionäre, Industrielle und Künstler aus ganz Deutschland den Süden Eisenachs als Alterssitz wählten. Wer vom Prinzenteich die B 19 weiter stadtauswärts läuft, erreicht die **Drachenschlucht** 12 (s. S. 162). Damit die wilde Natur erhalten bleibt, wurde die maximal 80 cm breite Schlucht zum geologischen Naturdenkmal erklärt (nahe der Bundesstraße 19 in Richtung Wilhelmsthal, etwa 2 km hinter dem Ortsausgangsschild von Eisenach).

Im Norden der Stadt

Automobile Welt Eisenach 13
Friedrich-Naumann-Str. 10, Tel. 03691 772 12, www.eisenach.de, Di–So 11–17 Uhr, 5 / erm. 3,50 / Familienkarte 10 €

Im Museum gelandet: der Wartburg 313-1 von 1958

Auto-Freaks sollten Eisenach nicht verlassen, ohne einen Abstecher in den Norden von Eisenach gemacht zu haben. Im authentischen Werksgebäude 02 von 1935 wird die hundertjährige Automobilbautradition Eisenachs dokumentiert. Zu sehen sind die legendäre Dixi R 8 aus dem Jahr 1910, den Herzog Ernst von Sachsen-Altenburg als Dienstwagen nutzte, sowie der letzte Wartburg, ein in der DDR begehrtes Auto, der am 10. April 1991 direkt vom Fließband ins Museum rollte.

Wanderungen um Eisenach

Wandertouren führen von Eisenach aus in die Umgebung auf ausgeschilderten Wanderwegen oder auf dem **Rennsteig** (s. auch S. 179). Der beginnt im Eisenacher Stadtteil Hörschel und verläuft über fast 170 km quer durch den Thüringer Wald bis nach Blankenstein (www.eisenach.info). Eine gute Übersicht von Wanderwegen in Thüringen findet sich unter www.tourismus-thueringer-wald.de.

Übernachten

Charmant – **Villa Anna** **1**: Fritz-Koch-Str. 12, Tel. 03691 239 50, www.hotel-villa-anna.de, 15 Zi., DZ/ÜF 95–115 €. Das kleine, feine Boutique-Hotel in einer Gründerzeitvilla in ruhiger Lage am Fuße der Wartburg verspricht exklusive Gastlichkeit. Die Zimmer des Hauses sind modern und komfortabel ausgestattet.

Stilvoll – **Steigenberger Hotel Thüringer Hof** **2**: Karlsplatz 11, Tel. 03691 280, www.eisenach.steigenberger.de, 127 Zi., DZ/ÜF ab 129 €. Historisches, stilvoll eingerichtetes Gebäude mit komfortablen, individuell gestalteten

Zimmern. Der Wellness-Bereich befindet sich auf dem Dach des Hauses. Malerei und Holzbildhauerarbeiten schmücken die Eingangshalle.

Schmuck – **Schlosshotel** **3**: Markt 10, Tel. 03691 70 20 00, www.schlosshotel-eisenach.de, 43 Zi., DZ/ÜF 115–124 €. Aus einem ehemaligen Franziskanerkloster ist ein schmuckes Hotel geworden, das mitten in der Stadt und doch ruhig liegt. Alle Sehenswürdigkeiten befinden sich in fußläufiger Entfernung. Besonders hübsch die Zimmer mit Balkon zum Innenhof, in die alten Gewölbe ist ein kleiner Wellnessbereich integriert. Die ideale Lage hat allerdings ihren Preis.

Zentral – **Eisenacher Hof** **4**: Katharinenstr. 11–13, Tel. 03691 293 90, www.eisenacherhof.de, 43 Zi., DZ/ÜF ab 79–104 €. Ideal die zentrale Lage zum Erkunden der Stadt. Dazu die stilvoll eingerichteten Zimmer mit kostenfreiem Mineralwasser und WLAN. Die Unterbringung ist im Haupthaus oder im Gästehaus »Haus Hennesburg« möglich.

Einfach – **Hotel-Pension Klostergarten** **5**: Am Klosterholz 23, Tel. 03691 78 51 66, www.hotel-klostergarten.de, 19 Zi., DZ/ÜF 60–66 €. Einfache nette Zimmer mit guter Ausstattung, familiäre Atmosphäre. Der hübsche gepflegte Garten lädt zum Relaxen ein.

Essen & Trinken

Köstlich – **Turmschänke** **1**: Wartburgallee 2 (im Hotel Kaiserhof), Tel. 03691 21 35 33, www.turmschaenke-eisenach.de, nur abends, So geschl., Hauptgerichte 15–25 €. Ein gediegenes Ambiente vermittelt die mit viel dunklem Holz verkleidete historische Weinschänke im Nikolaitor. Die regionale Küche mit modernen Akzenten ist ein wahrer Gaumenschmaus, Weinliebhaber finden auf der umfangreichen Karte mit Sicherheit den passenden Tropfen.

Romantisch – **Schlosskeller** 3: (im Schlosshotel, s. o.), www.schlosshotel-eisenach.de, tgl. geöffnet, Hauptgerichte 9–16 €. Im historischen Kreuzgewölbekeller werden eine gediegene Thüringer Küche sowie eigene Kreationen serviert.

Preiswert – **B-A-C-H Restaurant & Eiscafé** 2: Frauenplan 32/33, Tel. 03691 21 55 22, tgl. geöffnet, Hauptgerichte 8–15 €. Der Name ist Programm, das sympathische Restaurant gegenüber dem Bachhaus hat sich mit preiswerter Küche etabliert.

Für Süßmäuler – **Konditorei & Café Brüheim** 3: Marienstr. 1, Tel. 03691 20 35 09, www.cafe-brueheim.de, tgl. geöffnet. Konditorei- und Kuchenspezialitäten aus eigener Herstellung.

Einkaufen

Die Geschäfte Eisenachs konzentrieren sich in der **Fußgängerzone,** zu der die Karlstraße samt Querstraße wurden.

Aktiv & Kreativ

Golfen – **Wartburg Golfpark** 1: Am Röderweg 3, Wenigenlupitz (5 km östl. von Eisenach), Tel. 036920 718 71, www.golf-eisenach.de. Anspruchsvolle 18-Loch-Anlage inmitten der welligen Ausläufer des Thüringer Waldes. Beste Voraussetzungen auch für Einsteiger und Interessierte.

Kanutouren – **Krumos Kanubasis** 2: Creuzburg (8 km nördl. von Eisenach), Tel. 036926 726 79, www.krumos.de. Ein- und mehrtägige Kanutouren auf der Werra mit Rücktransfer sowie Kanuverleih. Auch Kombi-Touren mit Kanu und Fahrrad möglich.

Radfahren – Es gibt diverse Möglichkeiten, das Land per **Rad** zu erkunden. Von Eisenach hat man Zugang zu verschiedenen Radfernwegen: zum Rennsteig-Radwanderweg (195 km), Werratal-Radweg (200 km in Thüringen) sowie dem Radfernweg Thüringer Städtekette (225 km von Eisenach bis Altenburg). Alle sind ausgeschildert, Infos dazu gibt es jeweils in den Touristinformationen vor Ort.

Abends & Nachts

Vielgestaltig – **Theater Eisenach** 1: Theaterplatz 4–7, Kartenbestellung Tel. 03691 25 62 19, www.theater-eisenach.de. Das Landestheater Eisenach hat seine Heimstatt in einem schönen klassizistischen Gebäude. Geboten werden Oper, Operette, Musical, Ballett und Tanztheater, Schauspiel sowie Kinder- und Jugendtheater.

Jazzig – **Jazzkeller in der Kulturfabrik Alte Mälzerei** 2: Palmental 1, Tel. 03691 61 25 25, www.jazzclub-eisenach.de. In das Tonnengewölbe der ehemaligen Malzfabrik ist der Jazzclub gezogen und offeriert allen Jazzfreunden ein umfangreiches Programm.

Infos & Termine

Information

Tourist-Information: Markt 24 (im Stadtschloss), 99817 Eisenach, Tel. 03691 792 30, www.eisenach.info

Verkehr

Eisenach liegt an der **ICE-Strecke** Frankfurt–Leipzig/Dresden und Berlin und ist Haltepunkt des City Night Line von Zürich/Basel. **Regionalbahnen** und **Busse** fahren in alle touristisch interessanten Orte der Umgebung. Den **Stadtverkehr** bedienen Buslinien.

Im Freizeitpark mini-a-thür hat man alles Sehenswerte Thüringens im Blick

Termine

Sommergewinn: 3. Sa vor Ostern. Großes Frühlingsfest (s. S. 30).

Thüringer Bachwochen: März/April. Festival für Barockmusik (s. S. 28).

Marktkonzert: Juli–Sept. Mo–Sa 11 Uhr. Kleines Orgelkonzert (30 Min.) in der Georgenkirche.

Luther – Das Fest: 3. Augustwochenende. Mittelalterliches Stadtfest mit historischem Umzug.

Ruhla ► C 4

Der ›Schmied von Ruhla‹, auf einem der Wartburgfresken des Moritz von Schwind dargestellt, hat den Namen des Ortes am Nordrand des Thüringer Waldes in die Welt getragen. »Landgraf, werde hart, hart wie dieses Eisen!«, soll der Schmied dem nachsichtig regierenden Ludwig II. zugerufen haben. Nach der landgräflichen Waffenschmiede kam das Messerschmiedehandwerk zu Ruhm, danach wurde Ruhla (6000 Einw.) durch seine Pfeifen- und Uhrenproduktion bekannt. In unserer Zeit hat sich das Städtchen, dessen Häuser die Berghänge bis nach oben klettern und das sich in einem tief eingeschnittenen schmalen Gebirgstal hinzieht, ganz dem Tourismus zugewandt.

Tabakpfeifenmuseum und Museum für Stadtgeschichte

Obere Lindenstr. 29–30, Tel. 036929 890 14, Di, Do 14–17, Mi, Fr 10–13, Sa, So 13–17 Uhr, 3 / erm. 1,50 €

In einem der schönsten Fachwerkhäuser (Anfang 17. Jh.) des Städtchens gibt es Informationen zum Messerschmiedehandwerk und zu Tabakpfeifen. Ruhla war im 18. und 19. Jh. ein Zentrum der Tabakpfeifenherstellung in Deutschland.

Miniaturenpark mini-a-thür

Tel. 036929 609 04, www.mini-a-thuer.de, Mitte April–3. Okt. tgl. 10–18 Uhr, 4.Okt.–Ende Okt. bis 17 Uhr, 6,50 / Familienkarte 17 €, Winterausstellung im Stadtzentrum, Karolinenstr. 46, letzter Sa im Nov.–März tgl. 11–17 Uhr, 5,50 €

Wer wenig Zeit hat, aber dennoch viele historische Bauwerke Thüringens kennenlernen möchte, der marschiert mit ›Sieben-Meilen-Stiefeln‹ durch den Miniaturpark. Auf 18 000 m² sind rund 80 Sehenswürdigkeiten Thüringens im Maßstab 1 : 25 zu bewundern.

Übernachten

Ein Kleinod – **Hotel Thalfried:** Am Park 11, OT Thal, Tel. 036929 790 00, www.thalfried.de, 36 Zi., DZ/ÜF ab 95–140 €. Das 4-Sterne-Haus steht am Thaler Kurpark. Die eleganten, großzügigen Zimmer mit allem Komfort, der attraktive Wellnessbereich und die Beautyfarm sorgen für Rundum-Wohlergehen.

Essen & Trinken

Ausgezeichnet – **Landgrafenstube:** im Hotel Thalfried (s. o.), Restaurant tgl. geöffnet, Hauptgerichte 10–22 €. In der anheimelnden, nett dekorierten »Stube« werden hervorragende Kreationen serviert, z. B. Schweinefiletmedaillons gefüllt mit Büffelmozzarella an Morchelrahm und Butternudeln.

Infos

Naturpark- und Touristinformation: Neuer Markt 1, 99842 Ruhla, Tel. 036929 890 13, www.ruhla.de und www.naturpark-thueringer-wald.de

Friedrichroda ► C 4

Vor allem Wanderer fühlen sich in Friedrichroda (7400 Einw.) wohl. Als einer der bekanntesten Thüringer Ferienorte bietet er 12 markierte Terrainwege und 10 Nordic-Walking-Routen.

Am Rand des Ortes befand sich einst das Kloster Reinhardsbrunn, das Hauskloster der Thüringer Landgrafen. Von der Anlage sind lediglich die Umfassungsmauer und die Fischteiche der Mönche übrig geblieben. Auf dem Klostergelände entstand im neogotischen Stil das von einem herrlichen Landschaftspark umgebene **Schloss Reinhardsbrunn**, das in den Jahren 1961 bis 2001 als Hotel genutzt wurde. Nach der schon viele Jahre andauernden Sanierung soll die Anlage wieder Hotel werden (www.schloss-reinhardsbrunn.com).

Marienglashöhle

Tel. 03623 31 16 67, April–Okt. tgl. 9–17, Nov.–März bis 16 Uhr, 6 / erm. 4,50 €

Die Untertagewelt fasziniert, zum Beispiel der 68 m lange Höhlensee und die Kristallgrotte mit dem wohl größten und schönsten Vorkommen an Marienglas-Gipskristallen, die bis zu 90 cm lang sind. Marienglas verwendete man in früheren Zeiten zum Verschönern von sakralen Bildern und liturgischen Objekten.

Übernachten

Wellness am Kurpark – **Ramada-Treff Hotel:** Burchardtsweg 1, Tel. 03623 35 20, www.ramada-friedrichroda.de, 154 Zi., DZ/ÜF 125–145 €. Als Wellness- und Wohlfühlhotel bezeichnet sich das am Kurpark gelegene Haus, und dem kann man nur zustimmen. Die Zimmer sind gut ausgestattet, die Vitalicum Wellness-Landschaft ist direkt vom Zimmer aus mit dem Lift zu erreichen. Auf 1600 m² gibt es Schwimmbad, eine großzügige Saunalandschaft, darüber hinaus Dampfbäder, Massagen mit Naturtherapie.

Wohnlich – **Hotel Zur Post:** Lauchagrundstr. 16, Tabarz (▶ C 4), Tel. 036259 66 60, www.hotel-tabarz.de, 40 Zi., DZ/ÜF 82–98 €. Hübsches Ferienhotel mit modern und wohnlich eingerichteten Zimmern und einem kleinen Wellnessbereich mit Massageangeboten. Jeden Sa gibt es Live-Musik in der Kellerbar »Postmarie«.

Mitten im Wald – **Hotel Tanzbuche:** Auf dem Höhenberg, Tel. 03623 36 99 00, www.tanzbuche.de, 39 Zi., DZ/ÜF 67–70 €. Absolute Ruhe ist bei der Lage garantiert: 720 m hoch, direkt am Rennsteig, ca. 7 km von Friedrichroda entfernt. Hallenbad mit Wellnessbereich und Sauna.

Essen & Trinken

Gehoben – **Schwanenrestaurant:** Max-Alvary-Str. 9–11, Tabarz (im Hotel Frauenberger; ▶ C 4), Tel. 036259 52 20, www.hotel-frauenberger.de, tgl. geöffnet, Hauptgerichte 15–25 €. In dem eleganten Restaurant kann man in der offenen Küche bei der Zubereitung der Köstlichkeiten hautnah dabei sein. Die Karte umfasst nicht nur regionale Gerichte, sondern auch mediterrane, französische und italienische Küche. Und immer wird Wert auf absolute Frische gelegt.

Urig – **Brauhaus:** Bachstr. 14, Tel. 03623 30 42 59, www.brauhaus-friedrich roda.de, tgl. geöffnet, Hauptgerichte 9–15 €. Die rustikale Thüringer Traditionsgaststätte befindet sich in einem der ältesten Fachwerkhäuser der Stadt. Gekocht wird Thüringer Hausmannskost mit Thüringer Klößen, Abwechslung in die reichhaltige Karte bringen Spezialitätenwochenenden zum Thema Fisch, Schnitzel, Kartoffel. Im Biergarten gibt's oft Live-Musik.

Aktiv & Kreativ

Rodeln – **Sommerrodelbahn:** zwischen Tabarz und Brotterode, www.sommer rodelbahn-inselsberg.de, April–Okt. 10–17, Nov.–März Sa, So 13–16 Uhr, eine Fahrt 2 €. Auf 1000 m durch zwölf Steilkurven und Bogen mit 40 km/h kann man hier zu Tal jagen; es gibt auch Bungee-Trampolin und für die Kleineren einen Märchenwaldpfad.

Baden – **Tabbs Wellness- und Spa Resort:** Schwimmbadweg 10, Tabarz (▶ C 4), Tel. 036259 673 75, www. tabbs.de, tgl. geöffnet. Familienfreundliches Medical Wellness Resort mit Sport- und Gesundheitsstudio, Therapie- und Rehazentrum, Beauty- und Wellnesslandschaft sowie einer Wasser- und Saunaerlebniswelt mit Saunen und Dampfbädern.

Wandern – **Geführte Wanderungen** bietet die Touristinformation mehrmals in der Woche an, Treffpunkt: Wandertreff Kurpark. Weitere Wanderungen im Veranstaltungskalender von Friedrichroda.

Infos

Information
Touristinformation: Marktstr. 13, 99894 Friedrichroda, Tel. 03623 33 20 00, www.friedrichroda.de

Verkehr
Die **Thüringerwaldbahn** (s. S. 112) fährt von Gotha über Waltershausen nach Friedrichroda und Tabarz.

Ausflüge zum Großen Inselsberg ...

▶ C 4

Mit seinen 916,5 m ist der Große Inselsberg, 12 km von Friedrichroda entfernt, nicht der höchste, aber der bekannteste Berg Thüringens. Er ist von der Straße zwischen Tabarz und Brotterode zugänglich.

Auf dem Berg stehen zwei Gasthöfe, denn einst verlief die Grenze zwischen dem Herzogtum Sachsen-Gotha und einer Enklave des Kurfürstentums Hessen über dem Bergkamm. Man kehrte in Hessen zum Mittagessen ein, ging 20 Schritte weiter und konnte den Kaffee in Sachsen-Gotha trinken (diese Gaststätte ist seit dem Jahr 2011 geschlossen).

Die Trennung setzt sich bis in die Gegenwart fort, denn die Einrichtungen auf dem Großen Inselsberg gehören nach wie vor unterschiedlichen Telefon-Ortsnetzen an, erkennbar an der Vorwahl.

Neben den beiden Gasthäusern stehen auf dem Berg noch seit 1939 der im Volksmund ›Thermosflasche‹ genannte UKW-Turm, seit den 1960er-Jahren eine Jugendherberge, und im Jahr 1975 kam ein 50 m hoher Funkmast dazu.

Bei gutem Wetter reicht der Blick bis zum Brocken.

Essen & Trinken

Gemütlich – **Berggasthof Stöhr:** Tel. 036840 324 25, www.berggasthof-stoehr.de, tgl. geöffnet, Nov. Betriebsferien, Hauptgerichte 7–13 €. Familientradition seit 1899, die Chefin kocht Thüringer Gerichte. Besonders gemütlich sitzt es sich in der Rennsteigstube des Gasthofs.

Infos

Gästeinformation Brotterode: Bad Vilbeler Platz 4, 98599 Brotterode, Tel. 036840 33 33, www.brotterode.com

... und nach Trusetal

▶ C 5

Tosend klatscht das Wasser nach unten. Der **Trusetaler Wasserfall**, der den gleichnamigen Ort (4200 Einw.) bekannt gemacht hat, ist kein Naturphänomen, sondern eine 1865 von Menschenhand künstlich angelegte touristische Attraktion. In der kalten Jahreszeit sucht man den Wasserfall vergeblich, denn am letzten Oktobertag wird das Wasser abgestellt. Aber ab Ostern stürzt es wieder in drei Kaskaden über die Felskulisse aus Granit und Porphyr 58 m in die Tiefe. Wer nach oben möchte, hat 228 Stufen zu bewältigen.

Besucherbergwerk Hühn
Tel. 036840 815 78, Ostern–Okt. Führungen tgl. 10.00, 11.15, 12.30, 13.45, 15.00, 16.15 Uhr (Dauer ca. 1 Std.), 5,50 €

Trusetal, am Südwesthang des Thüringer Waldes gelegen, gehört zu den ältesten Bergbausiedlungen in dieser Gegend. Ab dem 14. Jh. wurde hier Eisenerz abgebaut. Das Besucherbergwerk hält die Tradition wach. Sehenswert ist auch der Kräuter- und esteinsgarten in der Nähe.

Zwergenpark

Tel. 036840 401 53, www.zwergenpark.de, Ostern–Okt. tgl. 10–17 Uhr, 4 / Familienkarte 12 €
An der Brotteroder Straße wohnen fast 2000 Zwerge. Mit ihren lustigen Mützen und den meist weißen Bärten sind die kleinen Wichtel die Lieblinge von Groß und Klein. Durch den Park fährt eine Schienenelektrobahn.

Infos

Touristinformation: Eisensteinstr. 91, 98596 Trusetal, Tel. 036840 815 78, www.trusetal-thuer.de

Oberhof ▶ D 5

Oberhof (1700 Einw.), auf dem Kamm des Thüringer Waldes liegend, ist Thüringens Wintersportort Nummer eins. Seit dem Jahr 1984 finden hier regelmäßig Weltcup-Veranstaltungen statt, denn die Sportanlagen bieten beste Voraussetzungen. Seine Wintersportanlagen sind Weltklasse, aber ansonsten scheint die Entwicklung nach der Einheit, die viele Orte im Osten Deutschlands gravierend veränderte, um das Städtchen einen Bogen gemacht zu haben.

Schon lange spricht man nicht mehr, wie es bis zum Zweiten Weltkrieg der Fall war, vom ›St. Moritz des Nordens‹. Licht ist jedoch am Ende des Tunnels zu erkennen: In den nächsten Jahren

möchte man die Stadt verschönern, den Kurpark vergrößern, eine Flaniermeile anlegen, einen Golfplatz sowie eine gehobene Gastronomie und Hotellerie schaffen, und endlich soll ein bis jetzt fehlender Ortsmittelpunkt entstehen.

Sportstätten

Die **120-m-Großschanze** im Kanzlersgrund mit der **90-m-Normalschanze** daneben ist nach Hans Renner benannt, dem National-Skisprungtrainer der DDR und Plastikmatten-Erfinder. Ganzjährig wird auf ihr trainiert, und wenn nicht, dann ist es jedermann gestattet, die 834 Stufen nach oben zu steigen, um sich in 127 m Höhe wie ein Jens Weißflog oder Martin Schmitt zu fühlen. Packende Wettkämpfe erlebte ebenfalls schon die 1354,5 m lange, von Oktober bis März vereiste **Kunsteis-Rennrodel- und Bobbahn** mit ihren 14 Kurven, und in der DKB-Ski-Arena Oberhof, der einstigen **Rennsteig-Arena** ›Am Grenzadler‹, haben wiederholt die weltbesten Biathleten ihre Kräfte gemessen. Die Trainingszeiten der Sportler für die jeweils laufende Woche sind in der Oberhof-Information zu erfahren. Eine Attraktion ist seit Sommer 2009 Deutschlands größter Kühlschrank, die 400 m lange und 150 m breite **DKB-Skisport-Halle** mit einer rund 2000 m langen und 8 m breiten künstlich gekühlten Loipe, die den Athleten auch im Sommer beste Trainingsbedingungen sichert und Touristen gleichermaßen offensteht.

Thüringer Wintersport Museum

Crawinkler Str. 1, Tel. 036842 522 37, www.wintersportmuseum.de, Di–Fr 11–18, Sa, So 10–18 Uhr, 4,50 / erm. 4 / Familienkarte 11,50 €
Die reiche Oberhofer Wintersportgeschichte dokumentiert diese Ausstellung anhand Hunderter von Exponaten...

Unser Tipp

Wie ein Weltmeister durch 14 Kurven

Da rast der Adrenalinspiegel nach oben, wenn man auf der **Oberhofer Renn-rodel- und Bobbahn** mit rund 80 km/h zu Tal jagt. Die Fahrt im Sommerbob auf der 1300 m langen Strecke geht durch 14 Kurven. Gesteuert wird der Bob auf Rollen von einem erfahrenen Piloten, der allerdings nicht wie im Winterbob vorn sitzt, sondern von hinten lenkt (Infos bei der Touristinformation Oberhof). Im Winter wird im Eiskanal mit einem originalen Viererbob nach unten gerast. Wer den Eiskanal allein erleben möchte, setzt sich in einen Ice-Tube und rutscht auf der 1300 m langen Strecke durch 14 Kurven für sich allein mit etwa 45–50 km/h zu Tal. Der Oberhofer Eiskanal ist jährlich Austragungsort hoch-karätiger nationaler und internationaler Wettkämpfe (Tel. 036842 26 90 oder 52 08 10, www.bob-icerafting.de).

ten, vom Rennschlitten bis zu Biathlon-Gewehren. Zu sehen sind u. a. der Vie-rerbob, den Olympiasieger und Welt-meister Wolfgang Hoppe in den Jah-ren 1982 und 1983 gefahren hat, die Bronzemedaille der Eiskunstläuferin Christine Errath, die sie bei den Olym-pischen Spielen 1976 errang, sowie viele Pokale, darunter der des deut-schen Kronprinzen Wilhelm von Preu-

ßen für den Deutschen Meister im 5er-Bob 1913/14.

Exotarium

Crawinkler Str. 1, Tel. 036842 214 04, www.exotarium-oberhof.de, tgl. 10–18 Uhr, 6,50 / erm. 6 / Familienkarte 17 €

In der Anlage tummeln sich bis zu 6 m lange Pythons sowie Warane, Klapperschlangen und Schildkröten. Zu den Stars der exotischen Tierwelt gehören auch die 10 verschiedenen Arten von Riesenvogelspinnen. Spannend ist es, mittwochs um 15 Uhr bei der Schlangenfütterung dabei zu sein.

Rennsteiggarten

Tel. 036842 222 45, www.rennsteig gartenoberhof.de, tgl. geöffnet, Mitte April–Sept. 9–18, Okt. bis Anfang Nov. bis 17 Uhr, 5 / erm. 4,50 / Familienkarte 11 €

Etwas außerhalb von Oberhof grünt und blüht es in diesem größten alpinen Garten Deutschlands. Gebirgspflanzen bilden am 868 m hohen Pfanntalskopf ihren typischen Wuchs und Blütenflor aus. Die Bedingungen sind ideal: Die Jahresdurchschnittstemperatur beträgt hier nur 4,2 °C, bis zu 150 Tage im Jahr bedeckt Schnee die Pflanzenflächen. Es sind fast 4000 verschiedene Pflanzenarten aus den Gebirgen Europas, Asiens, Nord- und Südamerikas, Neuseelands und den arktischen Regionen zu bewundern.

Schneekopf

Vor den Toren von Oberhof durften im Sommer 2008 die ersten Besucher auf den neuen Aussichtsturm auf dem Schneekopf (978 m) steigen, um vom Plateau die Aussicht zu genießen (tgl. 9–18, Okt.–April bis 16 Uhr, 2 €). Auf den Schneekopf hatte man schon vielfach Türme gesetzt, den ersten im Jahre 1824, den letzten ließen die Sowjets 1970 abreißen, die den Berg als östliche Siegermacht des Zweiten Weltkriegs bis zu ihrem Abzug 1994 besetzt hatten (www.gehlberg.de). Die Thüringer sind mit Superlativen rasch zur Stelle: Jetzt haben wir mit dem Schneekopf auch unseren Tausender, meinen sie – wenn man Berg und Turmhöhe addiert, haben sie sogar recht.

Übernachten

Sportlich – **Sporthotel:** Am Harzwald 1, Tel. 036842 28 60, www.sporthotel-oberhof.de, 63 Zi., DZ/ÜF ab 84 €. Idyllische Lage in unmittelbarer Nähe des Rennsteigs, wohnliche Zimmer, umfangreiches Sport- und Freizeitangebot. Auch 8 Chalets für bis zu 6 Personen sind vorhanden.

Freundlich – **Berghotel:** Theodor-Neubauer-Str. 20, Tel. 036842 270, www.berghotel-oberhof.de, 67 Zi., DZ/ÜF ab 84–136 €. Thüringer Gastlichkeit seit fast 100 Jahren, helle, freundliche Zimmer in unterschiedlichen Preiskategorien im Haupthaus und in der Gartenvilla. Die größeren Zimmer verfügen über getrennte Wohn- und Schlafräume.

Zentral – **Oberland:** Crawinkler Str. 3, Tel. 036842 222 01, www.hotel-ober land.de, 60 Zi., DZ/ÜF ab 65–85 €. Ruhig und zentral gelegen, mit persönlicher Atmosphäre, großzügige, einfach ausgestattete Zimmer. Hübsch das zum Haus gehörende Barock-Café.

Essen & Trinken

Waldidylle – **Forsthaus Sattelbach:** Sattelbach 13 (4 km südl. von Oberhof), Tel. 036842 224 51, Mi geschl., Hauptgerichte 9–15 €. Mitten im Wald vor den Toren von Oberhof findet man das idyllisch gelegene Forsthaus. Wildgerichte sind ein Muss, darüber hinaus Thüringer Küche und hausgebackener Kuchen.

Nostalgisch – **Café-Restaurant Luisensitz:** Dr.-Theodor-Neubauer-Str. 25, Tel. 036842 221 96, tgl. geöffnet, Hauptgerichte 8–16 €. Rustikales, nostalgisches Restaurant, das seit Jahrzehnten einen guten Ruf hat. Besonders lecker ist der Rehbraten in Preiselbeerrahm mit Thüringer Klößen und Burgunderrotkraut.

Rennsteigtunnel

Mit 7916 m ist der Rennsteigtunnel Deutschlands längster Straßentunnel. Am 26. Juni 1998 erfolgte der erste Spatenstich, am 5. Juli 2003 die Einweihung durch den Bundeskanzler. Die Bauzeit betrug 57 Monate, die Baukosten lagen bei etwa 200 Mio. €. Der Tunnel unterquert zwischen den Anschlussstellen Gräfenroda und Oberhof den Kamm des Thüringer Waldes. Die beiden Tunnelröhren sind mit jeweils zwei Fahrspuren ausgestattet, alle 350 m gibt es Verbindungen durch Querstollen, dadurch bestehen 25 unterirdische Fluchtwege.

Thüringisch – **Waldgasthof Schanzenbaude:** Am Grenzadler 2, Tel. 036842 222 78, www.schanzenbaude.de, tgl. geöffnet, Hauptgerichte 8–15 €. In unmittelbarer Nähe zum Biathlonstadion und den Sprungschanzen. Traditionelle Thüringer Küche.

Einkaufen

Holzschnitzereien – **Holzschnitzerei Bley:** Crawinkler Str. 4, www.holzschnitzerei-bley.de. Regionale Schnitzereien und Holzspielzeug, tgl. Schauschnitzen.

Glaskunst – **Oberhofer Glasstube:** Dr.-Theodor-Neubauer-Str. 171, www.glasstube-oberhof.de, tgl. geöffnet. Vorführung und Verkauf von Thüringer Glaskunst, ganzjährig gibt's einen Weihnachtsmarkt.

Kerzen und mehr – **Schauwerkstatt Wachskunst am Rennsteig:** Am Parkplatz 4, www.kerzen-und-mehr.de, tgl. geöffnet. Per Hand werden schöne Wachsarbeiten gefertigt. Man kann dieses Handwerk hier auch selbst ausprobieren.

Aktiv & Kreativ

Biathlon-Schießen – **Schießhalle:** Neben dem Biathlon-Stadion dürfen Gäste probieren, ob sie den besten Biathlon-Sportlern Konkurrenz machen können. Anm.: WSV Oberhof, Tel. 036842 221 16, www.biathlonrevier.de.

Biking – 400 km umfasst das Tourengebiet für **Mountainbike**-Fahrer, 11 Touren sind ausgeschildert. Einsteiger und Familien finden hier ebenso wie Fortgeschrittene geeignete Touren.

Klettern – **Hochseilgarten Woodjump:** Crawinkler Str. 2 a (am Kurpark), Tel. 036842 522 57, www.woodjump.de. Mut und Geschicklichkeit sind gefragt beim Klettern in bis zu 14 m Höhe. Schnupperklettern So 10 und 13 Uhr.

Nordic Walking/Skiing – **Nordic Aktiv Zentrum:** 4 Touren-Vorschläge für den sanften Sport bietet die Touristinfo an.

Infos & Termine

Information
Oberhof-Information: Crawinkler Str. 2, 98559 Oberhof, Tel. 036842 26 90, www.oberhof.de
Wintersportzentrum Oberhof: Jägerstr. 10, 98559 Oberhof, Tel. 036842 52 50, www.twz-oberhof.de

Verkehr
Mit der **Regionalbahn** von und nach Arnstadt, Bad Salzungen, Eisenach und Schmalkalden, der Bahnhof befindet sich ca. 5 km außerhalb von Oberhof. Von dort gibt es **Busverbindungen** in den Ort. Mit Bussen sind Gotha, Schmalkalden, Suhl und Zella-Mehlis zu erreichen.

Termine
GutsMuths-Rennsteiglauf: Mai. Mehr als 10 000 Läufer nehmen an der Veranstaltung teil (s. S. 31).

Sportveranstaltungen: Termine für hochkarätige Sportveranstaltungen wie Biathlon, Skispringen, Rennrodeln, Bobfahren bei der Oberhof-Information und www.oberhof.de.

Suhl ▸ D 5

Traditionelles und Neues mischt sich in der größten Stadt Südthüringens. Die Höhen des Thüringer Waldes umschließen Suhl (40 000 Einw.), sie steigen steil um das Zentrum auf. Der Suhler ›Hausberg‹, der **Domberg**, misst 675 m, der Döllberg in südöstlicher Richtung erreicht 760 m und der Ringberg im Nordosten 745 m. Der Ort wurde durch das Waffenhandwerk bekannt. Er belieferte die Heere Europas mit Flinten und Pistolen, später dann Königs- und Fürstenhäuser mit prächtig gravierten, mit Gold- und Edelsteineinlagen gestalteten Gewehren.

Waffenschmied-Denkmal

Das Denkmal mit Brunnen (1913) in der Mitte des Marktplatzes symbolisiert die Tradition des Waffenhandwerks, das auch in unseren Tagen in der Stadt beheimatet ist. Die Büchsenmacher produzieren ausschließlich Jagd- und Sportwaffen, die nach wie vor als Qualitäts- und Markenware gehandelt werden.

Waffenmuseum Suhl

Friedrich-König-Str. 19, Tel. 03681 74 22 18, www.waffenmuseum.eu, Di–So 10–18 Uhr, 4 / erm. 3 €
Infos über mehr als 600 Jahre Waffenproduktion in Suhl. Beeindruckend die Prunk- und Luxuswaffen, die für Herrscherhäuser Europas gefertigt wurden. Die historische Büchsenmacherwerkstatt gibt Einblick in die Arbeitswelten der Suhler Waffenhersteller.

Fahrzeugmuseum

Friedrich-König-Str. 7, Tel. 03681 70 50 04, www.fahrzeug-museum-suhl.de, tgl. 9–18 Uhr, 5 / erm. 4 €
Suhl war auch Standort der Fahrzeugindustrie, in den 1970er- und 1980er-Jahren produzierte das Suhler Simson-Werk jährlich etwa 200 000 Kleinkrafträder. Das Museum zeigt Zweiräder, darunter den robusten DDR-Motorroller Schwalbe mit 3,6-PS-Motor, von dem zwischen 1964 und 1986 mehr als eine Million Stück das Suhler Werk verließen.

Steinweg

Nach 1952, als Suhl zur Bezirksstadt der DDR ›aufstieg‹, verschwanden viele historische Häuser. Neubauten im nüchternen Zeitgeist der 1950er- und 1960er-Jahre wurden errichtet, um die Infrastruktur des verhältnismäßig kleinen Suhl den Ansprüchen einer Bezirksstadt anzupassen. Die alte Stadtachse, der **Steinweg**, blieb von den Bausünden der DDR-Oberen glücklicherweise verschont. Seinen Namen hat er erhalten, da er die erste gepflasterte Straße Suhls war. Er ist heute Bummel- und Einkaufsboulevard mit der barocken **Kreuzkirche** am westlichen und der etwas oberhalb stehenden **Marienkirche** am östlichen Ende.

Heinrichs

Wer eines der prächtigsten fränkischen Fachwerkhäuser sehen möchte, fährt in den Stadtteil Heinrichs. Dort steht als Augenweide das 1667 errichtete ehemalige **Rathaus** am Straßenmarkt.

Wanderwege um Suhl

Suhl ist idealer Ausgangspunkt für Wanderungen durch den Thüringer Wald, eine große Anzahl von Wanderhütten liegt rings um die Stadt. Um Suhl führt der 25 km lange **Herbert-Roth-Wanderweg.** ▷ S. 179

Auf Entdeckungstour

Rennsteig-Schnupperausflug

Ein Aussichtsturm, der weiten Ausblick bietet, eine Quelle mit erfrischendem Wasser und zahlreiche Grenzsteine, die an die Thüringer Kleinstaaterei erinnern – die Rennsteig-Schnuppertour von Masserberg nach Limbach bringt viele Entdeckungen in herrlicher Natur und macht Lust auf mehr.

Reisekarte: ▶ D 6–E 6

Planung: Die Tour führt von Masserberg (bei km 98,1) nach Limbach (bei km 110,2). Wandern mit Gepäcktransfer wird überall angeboten. Masserberg-Information (www.masserberg.de), Touristinfo Limbach, Tel. 036704 80500, www.rennsteig-und-mehr.net.

Zeit: ein Tag

Start: Südwestlich von Masserberg – dort überquert der Rennsteig die Straße nach Fehrenbach.

Ein Verlaufen auf dem Rennsteig ist fast unmöglich, denn lückenlos ist er mit einem weißen ›R‹ markiert. Deshalb kommt man auf diesem Schnupperausflug problemlos wenige Hundert Meter nach dem Start in Masserberg zur **Rennsteigwarte** auf dem Eselsberg. Der 29 m hohe Aussichtsturm ist der einzige, der direkt am Rennsteig steht. 200 m hinter der Rennsteigwarte empfiehlt ein Hinweisschild einen 1,5 km langen Abstecher zu einer der beiden **Werraquellen.** Der Fluss kommt, bis er sich mit der Fulda vereint, immerhin auf die beachtliche Länge von fast 300 km. Zurück auf dem Rennsteig steht man bald vor dem 1846 gesetzten kleinen **Dreiherrenstein.** Der bildete die Grenze zwischen dem ehemaligen Herzogtum Sachsen-Meiningen und den Fürstentümern Schwarzburg-Sondershausen und Schwarzburg-Rudolstadt. Solche Grenzsteine sind stumme Relikte der deutschen Kleinstaaterei. Von einst rund 1000 existieren heute noch etwa 780, darunter 13 Dreiherrensteine. Sie markieren Stellen, wo einst drei Länder aneinandergrenzten.

Eilende Boten

Erstmals ist in den Annalen 1330 von einem ›Rynnestig‹ die Rede. Lange debattierten Sprachforscher, woher der Name ›Rennsteig‹ komme. Doch nun scheinen sie sich einig zu sein: ›Rennsteig‹ geht auf Rennen zurück, weil auf dem Weg einst die Boten der Herzöge und Fürsten und Soldaten dahineilten. Vielfach war auch die Meinung vertreten worden, der Name sei von ›Rainweg‹, also ›Grenzweg‹, abgeleitet, weil der Rennsteig jahrhundertelang auf großen Strecken die Grenze zwischen Kleinstaaten bildete. Aber nicht nur Kuriere und Soldaten eilten diesen ›Stig‹ entlang, sondern auch Kaufleute, Puppenmacher und Holzschnitzer. Die einen in kriegerischer Absicht, doch die meisten aus wirtschaftlichen Gründen. Zu DDR-Zeiten durfte nur auf 115 km des Rennsteigs gewandert werden, denn Anfang und Ende verliefen im innerdeutschen Grenzgebiet, zu dem DDR-Bürger nur mit Sondergenehmigung Zutritt hatten. Ein 14 km langer Teil des Rennsteigs gehört zu Bayern.

Steine zum Gedenken

Weiter wandert man zum 839 m hohen Berg **Pechleite.** Rechts am Weg steht der **Germar-Gedenkstein,** ein Quarzblock, an dem man 1925 eine Gedenktafel für Bruno von Germar anbrachte. Der hatte 1912 nachgewiesen, dass es sich bei diesem Stein um eine ehemalige Grenzmarkierung handelt. Entlang des Rennsteigs erinnern mehrere Steine an Persönlichkeiten. So steht gleich zu Beginn bei Hörschel nahe Eisenach der Julius-von-Plänckner-Stein. Von Plänckner war 1830 in fünf Tagen den gesamten Rennsteig entlanggewandert und hatte dafür 43,5 Std. benötigt. Seitdem gilt er als Vater der Rennsteigwanderung.

Weg mit Prädikat

Traditionell wird von West nach Ost gewandert, also von Hörschel nach Blankenstein im Frankenwald. Aber eigentlich bleibt es sich gleich, da es an beiden Enden zunächst langsam bergan geht und dann gut 100 km auf einer Höhe von 700 bis fast 1000 m. Seit 2000 ist der Rennsteig auch Radwanderweg, dessen Strecke oftmals vom historischen Rennsteig abweicht, um beispielsweise starke Steigungen zu vermeiden. Dadurch ist er etwa 30 km länger als der Fußwanderweg. Von Ende Mai bis Mitte Oktober sind

die besten Wandermonate, bereits Ende Oktober ist mit Schnee zu rechnen, der nicht selten bis Ende April liegen bleibt. Die Temperaturen – auch im Hochsommer – sind mit 16 bis 17 °C angenehm.

2008 bekam der Rennsteig das Zertifikat ›Qualitätsweg wanderbares Deutschland‹ verliehen. Die Maßstäbe dafür sind streng, so müssen mindestens 35 Prozent der Wanderstrecke naturbelassen sein und nicht mehr als drei Prozent sollten auf befahrbaren Straßen verlaufen. Um die Kriterien zu erfüllen, ließen sich die Touristiker sechs Alternativrouten einfallen, die mit einem blauen R markiert sind. Sie führen weg von Asphaltwegen und Straßen, hin zu naturnahen Wegen.

Drei Flüsse und ein Stein

Wer jedoch der Tradition treu bleiben möchte und die historische Strecke wandern möchte, folgt weiterhin dem weißen R. Und das führt auf dieser Tour nach **Friedrichshöhe**, zum Ende der DDR mit 32 Einwohnern die kleinste selbstständige Gemeinde der DDR und mit einem Schulgebäude, das bis 1961 die wohl letzte Einklassenschule der DDR beherbergte. Heute befindet sich in dem einstigen Schulgebäude im Erdgeschoss eine **Ausstellung** des Naturparks Thüringer Wald. Drei Kilometer weiter erreicht man den **Dreistromstein,** einen bedeutenden hydrografischen Punkt in Mitteleuropa. Die in der Umgebung entspringenden drei Bäche haben unterschiedliche Fließrichtungen: Rambach zur Elbe, Grümpen zum Main, Saar zur Weser. Die 1906 aufgestellte Dreikantpyramide besteht aus für die drei großen Flussgebiete typischen Gesteinen: Granit für die Elbe, Quarz für den Rhein und Grauwacke für die Weser.

Dem Dreistromstein gegenüber steht ein **Dreiherrenstein** von 1733, der die Grenze zwischen den früheren Kleinstaaten Sachsen-Coburg-Meiningen, Sachsen-Hildburghausen und Schwarzburg-Rudolstadt markierte.

Nach weiteren 2 km ist **Limbach** erreicht, das Ziel dieser kurzen, 12,1 km langen Tour. Auf der man sich übrigens, wie auf dem gesamten Rennsteig, mit ›Gut Runst‹ grüßt ...

Er erinnert an den aus Suhl stammenden Komponisten Herbert Roth (1926–1983), den bekanntesten Volksmusiker der DDR. Mit seiner Instrumentalgruppe Suhler Volksmusik und der Sängerin Waltraud Schulz trat er in rund 10 000 Veranstaltungen auf, bei unzähligen großen Fernseh- und Radiosendungen war er zu Gast. Etwa 2 Mio. Zuschauer saßen in Herbert-Roth-Konzerten. Roth komponierte das »Rennsteiglied«, die heimliche Thüringer Hymne. »Ich wand're ja so gerne am Rennsteig durch das Land ...« Am 15. April 1951 wurde es im ›Goldenen Hirsch‹ in Hirschbach bei Suhl zum ersten Mal gesungen, und auch nach rund sechs Jahrzehnten hat das Lied nichts von seiner Popularität eingebüßt.

Weitere thematische Wanderwege aus dem breiten Angebot sind verschiedene **Bergbauwanderwege**, der **Archäologische Wanderweg** und der **Gipfelwanderweg** (nähere Infos in der Touristinformation). An Suhl führt auch der **Rennsteig** vorbei. Die gesamte Strecke kann man in sechs bis acht Tagesetappen aufteilen (s. S. 176). Bekannt sind weitere, historisch belegte Rennsteige, hessische und fränkische, bayerische und schwäbische. Der in Thüringen aber ist der bekannteste.

Übernachten

Riesig – **Ringberg Hotel Suhl:** Ringberg 10, Tel. 03681 38 90, www.ringberghotel.de, 290 Zi., DZ/ÜF 98–148 €. Ein Riesenhaus, 7 km vom Stadtzentrum entfernt, allein stehend in 750 m Höhe auf dem Ringberg. Zimmer sind in unterschiedlichen Kategorien zu haben, mehrere Restaurants, Hallenbad, Saunalandschaft, ein großer Freizeitbereich sorgen für Wohlbefinden.

Persönlich – **Hotel Thüringen:** Platz der deutschen Einheit 2, Tel. 03681 76 76

www.hotel-thueringen-suhl.de, 124 Zi., DZ/ÜF 98–125 €. Mitten in der Innenstadt und doch im Grünen gelegen, den baulichen Gegebenheiten geschuldet, sind die Zimmer etwas klein, dafür mit allem Komfort ausgestattet. Besonders gefällt der persönliche Service.

Preiswert – **Jugend-, Sport- und Wanderhotel Friz:** Neundofer Str. 28, Tel. 036 81 791089, www.aktivhotel.de, 18 Zi., Ü/F ab 22 € p. P. im 6-Bett-Zimmer, DZ/ÜF 60–70 €. Preiswerte Übernachtungen in 2-, 4- und 6-Bett-Zimmern, alle sind zweckmäßig eingerichtet, mit DU/WC.

Essen & Trinken

Elegant – **Philharmonie:** im Ringberg Hotel Suhl (s. o.), tgl. geöffnet, Hauptgerichte 8–22 €. Hier speisen nicht nur die Hotelgäste, denn das elegante Restaurant hat einen guten Ruf. Aus einem vielfältigen Speiseangebot regionaler und internationaler Köstlichkeiten kann gewählt werden.

Wildspezialitäten – **Goldener Hirsch:** An der Hasel 9, OT Nenndorf im gleichnamigen Hotel, Tel. 03681 795 90, www.goldener-hirsch-suhl.de, tgl. geöffnet, Hauptgerichte 9–18 €. Eine zünftige Gaststube empfängt den Gast, ein romantischer Biergarten im Innenhof, wohlschmeckende Wildgerichte, beispielsweise Hirschbraten in Rotweinsauce mit Preiselbeeren, Rotkohl und Klößen.

Einkaufen

Einkaufsvielfalt – **Lauterbogen Center:** Friedrich-König-Str., www.lauterbogen-center.de. Einkaufszentrum mitten in der Stadt mit rund 40 Fachgeschäften, Gastronomie und Dienstleistern.

Aktiv & Kreativ

Baden – **Ottilienbad:** Friedrich-König-Str. 7, Tel. 03681 78 83 08, www.ottilienbad.de, tgl. geöffnet. Kerzen am Beckenrand – den Romantikabend jeden 2. Do im Monat von 18–21 Uhr (Nov.–März) mögen nicht nur Verliebte. Das Ottilienbad bietet ein Freizeitbecken mit 50-m-Schwimmbahnen für Sportliche, Sauna- und Kinderbadelandschaft, Fitnesskurse und Wellness-Angebote.

Sterne beobachten – **Sternwarte und Planetarium:** Am Hoheloh 1, Tel. 03681 72 35 56, www.suhler-sternfreunde.de. Jeden Mi während der Sommerzeit 16, sonst 19 Uhr steht die Planetariumsvorführung »Der aktuelle Sternenhimmel« auf dem Programm. Jeden 2. und letzten Sa im Monat Vorführungen zu wechselnden Themen. Bei günstiger Witterung beobachtet man anschließend am 40-cm-Cassegrain-Spiegelteleskop und am 11-cm-Refraktor den Mond, die Planeten sowie ferne Galaxien.

Schießen – **Schießsportzentrum:** Auf dem Friedberg, Tel. 03681 88 40, www.ssz-suhl.com. Eine der weltbesten Trainings- und Wettkampfstätten, steht auch Freizeitschützen zur Verfügung.

Infos & Termine

Information

Touristinformation: Friedrich-König-Str. 7 (im Congress Centrum Suhl), 98527 Suhl, Tel. 03681 78 84 05, www.suhl-tourismus.de

Verkehr

Bahnen fahren nach Arnstadt, Erfurt, Meiningen, Oberhof und Zella-Mehlis, **Busse** nach Bad Salzungen, Meiningen, Oberhof, Schleusingen, Schmalkalden sowie Sonneberg. Im Stadtverkehr gibt es mehrere **Buslinien.**

Termine

Heinrichser Maifest: letztes Maiwochenende. Mittelalterliches Spektakel mit Spiel und Gesang.

Unser Tipp

Blütenpracht und Blaubeeren
Die Zuschauer des MDR haben das **Vessertal** (▶ D 5) in einer Umfrage zum schönsten Tal Mitteldeutschlands gekürt. Die Bergwiesen schmücken sich mit dem insektenfressenden Sonnentau und der zierlichen Rosmarinheide, Blaubeeren kommen in Hülle und Fülle vor, die Blindschleiche fühlt sich hier ebenso wohl wie das Braunkehlchen und der Wiesenpieper. In den Kernzonen kann sich die Natur frei entfalten, hier haben sich urwaldähnliche Bergmischwälder entwickelt. Der größte Teil der Landschaft wurde zum Biosphärenreservat erklärt. Namensgeber ist das 220 Einwohner zählende Dorf Vesser, 15 km östlich von Suhl. Als beste Wanderzeit gelten die Monate Mai bis Oktober. Besonders romantisch: sich an einem Bergbach auf einen Baumstumpf setzen, dem Rauschen des Wassers lauschen und das bunte Treiben über der Wasseroberfläche beobachten (www.biosphaerenreservat-vessertal.de, www.vesser.de).

Dombergfest: 1. Wochenende nach der Sommersonnenwende. Volksfest auf dem Hausberg von Suhl.

Ilmenau ▶ D 5

»Ich war immer gerne hier und bin es noch; ich glaube, es kommt von der Harmonie, in der hier alles steht ...«, schrieb Goethe 1795 aus Ilmenau an Friedrich Schiller. Er musste es wissen, denn er besuchte die Stadt (heute 25 800 Einw.) 28-mal. Gewohnt hat Goethe während seiner Ilmenauer Besuche, die in seiner Funktion als Minister erfolgten, meist im herzoglichen Amtshaus (1756) am Markt.

Goethestadt-Museum

Markt, Tel. 03677 60 01 07, tgl. 10–17, jeden 1. Do im Monat bis 20 Uhr, 3 / erm. 1,50 €

Die Ilmenauer bezeichnen das Amtshaus oft als Schloss, weil in dem Gebäude nicht nur Goethe, sondern auch die Herzöge von Sachsen-Weimar-Eisenach abstiegen, wenn sie in der Stadt weilten. In der Ausstellung geht es nicht nur um Goethe, sie gibt ebenfalls Einblicke in die Stadtgeschichte mit ihrer Glas- und Porzellanherstellung sowie in den Bergbau. An Hörstationen ist Goethes Lyrik in verschiedenen Sprachen zu hören, und eine Webcam überträgt live die schöne Aussicht vom Kickelhahn, dem Entstehungsort von »Wanderers Nachtlied«, ins Museum.

Marktplatz

Am Markt befindet sich auch das **Rathaus** (17. Jh.), das durch sein schönes, original erhaltenes Renaissanceportal nicht zu übersehen ist. Auf dem Platz plätschert seit Mitte des 18. Jh. der **Brunnen** mit der Wasser speienden Henne. Heutzutage geht es hier und in

den umliegenden Gaststätten oft lebhaft zu, denn in Ilmenau studieren rund 6000 junge Leute. 1992 erhob man das Ende des 19. Jh. gegründete ›Thüringische Technikum für Maschinenbau und Elektrotechnik‹ in den Rang einer Universität.

Wanderungen um Ilmenau

Viele Wanderwege führen in die Umgebung, am beliebtesten ist der 18 km lange **Goethe-Wanderweg** von Ilmenau nach Stützerbach. Der führt auch zum **Kickelhahn,** dem Hausberg der Ilmenauer. Am Abend des 6. September 1780 hatte Johann Wolfgang von Goethe an die Bretterwand der dort stehenden Hütte seine unsterblichen Verse »Über allen Gipfeln ist Ruh ...« geschrieben. 1870 brannte die Hütte ab, wurde aber vier Jahre später originalgetreu wieder aufgebaut.

Neben der Hütte entstand auf Anregung von Großherzogin Maria Pawlowna von Sachsen-Weimar-Eisenach ein Aussichtsturm.

Nach etwa 15 Gehminuten von dort ist das Jagdhaus Gabelbach erreicht, heute eine Goethe-Gedenkstätte, weil der Dichter oft in Begleitung seines Herzogs Carl August in dem spätbarocken Holzbau weilte (Tel. 03677 60 03 00, Di–So April–Okt. 10–17, Nov.–März 10–16 Uhr, 2 / erm. 1 €). Das schlichte Haus hatte Herzog Carl August 1783 in Eile errichten lassen, denn er wollte dem zur Jagd eingeladenen Herzog von Kurland eine ansprechende Unterkunft bieten.

Übernachten

Beliebt – **Romantik Berg- und Jagdhotel Gabelbach**: Waldstr. 23 a, Tel. 03677 86 00, www.romantikhotel-gabelbach. com, 91 Zi., DZ/ÜF 110–130 €. Ein sehr beliebtes Hotel zum Relaxen in ruhi-

Auf den Spuren eines großen Dichters: Goethe-Wanderweg bei Ilmenau

ger, abseitiger Waldlage, Hallenbad mit 30 °C warmem Wasser, Fitnessraum, Bowling, Sauna.

Zentral – **Hotel Tanne:** Lindenstr. 38, Tel. 03677 65 90, www.hotel-tanne-thueringen.de, 111 Zi., DZ/ÜF 84–98 €. Ideale Lage am Ende der Fußgängerzone des Städtchens, modern und freundlich eingerichtete Zimmer und Appartements.

Freundlich – **Hotel-Pension Melanie:** Heinrich-Heine-Str. 3, Tel. 03677 20 52 90, www.pension-melanie.de, DZ/ÜF ab 66 €. Gastfreundliche kleine Pension nah am Wald und den Wanderwegen sowie nah dem Zentrum, zwölf

moderne Zimmer, das Frühstück wird im hellen Wintergarten gereicht.

Essen & Trinken

Edel – **La Cheminée:** im Berg- und Jagdhotel Gabelbach, Tel. 03677 86 00, www.romantikhotel-gabelbach.com, abends geöffnet, So und Mo geschl., Hauptgerichte 22–28 €. Am offenen Kamin wird gespeist, vorzügliche Gerichte aus der Frische-Küche.

Viel Fisch – **Gasthof Teichcafé:** Am Großen Teich 1, Tel. 03677 84 02 10, www.teichcafe.com, tgl. geöffnet,

und Café. Im Angebot sind reizvolle und ausgefallene Geschenke u. a. aus der afrikanischen Heimat des Inhabers, auch 340 Sorten Tee.

Aktiv & Kreativ

Reiten – **Reiterhof Oberpörlitz:** Unterpörlitzer Landstr. 54a, Oberpörlitz (4 km nördl. von Ilmenau), Tel. 03677 628 07, www.reiterhof-oberpoerlitz. de. Eine Reithalle, zwei Außenplätze und ein ausgesprochen reizvolles Ausreitgelände stehen zur Verfügung. Termine für Reitstunden für Kinder und Erwachsene.

Rodeln – **Freizeit-Rennschlittenbahn ›Wolfram Fiedler‹:** Steinstr. 61, Tel. 03677 20 27 26, Mo geschl. Im Sommer wie im Winter wird auf der 460 m langen Rennschlittenbahn mit acht Kurven gerodelt.

Infos & Termine

Information
Touristinformation: Am Markt 1, 98693 Ilmenau, Tel. 03677 60 03 00, www. ilmenau.de

Verkehr
Bahnen fahren von und nach Arnstadt und Erfurt, **Busse** nach Erfurt und Weimar über Bad Berka, die Wandererlinie 300 zum Rennsteig. Im **Stadtverkehr** fahren Busse.

Termine
Jazztage: vier Tage im April. Jazz in der ganzen Stadt an unterschiedlichen Aufführungsorten.
Altstadtfest: 1. Juniwochenende. Die ganze Stadt ist auf den Beinen.
Kickelhahnfest: letzter Augustsonntag. Volksfest auf dem Hausberg von Ilmenau.

Okt.–Febr. nur Fr–So, Hauptgerichte 8–14 €. Was liegt näher für eine Gastwirtschaft am Teich, als frischen Fisch zu servieren? Fisch in allen Varianten, auch geräuchert. Einige Gerichte gibt es auch für Fleischesser und Nicht-Fleischesser. Eingelegte Bratheringe sind ständig im Angebot, auch zum Mitnehmen.

Einkaufen

Exotisch – **Arche:** Straße des Friedens 28, Tel. 03677 89 47 11, www.arche-ilmenau.de, Mo–Sa. Verkaufsgalerie

Oberes Werratal

Highlights !

Ausflug zum Bergwerk Merkers: Eine spannende Reise führt in 500 bis 800 m Tiefe zur Goldkammer. In der Kristallgrotte erlebt der Besucher die eigens für diesen Raum komponierte Musik-Licht-Installation. S. 191

Altstadt von Schmalkalden: Beeindruckende Fachwerkbauten, die spätgotische Stadtkirche und die Wilhelmsburg, das traditionsreiche Lutherhaus und kopfsteingepflasterte Gassen machen die Stadt zu einer der schönsten in Thüringen. S. 195

Auf Entdeckungstour

Ein Künstler auf dem Thron in Meiningen: Im Theatermuseum haben sich viele Requisiten aus der Zeit des Theaterherzogs erhalten. Im nahen Schloss Elisabethenburg steht die Suite offen, in der Herzog Georg II. mit seiner dritten Ehefrau lebte, und auf ihren Gräbern liegen meist frische Blumen. Vieles in Meiningen erinnert an den Künstler auf dem Thron, der das Theaterspielen revolutionierte. S. 200

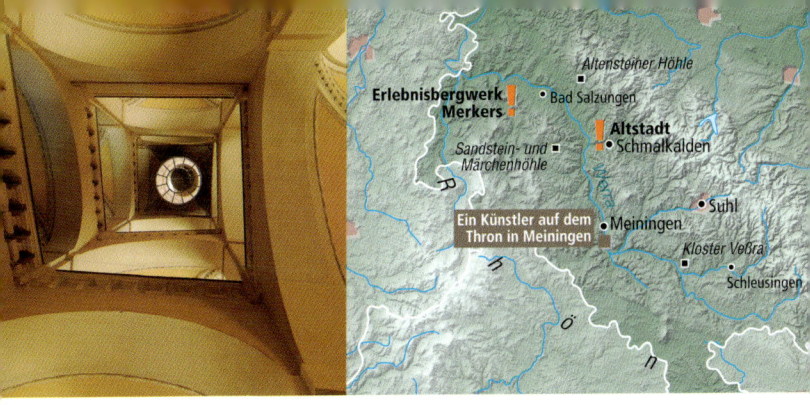

Kultur & Sehenswertes

Sandstein- und Märchenhöhle: Menschenhände haben das unterirdische Labyrinth in Walldorf geschaffen, in dem sich heute nicht nur Kinder an Märchenbildern erfreuen. S. 199

Hennebergisches Museum Kloster Veßra: Gebäude aus der Klosterzeit und regionale Fachwerkhäuser geben Einblick in die Wohn- und Arbeitsweise vergangener Generationen. S. 206

Aktiv & Kreativ

Rhönwanderungen: Bestens ausgeschilderte Wanderwege laden zur aktiven Erholung ein, aber auch Radwandern etwa gehört an der Rhön zum Angebot. S. 188

Keltenbad, Bad Salzungen: Wie im Toten Meer schwerelos auf dem Wasser liegen und bei einer Wassertemperatur von 34 °C die Lichttherapie und Musik genießen. S. 190

Genießen & Atmosphäre

Höhlenkonzerte: In der Altensteiner Höhle kann man wie die Herzöge von Sachsen-Meiningen Konzerte verschiedenster Art genießen. S 195

Barock-Café Ernestiner Hof: Feinste Torten, Kuchen und Pralinen machen die Kaffeestunde in Meiningen zum Erlebnis. S. 204

Abends & Nachts

Theater Meiningen: Das Haus mit dem offiziellen Namen ›Südthüringisches Staatstheater‹ ist die Wiege des modernen Regietheaters. Bis heute überrascht es immer wieder mit eigenwilligen Inszenierungen. S. 204

Cowboy-Fete: Jedes Jahr Ende Juli geht am Bergsee Ratscher bei Schleusingen die Post ab. Etwa 20 000 Western-Freaks treffen sich zur wohl bedeutendsten Veranstaltung dieser Art in Deutschland. S. 205

Flache Kuppen, schmucke Häuser, offene Fernen

Von den zahlreichen Kuppen schweift der Blick weit über die flachwellige Landschaft nach Hessen, Bayern und zum Thüringer Wald. Als ›Land der offenen Fernen‹ wird die Rhön oft bezeichnet. Bereits im Mittelalter wurden die Wälder rücksichtslos gerodet, um Weiden für Schafe und Ziegen zu schaffen. Ein Teil des Mittelgebirges, die Vorderrhön, bildet den südwestlichsten Teil von Thüringen.

Im Norden und Osten wird sie von der Werra begrenzt. Links und rechts des Flusses siedelten sich fachwerkbunte Städte und Dörfer an, unter denen Schmalkalden herausragt. Manche ›Perle‹ aus den Dörfern haben sich Museologen herausgepickt und in das Freilichtmuseum Kloster Veßra umgesetzt, damit sie auch kommenden Generationen erhalten bleiben. Das kulturelle Zentrum dieser Region bildet Meiningen, berühmt geworden durch den »Theaterherzog«, der frischen Schwung in Europas Theaterlandschaft gebracht hat. Wer noch mehr Kultur genießen möchte, fährt in das 10 km von Meiningen entfernte Bauerbach zum Schillermuseum (s. S. 52) und besucht auf der dortigen Naturbühne ein von den Dorfbewohnern gespieltes Schiller-Stück.

Infobox

Auskunft
Thüringer Rhön: Rhönforum e. V., Marktplatz 29, 36419 Geisa, Tel. 036 967 594 82, www.thueringerrhoen. de **Werratal:** Werratal Touristik e. V., Am Flößrasen 1, 36433 Bad Salzungen, Tel. 03695 69 34 20, www.werratal.de

Anreise und Weiterkommen
Bahnverbindungen in die Thüringer Rhön bestehen nicht, **Autofahrer** nutzen die B 84 oder die B 285, die im Westen beziehungsweise Osten an der Thüringer Rhön entlangführen. Die im Werratal liegenden Städte haben guten **Bahnanschluss,** von Erfurt nach Meiningen besteht eine IC-Verbindung.
Infos über die **Busverbindungen** in der Rhön: www.vgwak.de; in Südthüringen: www.fahrplan-suedthueringen. de; in Meiningen und Umgebung: www.mbb-mgn.de; in Hildburghausen: www.lvk-hildburghausen.de.

Die Vorderrhön ▶ B 4/5

Ausgedehnte Wiesen überziehen die buckelförmigen Basalterhebungen, die von unzähligen Wanderwegen geteilt werden. Zu DDR-Zeiten gehörte die Vorderrhön mit ihrem rauen Klima zu den stillsten Regionen des ›Arbeiter- und-Bauern-Staates‹. Mehr als 40 Jahre endeten viele Wege und Straßen an der innerdeutschen Grenze. Seit der deutschen Einheit verbinden sie wieder wie einst die Orte der thüringischen Vorderrhön mit denen in Hessen und Bayern.

Große Städte und Industrie hat die Rhön nicht vorzuweisen, ihr Kernbereich steht als Biosphärenreservat unter dem Schutz der UNESCO. Der mehr als 2000 Jahre alte Name Rhön stammt von den Kelten, was soviel wie Berg oder Höhenzug bedeutet.

Vacha

›Die bunte Stadt vor der Rhön‹ nennt sich Vacha (4000 Einw.) gerne. Das im Werratal liegende Städtchen bildet das nördliche Tor zur Vorderrhön. Mehr als vier Jahrzehnte war Vacha für Touristen unerreichbar, denn die Stadt lag im DDR-Grenzgebiet und durfte von Ortsfremden nur mit einer Sondererlaubnis betreten werden. Den lang gestreckten **Markt** beherrscht die imposante, 1613 erbaute **Widemark,** benannt nach dem einstigen Bauherrn Caspar von Widemarker, dem Statthalter für Landgraf Moritz von Hessen-Kassel in Vacha. Der dreigeschossige Fachwerkbau mit dem **Vitusbrunnen** (1613) davor wird seit 1911 als Rathaus genutzt. Den Marktplatz zieren weitere denkmalgeschützte Fachwerkbauten.

Aus dem Mittelalter haben sich nahe dem Markt Reste der **Burg Wendelstein** erhalten, die das **Heimatmuseum** beherbergt. In dem sind Frau Elster, Herr Fuchs, Pittiplatsch, Schnatterinchen und andere beliebte Figuren des DDR-Kinderfernsehens heute die Stars. Sie gehören zu der rund 2500 Objekte umfassenden Puppensammlung. Beliebt sind Blicke in Uromas Küche und in die Bauernstube (Tel. 036962 227 44, www.museum-vacha. de, Di–Fr 10–17, Sa, So ab 14 Uhr, 3 €).

Dermbach

Der Ort (3100 Einw.) schmückt sich mit zwei schönen **Barockkirchen** aus dem 18. Jh. Im **Museum** wird auch über den Rhönpaulus informiert, eine legendäre Person, die im 18. Jh. die Reichen bestahl und die Armen beschenkte (Tel. 036964 862 86, www.museum-dermbach.de, 9–17, So 14–17 Uhr, Nov./Dez. So geschl.).

Geisa

14 km in westlicher Richtung ragt aus dem Stadtbild von Geisa (4700 Einw.)

die Anfang des 16. Jh. geweihte katholische **Stadtpfarrkirche St. Philippus und Jacobus** heraus, aus deren Turm mehrmals am Tag ein Carillon mit 49 verschiedenen Bronzeglocken erklingt (11, 15, 19 Uhr).

3 km westlich von Geisa befand sich **Point Alpha,** der wichtigste US-Beobachtungsstützpunkt in der Zeit des Kalten Krieges. Zur heutigen Gedenkstätte gehören auch Reste von Sperranlagen der deutsch-deutschen Grenze (www.pointalpha.com, April–Okt. tgl. 9–18, Nov., März tgl. 10–17, Dez.–Febr. Di–So 10–16.30 Uhr, 4 / erm 3 €).

Zella

Wer sich für Kirchen interessiert, wird die weithin sichtbare, aus rotem Sandstein erbaute **Propsteikirche** (1727–1732) in Zella besuchen, die eine reich geschmückte Fassade besitzt. Ebenso reich ist das Innere ausgestattet.

Kaltennordheim

In Kaltennordheim (1900 Einw.) hat im **Torturm des Amtshofes** der Rhönpaulus 1780 auf seine Hinrichtung gewartet. Südöstlich von Kaltennordheim ragt die höchste Erhebung der Vorderrhön auf, der 751 m hohe **Gebaberg**.

Übernachten, Essen

Keltisch – **Keltenhotel:** Goldene Aue, Sünna (▶ B 5), Tel. 036962 26 70, www. keltenhotel.de, tgl. geöffnet, 22 Zi., DZ/ÜF 59–69 €, Hauptgerichte 11–15 €. Eine hübsche Idee ist es, sich der keltischen Wurzeln zu besinnen. Bezaubernd die ausgesprochen ruhige Lage am Waldrand. Die modernen Zimmer haben teils einen Balkon. Beheizter Außenpool und im Restaurant keltische und Rhöner Küche. Unterhalb des Hotels lädt in den Sommermonaten das Keltendorf zu verschiedenen Aktivitäten wie Weben, Schmieden, Bogenbauen ein.

Aktiv & Kreativ

Wandern – **Hochrhöner:** www.rhoen.de. Der Premium-Wanderweg über 180 km führt von Bad Kissingen nach Bad Salzungen durch das Biosphärenreservat Rhön, ein großes Stück verläuft durch die Thüringer Rhön. Auch kürzere Etappen sind möglich.
Radeln – **Rhönradweg:** www.rhoen.de. Der Radweg führt von Bad Salzungen nach Hammelburg über 180 km durch Thüringen, Bayern und Hessen. Die genannten Orte bieten gute Einstiege.

Infos & Termine

www.dermbach.info und **www.stadt-geisa.de:** Alle Infos zu den Orten. **Himmelfahrts- und Fronleichnamsprozessionen:** Jahrhundertelange Traditionen werden auch in unserer Zeit in Geisa aufrechterhalten.

Das Werratal entlang

Die Werra ist ein Fluss mit zwei Quellen. Am **Zeupelsberg** bei Fehrenbach liegt in 797 m Höhe die eine, die zweite findet sich in 800 m Höhe am **Bleßberg** bei Siegmundsburg. Das sollte man wissen, um sich nicht über die Angaben zur Flusslänge zu wundern, die zwischen 292 und 298 km variiert. Der **Werratal-Radweg** (www.werra tal.de) verbindet die meisten Orte links und rechts des Flusses. Zu DDR-Zeiten war die Werra berüchtigt, niemand warf seine Angel hinein oder nahm in ihr im Sommer gar ein erfrischendes Bad. Die Kali-Industrie hatte mit ihren Abwässern den Fluss in eine Kloake verwandelt. Der hohe Salzgehalt des Wassers nahm vielen Tieren Lebensraum. Das hat sich nach der Einheit verändert. An der Werra wird wieder gewandert, geradelt und geangelt.

Bad Salzungen ▶ B 4/5

Hübsche Fachwerkhäuser, Salzsieder- und Pfännerhäuschen, der Burgsee mit einer schönen Uferpromenade und Teile der ehemaligen **Stadtmauer** machen Bad Salzungen zu einem schmucken Städtchen (16 000 Einw.).

Heute wie im vorigen Jahrhundert schätzen die Gäste das Gradierwerk von Bad Salzungen

Gradierwerk

Die Attraktion des Ortes im Werratal ist zweifellos das 1901 errichtete **Gradierwerk** in Bahnhofsnähe mit dem **Gradiergarten,** das 1906 um Trinkhalle und Musikpavillon ergänzt wurde. Nach der Rekonstruktion Anfang der 1990er-Jahre ist auch der im hennebergisch-fränkischen Fachwerkstil errichtete Mittelbau wieder schön anzuschauen, heute beherbergt er ein **Café.**

Wie schon im vorigen Jahrhundert rieselt in den beiden je 80 m langen Gradierwerken die Sole über Schwarzdornwände herab, durch die die Gäste in weiße Leinenumhänge gehüllt wandeln. Das historische Ensemble verband man geschickt mit dem aus drei Rundbauten bestehenden neuen **Keltenbad**.

Unterstadt

Auf dem Weg zum Marktplatz bietet sich ein Abstecher in die **Silge** und den **Halben Mond** an, die mit ihren Gassen zu den ältesten Winkeln von Salzungen gehören. Hier, in der Unterstadt, hatten die Salzsieder ihre einfachen Häuser. Anfang des 14. Jh. gab es elf Salzsiedereien, seit dem 19. Jh. wird die in 130 m Tiefe erbohrte Sole für Heilzwecke genutzt. Die Salzvorkommen und die Solequellen haben die Stadt an der Werra aufblühen lassen.

Mein Tipp

Im Salztopf entspannen

Schwerelos auf dem Wasser liegen und bei einer Wassertemperatur von 34 °C die Lichttherapie und Musik genießen. »Salztopf« wird das 6-Meter-Becken im **Bad Salzunger Keltenbad** genannt, dessen 15-prozentige Sole für einen ähnlichen Auftrieb wie im Toten Meer sorgt. Im 25 m langen Hauptbecken des Keltenbades hat das Wasser eine Solekonzentration von 2 Prozent. Rundum befindet sich eine Galerie mit Liegestühlen, von denen sich das Geschehen im Wasser beobachten lässt. In eine mystische Welt entführt die Saunalandschaft mit Druiden-, Wald-, Steinofen und Soledampf-Schwitze. Der Name Keltenbad bezieht sich auf die Kelten, die bereits vor rund 2500 Jahren die hier vorkommende Sole als Gesundheitstherapie nutzten (tgl., Tel. 03695 69 24 20, www.keltenbad.de).

Markt und Burgsee

Den Markt prägen das schlichte barocke **Rathaus** (1790) und der **Marktbrunnen** (1997). Das Bild der Altstadt erhält seinen Reiz von Fachwerkhäusern, zu dessen schönsten die **Kinderklinik Charlottenhall** (1887) in der Mathilde-Wurm-Straße gehört. Idyllisch im Herzen der Stadt, wenige Schritte vom Marktplatz entfernt, breitet sich der aus einem Erdfall entstandene, rund 25 m tiefe **Burgsee** mit dem **Kurhaus** (1939) aus. Der See kann auf einer Promenade umwandert werden oder man kurvt im Sommer über das Wasser und lässt sich zum Abschluss von der hoch aufschießenden Fontäne nass spritzen.

Wandern auf dem Pummpälzweg

Ein kleiner Kobold, der Pummpälz, lädt in sein Reich. 27,3 km lang ist der landschaftlich reizvolle Wanderweg von der Burgruine Frankenstein bei Bad Salzungen zur Wartburg. An 22 sagenhaften Orten markieren Holzskulpturen den Weg, Tafeln erzählen von den Sagen Ludwig Bechsteins und Christian Ludwig Wuckes (Tel. 03695 62 05 80, www.pummpaelz.de).

Übernachten

Zentral – **Salzunger Hof:** Bahnhofstr. 41, Tel. 03695 67 20, www.salzunger-hof.de, 71 Zi., DZ/ÜF 80–90 €. Zentrale Lage in der Nähe der Kuranlagen, behagliche Zimmer in unterschiedlichen Kategorien, viele verfügen über einen Balkon.

Essen & Trinken

Alles Kartoffel – **Kartoffelkäfer:** Silge 11, Tel. 03695 60 62 04, www.kartoffelkaefer.net, tgl. geöffnet, Hauptgerichte 8–14 €. Ein urgemütliches Wirtshaus mit Kartoffelspezialitäten, sechs Biersorten vom Fass und erlesenen Weinen.

Von Frühstück bis Abendessen – **Café Bein:** Am Markt 4, Tel. 03695 60 32 12, www.cafe-bein.de, tgl. geöffnet, Hauptgerichte 5–12 €. Mit dem Frühstück beginnt der Tag, ein tgl. wechselndes Tagesessen, Gerichte für den kleinen Hunger und ein breites Angebot an Kuchen und Torten.

Abends & Nachts

Kleinkunst – **Haunscher Hof:** Unter den Linden 4, Tel. 03695 85 28 40, www.kunsthaushh.de. Rühriger Kulturverein, der jeden Samstag Kleinkunst-Veranstaltungen wie Konzerte, Jazz oder Club-Kino organisiert.

Infos & Termine

Information
Kurverwaltung Bad Salzungen: Am Flößrasen 1, 36433 Bad Salzungen, Tel. 03695 69 34 20, www.badsalzungen. de, www.keltenbad.de

Verkehr
Von und nach Eisenach verkehrt die **Regionalbahn**. **Busse** fahren u. a. nach Bad Liebenstein, Eisenach, Kaltennordheim, Vacha, in den Thüringer Wald, nach Gotha, Schmalkalden und Suhl.

Termine
Stadtfest: letztes Juniwochenende. Buntes Treiben für Jung und Alt. **Seefest:** 3. Augustwochenende. Akrobatik, Köstlichkeiten vom Grill, Kinderfest und am Ende ein Feuerwerk.

Ausflug zum Bergwerk Merkers! ▶ B 4

*Anmeldung Tel. 03695 614101, www.erlebnisbergwerk.de, Führungen Di–So 9.30, 13.30, Dez.–März Di–Sa 9.30, 13.30, So nur 13.30 Uhr; März–Nov. Erw. 20 / erm. 15 / Familienkarte 46 €, Dez.–Febr. Erw. 18 / erm. 13 / Familienkarte 41 €
Kinder unter 10 Jahren dürfen nicht teilnehmen*
Eine spannende Reise führt in dem einst reichsten Bergwerk der Welt bis zu 800 m unter die Erdoberfläche: Gegen Ende des Zweiten Weltkrieges lagerten in Merkers die Gold- und Devisenbestände der Deutschen Reichsbank sowie umfangreiche Kunstschätze aus Berliner Museen.

Ausgestattet mit Grubenhelm und Schutzkleidung, saust man im Förderkorb in die Tiefe. 2,5–3 Std. dauert die Führung im Erlebnisbergwerk bei ganzjährig angenehmen Temperaturen von 21–28 °C. Im Museum unter Tage erfährt man viel über die wechselvolle Geschichte der Kali-Industrie an der Werra. Weiter geht es zum **Goldraum,** in dem im April 1945 die US-amerikanischen Generäle Dwight D. Eisenhower, Omar N. Bradley und George S. Patton standen. Sie wollten die von den Nationalsozialisten eingelagerten Schätze selbst betrachten. Die Luftaufklärung der Alliierten hatte ganze Arbeit geleistet, kaum waren die Goldbarren und Kunstwerke unter Tage und der Stollen vermauert, wusste die US-Armee davon. Einen Schatz besonderer Art hat die Natur in der **Kristallgrotte** geschaffen: funkelnde, bis zu 1 m lange Salzkristalle. Eine eigens für die Grotte komponierte Musik-Licht-Installation fasziniert wohl jeden Besucher.

Das Bergwerk in Merkers hatte im Jahre 1925 als größtes seiner Art auf der Welt den Betrieb aufgenommen. Das Stollenlabyrinth, das sich bis zur hessischen Landesgrenze ausdehnt, besitzt eine Länge von kaum vorstellbaren 4000 km.

Bad Liebenstein ▶ C 4

Im 17. Jh. ließ der Liebensteiner Herr von Stein die heilenden Quellen am Rand des Thüringer Waldes fassen, und seitdem kommen Kurgäste – der Meininger Herzog gehörte ebenso dazu wie Goethe und Jean Paul. Bad Liebenstein (4100 Einw.) kann sich rühmen, Thüringens ältestes Heilbad zu sein. »Kein Wiesbaden, kein Schwalbach oder Ems war der Kur so viel wert als Liebenstein«, urteilte der Meinin-

Lieblingsort

Juwel der Parkgestaltung

▶ C 4

Weite Sichtachsen, schroff abfal-
lende Steilhänge, gepflegte Park-
wege, lauschige Plätzchen … Der
Park Altenstein gehört wahrlich
zu den schönsten seiner Art in
Deutschland. In ihm flanierten
einst die Großherzöge von Sachsen-Meiningen mit ihren Familien.
Aber nicht nur. Im Gegensatz zu
anderen fürstlichen Parks war die
Altensteiner Anlage immer der All-
gemeinheit zugänglich. Bei der
Teufelsbrücke genießen wir die
schöne Aussicht, später lauschen
wir dem Plätschern der Fontäne
und können uns im Herbst an der
prächtigen Laubfärbung auch dies-
mal nicht satt sehen. Ein Blick auf
die Sonnenuhr – die Zeit ist wieder
wie im Flug vergangen (jederzeit
kostenloser Zutritt, www.schloss-
altenstein.de, s. S. 194).

ger Arzt Dr. Jahn Ende des 18. Jh. Das 1800 errichtete Comödienhaus ist schon lange **Kurtheater,** über der Heilquelle wurde 1816 daneben ein **Brunnentempel** gebaut. Die Burg oberhalb des Ortes ist bereits seit mehr als drei Jahrhunderten zur Ruine verfallen.

Villen

Der Erbprinz Georg von Sachsen-Meiningen ließ sich 1860–1862 oberhalb des Kurviertels die heute als Café und Restaurant genutzte **Villa Feodora** (Friedensallee 4, s. u.) im Schweizer Landhausstil erbauen, die er nach seiner zweiten Frau benannte, der Prinzession Feodora von Hohenlohe-Langenburg. 1872 kam im Stil eines englischen Landhauses die heute ebenfalls Restaurant gewordene **Villa Georg** hinzu (Friedensallee 12), die er für seine Gemahlin Ellen Franz, die spätere Freifrau von Heldburg, als Sommerresidenz errichten ließ.

Schloss Altenstein

Gemeinsam verbrachte das Meininger Herzogshaus die Sommermonate im etwa 3 km entfernten **Schloss Altenstein** (www.nothnfr.de), das 1888–1890 im Stil eines englischen Herrenhauses errichtet wurde und das ein romantischer **Landschaftspark** umgibt (s. S. 192). 1982 vernichtete ein Brand die gesamte baugebundene Innenausstattung des Schlosses.

Altensteiner Naturhöhle

Tel. 036961 712 16, Führungen April–Okt. Mo–Mi, Fr 10–17, Sa, So bis 18 Uhr, Nov., Dez., Febr., März Mo–Mi, Fr 12.30 bis 16.30, So 10–16.30 Uhr, 4 €
Als der Meininger Herzog eine Straße zu seinem Schloss Altenstein anlegen ließ, entdeckten Bauarbeiter 1799 die Naturhöhle. Sie ist auf 270 m Länge begehbar, wegen der guten Akustik sind die ursprünglich von den Meininger Herzögen initiierten Höhlenkonzerte heute noch sehr beliebt.

Übernachten

Herzoglich – **Hotel Herzog Georg:** Herzog-Georg-Str. 36, Tel. 036961 550, www.herzog-georg-hotel.de, 38 Zi., DZ/ÜF 85–90 €. Stilvoll eingerichtete Zimmer im familiär geführten Hotel. Eine Saunalandschaft und ein Kosmetikstudio erwarten die Gäste.
Kaiserlich – **Kultur.Hotel Kaiserhof**: Esplanade 9, Tel. 036961 733 70, www.kulturhotel-kaiserhof.de, 70 Zi., DZ/ÜF 85–99 €. Der Kaiserhof gehört zum historischen Kurviertel, nach langen Jahren des Verfalls ist er erst vor wenigen Jahren aus dem Dornröschenschlaf erweckt worden und in alter neuer Schönheit wiedererstanden. Die Zimmer sind hell und von moderner Geradlinigkeit, manche sind von historischen Holzbalken durchzogen.

Essen & Trinken

Alpenflair – **Villa Feodora:** Friedensallee 4, Tel. 036961 333 33, www.villafeodora.de, Mo, Di geschl., Hauptgerichte 11,50–19,50 €. Die reizvolle Villa im alpenländischen Stil mit großer Terrasse erhebt sich oberhalb des Kurparks: Es wird Thüringer Küche angeboten und es werden auch Gerichte für den kleinen Hunger serviert.

Aktiv & Kreativ

Baden – **Kurhaus:** tgl. geöffnet. Ein Schmuckstück ist das neue Kurhaus geworden. Schwimmen, Saunieren, Entspannungsbäder, weitere Gesundheitsangebote und Kuranwendungen. Infos über Touristinformation.

Reiten – **Reiterhof Wagner Bad Liebenstein:** Barchfelder Str. 43, Tel. 036961 697 41, www.reiterhof-badliebenstein.de. Reitunterricht, Ausritte, Therapeutisches Reiten mit Haflingern, Thüringer Reitpferden und Schweren Warmblütern.

Abends & Nachts

Kulturelles – **Kurtheater:** Regelmäßig Aufführungen und Veranstaltungen von Ensembles aus Thüringen. Tickets über die Touristinformation.
Kleines Format – **Kultur.Hotel Kaiserhof:** im gleichnamigen Hotel (s. o.). Das Hotel macht seinem Namen alle Ehre. Regelmäßig finden Kleinkunst-Veranstaltungen und Weinverkostungen mit Programm statt.
Musik – **Höhlenkonzerte:** Tel. 036961 712 16, www.altensteiner-hoehle.de, April–Juni, Sept., Okt., jeweils an einem So im Monat. Im Dom der Höhle erleben bis zu 100 Besucher Musik unterschiedlichster Couleur.

Infos & Termine

Information
Touristinformation: Herzog-Georg-Str. 64 (im Palais Weimar): 36448 Bad Liebenstein, Tel. 036961 693 20, www.bad-liebenstein.de

Verkehr
Busverkehr von und nach Bad Salzungen und Eisenach.

Termine
Musiksommer: Anfang Juli. An dem ersten Wochenende wird Kultur nonstop geboten, Opern- und Klassikkonzerte finden ebenso statt wie Ausstellungen und Live-Musik für die ganze Familie.

Schmalkalden ▶ C 5

Die Stadt (20 200 Einw.) ist zum Verlieben schön. Die **Altstadt** besitzt noch viel vom einstigen mittelalterlichen Gepräge. Rund 90 Prozent der Häuser bestehen aus Fachwerk, errichtet zwischen dem 16. und 18. Jh., über der Stadt thront Schloss Wilhelmsburg, ein Juwel unter den Renaissanceschlössern. In der Stadt kann man Weltgeschichte atmen! Durch die engen Gassen, die sich vielfach zu kleinen Plätzen öffnen, rumpelten einst die Kutschen der Fürsten über das bucklige Pflaster, zogen Soldaten ihre Kanonen. Erstmals geschah dies im Dezember 1530, als sich die protestantischen Fürsten Deutschlands mit Vertretern der großen Städte Bremen und Magdeburg trafen, um den Schmalkaldischen Bund zu schließen. Sie wollten ihren protestantischen Glauben notfalls mit Waffengewalt gegen den habsburgischen katholischen Kaiser Karl V. verteidigen. Schmalkalden rückte aber Nacht in den Blickpunkt europäischer Politik. Insgesamt tagte der Bund sieben Mal in Schmalkalden.

Rundgang durch die Altstadt!

Der Rundgang sollte am **Altmarkt** beginnen, der mit wuchtigen Fachwerkhäusern, dem **Rathaus** und vor allem mit der spätgotischen **Stadtkirche St. Georg** beeindruckt. Mit ihren Netzgewölben und modernen Glasfenstern gehört sie zu den schönsten spätgotischen Gotteshäusern in Thüringen. Beachtenswert sind die beiden unterschiedlichen Türme und der spitze Dachreiter mit Uhr, Jungfrau und Sensenmann. Zu jeder vollen Stunde schlägt der Sensenmann nach dem Reifen der Jungfrau. Im Süd-West-Turm

Von der Georgenkirche schweift der Blick über die roten Dächer von Schmalkalden

hatte bis 1935 der Türmer mit seiner Familie in 40 m Höhe sein luftiges Quartier, um über die schlafende Stadt zu wachen.

Weiter geht es, vorbei an der spätgotischen **Todenwarthschen Kemenate** (16. Jh.), durch die Mohren- und die Steingasse zum Lutherplatz mit drei prachtvollen, versetzt stehenden Fachwerkhäusern. Das mittlere ist das **Lutherhaus.** In dem eindrucksvollen Fachwerkbau hat der Reformator 1537 gewohnt.

Schloss Wilhelmsburg

Tel. 03683 40 31 86, April–Okt. tgl. 10–18, Nov.–März Di–So 10–16 Uhr, 3,50 / erm. 2 €
Am Lutherhaus beginnend, führt die steile Schlossgasse hinauf zur Wilhelmsburg, einer nahezu vollständig erhaltenen, regelmäßigen Vierflügelanlage, die ein Juwel unter den Renaissanceschlössern in Deutschland ist. 1585–1590 ließen sie sich die hessischen Landgrafen als Nebenresidenz erbauen. In den imposanten Festsälen besticht der plastische und malerische Bildreichtum. Besonders beeindruckt der **Riesensaal,** der mit seinen Maßen von 24 mal 12 m zu den repräsentativsten Festsälen der frühneuzeitlichen Schlossbaukunst in Deutschland gehört. Im **Museum** sind Ausstellungen zur Renaissance, zur Reformation und dem Schmalkaldischen Bund sowie zur Kulturgeschichte der Region zu sehen. Von Mai bis Sept. erklingt die Renaissance-Orgel in der **Schlosskirche.** 1539 wurde auf ihr das erste Mal gespielt,

somit ist sie das älteste noch völlig aus Holzpfeifen bestehende und bespielbare Instrument dieser Art in Mitteleuropa. Im Keller der Schlosskirche befindet sich eine 1:1-Kopie der ältesten profanen Wandmalerei Deutschlands von 1235 nach dem Versepos »Iwein« von Hartmann von der Aue.

Zwei technische Museen
An der Straße nach Waltershausen, im Ortsteil Weidebrunn, wurde bis 1924 heimisches Eisenerz auf Holzkohlebasis zu Roheisen verhüttet. Die spätklassizistische Hochofenanlage, eine der letzten Zeugnisse dieser Art in Europa, blieb stehen, wurde zum **Technischen Museum »Neue Hütte«** und ein Magnet für Technikfreaks (Tel. 03683 40 30 18, April–Okt. Mi–So 10–17 Uhr, Nov.–März Mi–Fr 10–16, Sa, So 12–16 Uhr, 3 / erm. 2 / Familienkarte 7 €).

Im Ortsteil Asbach entstand aus der von 1858 bis 1934 betriebenen Eisen- und Braunsteingrube das **Besucherbergwerk ›Finstertal‹** (Tel. 03683 48 80 37, April–Okt. Mi–So 10–17, Juli, Aug. auch Di 15–17 Uhr, Führungen zu jeder vollen Stunde, 3 / erm. 2 / Familienkarte 7 €).

Übernachten

Gastlich – **Hotel-Gasthof Thüringer Hof:** Kronsteinstr. 3, Floh-Seligenthal (7 km nördl. von Schmalkalden), OT Struth-Helmersdorf, Tel. 03683 791 90, www.hotel-thueringer-hof.de, 20 Zi., DZ/ÜF 82–100 €. Gemütlichkeit, natürlicher Charme und Liebe zum Detail – das bietet das gastliche Haus.
Gute Adresse – **Teichhotel:** Teichstr. 21, Tel. 03683 40 26 61, www.teichhotel.de, 14 Zi., DZ/ÜF 72 €. Angenehmes Wohnen verspricht das Hotel am Rand der Innenstadt. Ins historische Zentrum

sind es dennoch nur zehn Minuten zu Fuß. Die familiäre Atmosphäre gefällt.
Im Wald – **Waldhotel im Ehrental:** Ehrental (hinter dem Ortsausgang Richtung Trusetal), Tel. 03683 68 90, www.waldhotel-ehrental.de, 48 Zi., DZ/ÜF 70–79 €. Himmlische Ruhe und Natur pur inmitten von Laub- und Nadelwald, dazu ein Rotwildgehege vor der Haustür – genau das Richtige zum Ausspannen. Die Zimmer sind recht angenehm.

Essen & Trinken

Wild und Forellen – **Ratskeller:** Altmarkt 2, Tel. 03683 40 27 42, tgl. geöffnet, Hauptgerichte 9–15 €. Internationale und regionale Küche im historischen Gewölbe. Serviert werden auch Wildspezialitäten und frische Schmalkalder Edelforellen.
Naturnah – **Gasthof Wirtshaus im Ehrental:** Ehrental 1, Tel. 03683 60 01 75, www.wirtshaus-ehrental.de, Di geschl., Sept.–April Mo/Di geschl., Hauptgerichte um 10 €. Für wenig Geld erhält man hier Riesenportionen, vor allem deftige Thüringer Küche, Wild- und Fischgerichte. Im Sommer sitzt man im großen Garten mitten im Wald.
Kaffeehausatmosphäre – **Stadtcafé Endter:** Steingasse 8, Tel. 03683 60 74 11, tgl. geöffnet. Nach einem Stadtbummel munden die Kaffeespezialitäten sowie die Schokoladen- und Teevariationen besonders gut. Kuchen und Torten werden nach traditionellen Rezepten hergestellt, Favoriten sind Rahmkuchen und der Asbacher Streuselkuchen.

Einkaufen

Süße Versuchung – **Viba Nougat-Welt:** Die Aue 7, Floh-Seligenthal (3 km von

Schmalkalden in Richtung Friedrich-roda, am Ortseingang von Seligen-thal), Tel. 03683 69 21 37, www.viba-sweets.de. Für Naschkatzen: Die Erleb-nis- und Schauconfiserie gestattet Einblicke in die über 100-jährige Tradi-tion der Herstellung feiner Nougat-, Marzipan- und Schokoladenartikel.

Aktiv & Kreativ

Ballonfahren – **Erste Thüringer Ballon-fahrer:** Obertor 48, Tel. 0162 257 10 57, www.erste-thueringer-ballonfahrer.de. Geruhsam durch die Luft schweben oder fahren, wie es fachlich korrekt heißt. Nur auf Anmeldung.

Infos & Termine

Information
Touristinformation: Mohrengasse 1 a, 98574 Schmalkalden, Tel. 03683 40 31 82, www.schmalkalden.de

Verkehr
Mit der **Regionalbahn** kommt man von und nach Eisenach, Erfurt und Meinin-gen, mit dem **Bus** von und nach Bad Salzungen Eisenach, Erfurt, Gotha und Suhl. Im **Stadtverkehr** fahren Busse.

Termine
Konzertreihe auf der ›hölzernen‹ Re-naissanceorgel: Mai–Sept. Ein Ohren-schmaus für Konzertliebhaber sind die Konzerte auf der alten Holzpfeifenor-gel in der Schlosskapelle.
Schmalkalder Hirschessen: mehrere Tage um den 24. Aug. Historisches Stadtfest, Schlossnacht.
Schmalkalder Herrscheklasmarkt: Dez. Kleiner, feiner Weihnachtsmarkt in der historischen Altstadt von Schmalkal-den, umrahmt von einem besinnlichen Kulturprogramm.

Wasungen ▶ C 5

In der Stadt wird seit 1524 geschun-kelt, das sollen Urkunden belegen. Wie dem auch sei: Wasungen ist Thü-ringens Karnevalshochburg. Jährlich am Faschingssamstag 14 Uhr beginnt der Festumzug, Zehntausende stehen an den Straßen, der MDR überträgt live.

Uriges **Fachwerk** begeistert in Wa-sungen (3800 Einw.), das man über die B 19 erreicht, die durch das Tal der Werra führt. Die **Altstadt** mit ihren großen Adelshöfen und schmucken Bürgerhäusern blieb seit Jahrhunder-ten nahezu unverändert und steht des-halb unter Denkmalschutz.

Von der **mittelalterlichen Wehran-lage** sind Teile der **Stadtmauer** mit dem **Judenturm** aus dem 13. Jh. und der **Pfaffenburg** (1387) erhalten. Von den Adelshöfen sind der **Maienhof** (1576) und der **Weyenhof** (1630–1632) die schönsten. Es handelt sich um Renais-sance-Steingebäude mit beeindru-ckenden Fachwerkaufbauten wie auch der **Amtshof** (1606/07) und das eins-tige **Damenstift** (1596) am Nordende der Stadt, in dem sich das **Thüringer Karnevalsmuseum** befindet (Tel. 036941 715 05, Di–Fr 10–12, 13–16, Sa 10–12, Mai–Sept. auch So 14–16 Uhr, 2 / erm. 1,50 €).

Das spätgotische **Rathaus** (1532–1534) am Markt von Wasungen gehört zu den ältesten Fachwerkbauten, die erhalten geblieben sind. Über der Stadt thronen die Reste der erstmals im 13. Jh. erwähnten **Burg Maienluft** mit dem Bergfried.

Am Ortsausgang Richtung Eisenach führt ein Naturlehrpfad zum ganzjäh-rig und jederzeit zugänglichen **Forst-botanischen Garten,** in dem rund 1800 Gehölze, Stauden und Sträucher der einheimischen Flora wie auch der anderer Länder wachsen.

Ausflug nach Walldorf

▶ C 5

Touristischer Magnet in Walldorf (2300 Einw.) ist die **Sandstein- und Märchenhöhle**, in die 30 Märchenbilder integriert sind (Tel. 03693 899 10, www.sandsteinhoehle.de, Führungen März–Mai, Sept., Okt. tgl. 10–16.30, Juni–Aug. tgl. 10–17.30 Uhr, 5 / erm. 4 €). Das unterirdische Labyrinth von etwa 65 000 m² Größe mit 250 tragenden Säulen ist von Menschenhand geschaffen. Wie Maulwürfe gruben die Arbeiter sich in die Hänge, um weißen Sandstein abzubauen. Gesiebt benutzte man ihn zum Scheuern von Dielen. Als das Linoleum aufkam, endete in Walldorf 1912 die Sandsteinproduktion und aus dem Sandsteinbergwerk wurde eine Schauhöhle.

Infos

Touristinformation: Untertor 1, Damenstift, 98634 Wasungen, Tel. 036941 715 05, www.wasungen.de

Meiningen ▶ C 6

Meiningen (22 000 Einw.), bereits 1008 von Kaiser Heinrich II. zur Stadt erhoben, war Residenzstadt. Hier hatten die Herzöge von Sachsen-Meiningen ihr Zuhause. Die liebten die großzügige Bauweise, und so zeigt sich Meiningen noch heute dem Besucher. Die Häuser mit ihrem oftmals pastellfarbenen Putz, der Englische Garten sowie der Schlosspark verleihen der Stadt ein heiteres, mediterranes Flair. Unter Herzog Georg II. stieg das ▷ S. 203

Von der Stadtkirche blickt man auf das Zentrum Meiningens

Auf Entdeckungstour

Ein Künstler auf dem Thron in Meiningen

Im Theatermuseum haben sich viele Requisiten aus der Zeit des Theaterherzogs erhalten. Im nahen Schloss Elisabethenburg steht die Suite offen, in der Herzog Georg II. mit seiner dritten Ehefrau lebte, und auf ihren Gräbern liegen meist frische Blumen. Vieles in Meiningen erinnert an den Künstler auf dem Thron, der das Theaterspielen revolutionierte.

Reisekarte: ▶ C 6

Planung: Theatermuseum und Schloss Elisabethenburg Tel. 03693 50 36 41, www.meiningermuseen.de, Di–So 10–18 Uhr, Präsentationen 10, 12, 14, 16 Uhr, Kombikarte 5,50 €

Zeit: 3 bis 4 Stunden

Start: am Theatermuseum, das sich rechter Hand vom Eingang zum Schloss Elisabethenburg befindet.

Wallensteins Fanfare erklingt und aus der Dunkelheit des Theatermuseums taucht das 14,5 mal 7,5 m große Bühnenbild aus »Wallensteins Lager« auf. Feuer beginnt zu knistern, Äste knicken, als wenn jemand durch das Gelände schleicht, in der Ferne bellen Hunde ... Scheinwerfer verbreiten gespensterhaftes Licht. Was die Besucher sehen, ist eins der Bühnenbilder, die Herzog Georg II. vor mehr als 100 Jahren entworfen hat.

Eine Revolution geradezu

In der zweiten Hälfte des 19. Jh. gehörte das Theater des Residenzstädtchens Meiningen zu den berühmtesten in Europa. Der kunstsinnige Regent Georg II. von Sachsen-Meiningen hatte eine Theaterrevolution ausgelöst, als ›Theaterherzog‹ ist er in die Annalen eingegangen. Mit seinen ›Meiningern‹ beeinflusste er ab 1874 die Bühnen vieler Länder. Georg II. reiste mit seinem Hoftheater durch Mittel- und Osteuropa, 81 Tourneen führten in 38 Städte, nach London ebenso wie nach Stockholm, Wien und Kiew. Insgesamt kamen 2591 Aufführungen zusammen, die letzte fand 1890 in Odessa statt. »Die Meininger kommen« war seinerzeit zum geflügelten Wort in den Metropolen vieler Länder geworden. Aus bis zu 80 Personen bestand die Künstlertruppe, in rund 20 Waggons führten sie Dekorationen, Requisiten und Kostüme mit sich.

1. Rang und 1. Reihe

Im Meininger Theatermuseum finden viermal am Tag Präsentationen von einstündiger Dauer mit moderner Technik statt. Danach schauen sich die Besucher um, steigen ins Obergeschoss, wo sie sich wie in einem Theater fühlen: 1. Rang, 1. Reihe – denn der Blick geht ungehindert hinunter auf die originalen Bühnendekorationen, die von solch seinerzeit aufsehenerregenden Inszenierungen wie »Wilhelm Tell«, Shakespeares »Hamlet« und »Julius Cäsar« sowie Heinrich von Kleists »Käthchen von Heilbronn« stammen. Wegen ihrer Detailtreue begeisterten sie die Besucher und auch die Kritiker der Presse. So ließ der Herzog für Friedrich Schillers »Jungfrau von Orleans« Waffen und Rüstungen in Pariser Spezialwerkstätten anfertigen, erstmals brachte er echte Türen und Fenster mit Schlössern auf die Bühne anstelle der auf Leinwand gemalten.

Spielweise mit Einfluss

In dem Museum erfährt man auch, dass der Herzog nicht nur die Bühnenbilder entwarf, sondern auch die Kostüme und Regie führte. Bis weit nach Mitternacht gingen die Proben, Ende war erst, wenn jedes Detail stimmte. Der Herzog verschaffte dem modernen Regietheater seinen Durchbruch. Die Spielweise der ›Meininger‹ beeindruckte den berühmten Regisseur und Theaterwissenschaftler Konstantin Stanislawski so sehr, dass er seine Lehr- und Regiemethoden unter diesem Einfluss weiterentwickelte. Im 20. Jh. setzten Lee Strasberg in New York und Bertolt Brecht in Berlin die Arbeit Stanislawskis und somit die der ›Meininger‹ fort.

Unerwünscht

Vom Theatermuseum sind es nur wenige Schritte bis zum Museum im Schloss Elisabethenburg. Hier steigt man hoch ins 3. Obergeschoss, in dem Herzog Georg II. mit seiner Gemahlin wohnte. Im Jahr 1873 hatte er die Schauspielerin Ellen Franz als seine dritte Ehefrau geheiratet. Kurz vor der Heirat adelte er sie, da sie bürgerlicher

Herkunft war. Aber auch der neue Name Helene Freifrau von Heldburg nutzte wenig: Die herzogliche Familie, die deutschen Fürsten und der Kaiser ließen Georg II. immer wieder spüren, dass die Heirat gegen ihren Willen erfolgt war. Bei festlichen Anlässen, zum Beispiel beim Kaiser oder in anderen Herzogtümern, setzte das Protokoll seine Gemahlin, wenn sie denn überhaupt geladen war, ans Ende der Tafel. Der Zwist ging so weit, dass Georg II. sich die Teilnahme der kaiserlichen Familie an seinem Begräbnis verbat.

Die Suite des Herzogs

Ihre Privatsuite im Schloss Elisabethenburg hatten sich die Eheleute im Stil der Neorenaissance eingerichtet. Der Besucher unserer Tage geht durch die weitgehend im Original erhalten gebliebenen Wohn- und das Kaminzimmer, für die als Vorbild die Schlösser Tratzberg und Velthurns in Österreich Pate standen. Oft zog sich das Paar auf seine Schlösser Altenstein, Heldburg oder in die Villa Carlotta am Comer See zurück. Das Bild von Carl Hummel rechts neben dem Eingang der Suite, das die Villa Carlotta vom See aus zeigt, erinnert an ungestörte Wochen in Italien.

Ansteckung nicht ausgeschlossen

1908 brannte das Meininger Theater an der Bernhardstraße ab, für den Künstler auf dem Meininger Thron ein schwer Schlag. Er schaffte es aber – heutzutage unvorstellbar –, dass bereits ein Jahr später ein neues Theater eröffnet wurde. Vom Schloss Elisabethenburg sind es keine 10 Minuten zu Fuß bis zu dem berühmten neoklassizistischen Haus, dessen Eingangstür eine lachende und eine weinende Maske schmücken. Wer sie berührt, das sei an dieser Stelle verraten, stecke sich mit dem »Bazillus von Meiningen« an und komme wieder. So erzählt man es sich jedenfalls in dem Städtchen.

Ruhestätte

Vom Theater läuft man weiter zum Parkfriedhof (Berliner Straße). Hier befindet sich die letzte Ruhestätte von Herzog Georg II. und seiner Gemahlin.

In gespannter Erwartung: Publikum im Meininger Theater

kleine Herzogtum zum Musenhof zwischen Weimar und Bayreuth auf, das Theater- und Musikschaffen erlangte internationale Bedeutung. Aber auch viele hübsche Fachwerkhäuser im fränkischen Stil bestimmen das Gesicht der Stadt am Ufer der Werra.

Der reichen Kulturgeschichte, allen voran der Theatertruppe ›Die Meininger‹ (s. S. 201), ist vielfach in der Stadt nachzuspüren. Das 1909 wiedereröffnete Meininger Theater, das zu den traditionsreichsten Häusern in Europa gehört, gilt als letzter neoklassizistischer Theaterbau in Deutschland.

Fachwerkhäuser

Beim Bummel durch Meiningen sind zahlreiche geschichtsträchtige Fachwerkhäuser zu entdecken, auf denen man gerne das Auge ruhen lässt, so das **Büchner'sche Hinterhaus** (Georgstr. 20) von 1596, das **Pfaffenrat'sche Haus** (Ernestinerstr. 14) aus der Zeit um 1600, das **Schlundhaus** (Schlundgasse 4), in dem der Sage nach die ersten Thüringer Klöße hergestellt wurden, und das **Hartung'sche Haus** (Wintergasse 8) von 1608.

Baumbach-Haus

Burggasse 22, Tel. 03693 50 28 48, Di–Fr 10–12, 13–18, Sa, So 14–16 Uhr (Eintritt wie Schloss Elisabethenburg)
»Hoch auf dem gelben Wagen« gehört zu Deutschlands populärsten Volksliedern, der Text stammt von Rudolf Baumbach (1840–1905), in dessen ehemaliges Wohnhaus das Literaturmuseum zog. In dem kleinen Fachwerkbau ist auch viel über Schriftsteller zu erfahren, die in Meiningen lebten und wirkten, darunter Jean Paul (1802/03).

Museum Schloss Elisabethenburg

Tel. 03693 50 36 41, www.meininger museen.de, Di–So 10–18 Uhr, 4 / erm.

2,50 / Familienkarte 7,50 € (gilt auch für das Baumbach-Haus)
236 Jahre bestimmten die Herzöge von hier aus die Geschicke ihres kleinen Landes. Jeder von ihnen hatte andere Wohn- und Repräsentationsbedürfnisse, seine eigenen Vorstellungen von Kunst. Deshalb kann der Besucher heute beim Schlossrundgang die unterschiedlichsten Stilrichtungen kennenlernen. Unter den historischen Musikinstrumenten, die das Schloss beherbergt, ragt die Schamanentrommel heraus, ein Exponat von internationaler Bedeutung. Die Trommel zählt zu den wenigen schamanistischen Ritualgegenständen, die bei der Missionierung der Samen im 17. und 18. Jh. nicht vernichtet worden waren.

Englischer Garten

Den Englischen Garten hatte Herzog Georg I. mit künstlichen Gewässern, Sichtachsen und künstlichen Ruinen Ende des 18. Jh. hinter dem Schloss anlegen lassen. Im 19. und 20. Jh. kamen zahlreiche Denkmale hinzu, sodass man heute hier vielen in Stein begegnet, die in Meiningen gelebt und gewirkt haben: den Dichtern Ludwig Bechstein und Jean Paul und den Musikern Hans von Bülow, Johannes Brahms und Max Reger.

Übernachten

Fein – **Romantik Hotel Sächsischer Hof:** Georgenstr. 1, Tel. 03693 45 70, www. saechsischerhof.com, 40 Zi., DZ/ÜF 118–132 €. Das traditionsreichste Hotel der Stadt, zentral gelegen, bietet großzügige, moderne, individuell eingerichtete Zimmer von zeitloser Eleganz. Ein sehr persönlicher Service macht den Aufenthalt angenehm.
Romantisch – **Ernestiner Hof:** Ernestiner Str. 9, Tel. 03693 47 80 53, www.

meininger-hotels-mit-flair.de, 16 Zi., DZ/ÜF 88–98 €. Südliches Flair, die Zimmer an einen Innenhof sind in den Stilen Rokoko, Biedermeier und Moderne eingerichtet. Wer sich etwas gönnen möchte, bucht die Brahms-Suite für 128 € im Kavalierhaus.

Hinter Gittern – **Altes Knasthaus Fronveste:** An der Oberen Mauer 1–3, Tel. 03693 88190, www.meininger-hotels-mit-flair.de, 39 Zi., DZ/ÜF 74–88 €. Wer das Besondere mag, findet hier mit Sicherheit sein ›Knast-Erlebnis‹. Die Zimmer heißen Zellen, das Einchecken Einweisung und das Auschecken Entlassung. In das ehemalige historische Gefängnis der Stadt ist ein Hotel mit modernen Zimmern und zeitgemäßem Schnickschnack gezogen.

Essen & Trinken

Edel – **Die Posthalterei:** im Romantik Hotel Sächsischer Hof (s. o.), Mo geschl., So–Di geschl., Mi–Sa abends geöffnet, Hauptgerichte 17,50–23 €. Wegen seiner kreativen, frischen Küche viel gerühmtes Restaurant mit ländlichem Flair, das eine saisonal wechselnde Gourmet-Küche offeriert. Eine Delikatesse ist die Crepinette vom Wildhasen an glacierten Zwiebeln, schwarzen Nüssen und zweierlei Wacholdersaucen. Die Gerichte erhält man jeweils als Degustations- oder Genießerportion.

Klöße und Co. – **Schlundhaus:** Schlundgasse 4, Tel. 03683 81 38 38, www.meininger-hotels-mit-flair.de, tgl. geöffnet, Hauptgerichte 9–15 €, Kloßgerichte 9–12 €. In diesem Haus mit anheimelndem historischem Flair sollen der Legende nach die Thüringer Klöße erfunden worden sein. Und die Tradition wird gepflegt. Die ›Hütes‹, wie die Klöße in dieser Region heißen, werden vor allem zu Sauerbraten, Roulade oder Gänsebrust nach Art des Hauses gegessen.

Traumhaft – **Barock-Café:** im Hotel Ernestiner Hof (s. o.), tgl. geöffnet. Ein Traum von einem Café! Im Barock-Ambiente genießen Sie die hauseigenen Torten und Kuchen, Pralinen sowie Marzipan und dazu einen dampfenden Kaffee. Im Sommer sitzt man im herrlichen Garten mit Blick auf das Kavalierhaus.

Einkaufen

In der **Fußgängerzone** in der Innenstadt laden zahlreiche Geschäfte zum Bummeln und Kaufen ein.

Aktiv & Kreativ

Wasserwandern – **Pfannstiel Outdoor-Aktiv:** Ellenberg 15, Schwallungen (▶ C 6), Tel. 036848 229 35, www.pfannstiel-outdoor-aktiv.de. Geführte Kanu- und Schlauchboottouren, Bootsverleih.

Wandern – Rund um die Stadt findet man 280 km ausgeschilderte Wanderwege. Direkt ab Schloss Elisabethenburg beginnen drei Wanderwege, darunter der **Schiller-Wanderweg** (über 10,5 km geht es nach Bauerbach).

Fliegen – **Flugschule Dolmar:** Am Flugplatz 1, Kühndorf (7 km von Meiningen), Tel. 036844 461 02, www.flugschule-dolmar.de. Mit dem Motordrachen oder dem zweisitzigen Ultraleichtflugzeug über Thüringen kreisen. Dauer des Rundflugs 15, 30 oder 60 Minuten (nur nach Anmeldung).

Abends & Nachts

Vielseitig – **Das Meininger Theater:** Südthüringisches Staatstheater, Bernhardstr. 5, Tel. 03693 45 12 22 (Vorverkauf), www.das-meininger-theater.de. Als eines der traditionsreichsten Theater Europas hat es einen sehr guten Ruf. Auf dem Spielplan stehen Oper, Operette, Konzert, Schauspiel, Ballett und Puppentheater.

Buntgemischtes – **Kleinstkunstbühne Rautenkranz:** Ernestinerstr. 40, Tel. 03693 81 38 50, www.meininger-hotels-mit-flair.de. Kleinkunst-Veranstaltungen wie Puppentheater, Kabarett, Lesungen, Konzerte von Klassik über Jazz und Rock bis Blues und Folk.

Auf einen Drink – **Kneipenmeile:** Wer sagt, in Meiningen werden am Abend die Bürgersteige hochgeklappt, der irrt. Sieben Kneipen haben sich zur ›Kneipenmeile‹ zusammengeschlossen, die sich am südlichen Altstadtrand an der Werra befindet.

Besonders beliebt sind die **Cocktailbar Louis** (Mo geschl., www.cocktail bar-louis.de) und der **Schlupfwinkel** (tgl., www.schlupfwinkel-meiningen. de) sowie die **Fronveste.** Ab 19 Uhr ist hier richtig was los, man trifft sich zum Schwatzen und Trinken und genießt die entspannte Atmosphäre.

Infos & Termine

Information
Touristinformation: Markt 14, 98617 Meiningen, Tel. 03693 446 50, www.meiningen.de

Verkehr
Die **Südthüringenbahn** fährt von und nach Eisenach, Erfurt und Sonneberg, per **Bus** sind alle touristisch interessanten Orte der Umgebung zu erreichen. Busse fahren im **Stadtverkehr.**

Termine
Stadt- und Hütes-(Kloß-)Fest: 1. Juliwochenende. Die Legende vom Kartoffelkloß steht im Mittelpunkt dieses Volksfestes, das die Meininger mit ihren Gästen feiern. Shows und Live-Musik und ein großer Festumzug stehen auf dem Programm (s. S. 30).

Meininger Kleinkunstfestival: Sept., www.meininger-kleinkunsttage.de. Es gibt drei Wochen Kabarett, Comedy, Song und Chanson. Verleihung des Thüringer Kleinkunstpreises.

Schleusingen ▶ D 6

Mittelpunkt der Stadt (6000 Einw.) ist der lindenumsäumte **Marktplatz** mit Fachwerkbauten, holprigem Pflaster und dem **Marktbrunnen,** den seit 1709 das Standbild der Gräfin Elisabeth von Henneberg ziert. Von den einst 14

Unser Tipp

Cowboy-Fete am Bergsee Ratscher
Wilder Westen am Bergsee Ratscher! Jedes Jahr geht in der Nähe von Schleusingen in einer Woche Ende Juli die Post ab. Rund 20 000 Western-Freaks treffen sich zum Country-Festival, der wohl bedeutendsten Fete dieser Art in Deutschland. Wer dafür etwas übrig hat, für den kann es nur eins geben: auf zum Bergsee Ratscher. Es wird zum Bullenreiten geladen, man grillt in großer Runde Steaks, schaut der Indianer-Show zu und hört Country-Musik. Was in der Szene Rang und Namen hat, ist am Bergsee schon aufgetreten, Truck Stop ebenso wie Tom Astor, Gunter Gabriel, Linda Feller und Gudrun Lange & Kactus (Tel. 036841 322 10, www.coun tryfestival.eu).

Mühlen und Hammerwerken der Stadt hat sich die um 1300 errichtete Vinzentmühle (Mühlenstraße) erhalten.

Schloss Bertholdsburg

Unterhalb des Marktplatzes breitet sich das Schloss aus, das mehr als drei Jahrhunderte Residenz der Grafen von Henneberg war. Vom Hauptturm hat man aus über 30 m Höhe einen herrlichen Blick auf die Stadt und die reizvolle Umgebung. Im **Naturhistorischen Museum** im Schloss spaziert man durch 300 Mio. Jahre Heimatgeschichte (Tel. 03684 53 10, www.museum-schleusingen.de, Di–Fr 9–17, Sa, So 10–18 Uhr, 4 / erm. 3 / Familienkarte 10 €). Wer auf den **Hauptturm** der Bertholdsburg aufsteigt, wird mit einem schönen Blick vom Rundgang in 30 m Höhe belohnt.

Unmittelbar neben dem Schloss steht die **Stadtkirche St. Johannis,** ein im Kern spätgotischer Bau vom Ende des 15. Jh., sowie die gotische **Ägidienkapelle** mit den Standbildern der Grafen von Henneberg und ihren Gemahlinnen.

Ausflug zum Museum Kloster Veßra ▶ C 6

Tel. 036873 69030, www.museum klostervessra.de, April–Okt. tgl. 9–18, Nov.–März 10–17 Uhr, Nov.–April Mo geschl., 4 / erm. 3,50 € / Familienkarte 8 €

1131 gründeten die Grafen von Henneberg ein Prämonstratenserkloster, dessen Bedeutung sich noch heute an den Ruinen der Kirche und den erhaltenen romanischen und gotischen Klosterbauten erahnen lässt. Die Kirche brannte 1939 durch Blitzschlag nieder. Die Klosterbauten hat man in das **Hennebergische Museum Kloster Veßra** eingebunden, das viele Fachwerkhäuser aus dem Henneberger

Land umfasst, die an ihren originalen Standorten abgebaut und in Kloster Veßra wieder errichtet wurden. Sie spiegeln die Vielfalt der regionalen Fachwerkarchitektur und geben Einblick in die Wohn- und Arbeitswelt vergangener Generationen.

Übernachten, Essen

Angenehm – **Hotel Haus am See:** Am langen Teich 3, Tel. 036841 33 70, www.haus-am-see-schleusingen.de, 31 Zi., DZ/ÜF 88–95 €, Hauptgerichte 12–17 €. Eine kleine Stadtrandidylle breitet sich am Stadtteich aus. Angenehme, farblich abgestimmte Zimmer. Beliebt sind die zur Seeseite, morgens weckt lustiges Entengeschnatter. Hausgebackener Kuchen am Nachmittag und die regionale Küche mit viel Wild und Fisch am Mittag oder Abend munden bestens. Hübsch ist die Terrasse, von der aus man den Blick über den Langen Teich genießen kann.

Aktiv & Kreativ

Wassersport – **Bergsee Ratscher:** an der B 4, Tel. 036841 400 15, www.bergseeratscher.de, Mitte April–Mitte Okt. Eine Fläche von 100 ha und damit die größte der Region besitzt der See, der reizvoll inmitten von bewaldeten Bergen liegt. Am 500 m langen Badestrand kann man nach Herzenslust baden und schwimmen, auch für FKK-Anhänger ist eine Fläche reserviert. Viele Wassersportarten werden angeboten: Segeln, Surfen sowie Rudern mit Bootsverleih. Zum Freizeitsport gehören darüber hinaus Beachvolleyball, Tischtennis und Minigolf. Ein Campingplatz mit Stellplätzen für Caravan und Zelte sowie mit fünf Bungalows ist vorhanden.

Infos & Termine

Touristinformation: Markt 6, 98553 Schleusingen, Tel. 036841 315 61, www.schleusingen.de
Country-Festival: Ende Juli (s. Tippkasten S. 205).

Hildburghausen ▶ D 6

Die traditionsreiche und geschichtsträchtige Stadt (12 000 Einw.) liegt am rechten Ufer der Werra. Eine der Sehenswürdigkeiten bildet das **Marktplatzensemble,** dessen Häuser überwiegend nach dem großen Stadtbrand 1779 entstanden sind. Älter jedoch ist das **Rathaus** an der nordöstlichen Marktecke, das sich nach Restaurierungsarbeiten heute so zeigt, wie es 1595 ausgesehen hat. Seit Sommer 2004 versteckt sich in einer Ecke neben dem Rathaus eine 30 m^2 große **Schaufläche** mit originalgetreuen Fährtenabdrücken des Chirotherium barthii sowie einer 4 m langen, lebensgroßen Bronzestatue des Ursauriers, der vor 240 Mio. Jahren hier gelebt hat. Der Fund gelang 1834/35 in einem Steinbruch im Nordosten von Hildburghausen. Originale befinden sich in mehr als 30 Sammlungen Europas.

Das Schloss wurde am Ende des Zweiten Weltkrieges zerstört, erhalten geblieben ist der **Schlosspark,** an den das einstige Hoftheater grenzt, das aus einem 1721 eröffneten Ball- und Fechthaus hervorgegangen ist. 2008 öffnete das marode gewordene Bauwerk wieder nach aufwendiger Modernisierung als multifunktionales Gebäude.

Sehenswert ist auch **Trützschlers Milch- und Reklame-Museum,** ein liebevoll eingerichtetes Privatmuseum, in dem historische Geräte zur Milchverarbeitung zu sehen sind sowie eine Sammlung von 300 Reklameschildern

aus Emaille (Knappengasse 26, Tel. 03685 70 54 09, Mi–Fr 9.30–16.30, Sa, So 13.30–16.30 Uhr, 3 / erm. 2 €).

Übernachten, Essen

Mix aus Alt und Neu – **Landhotel Klostermühle:** Dorfstr. 2, Reurieth OT Trostadt (10 km von Hildburghausen), Tel. 036873 246 90, www.landhotel-klostermuehle.de, 13 Zi., 3 FW, DZ/ÜF 48–60 €. Angenehm ländliches Flair in einer ehemaligen Getreidemühle, zeitgemäß eingerichtete Zimmer und regionale Gastronomie.

Infos & Termine

Information
Touristinformation: Markt 25, 98646 Hildburghausen, Tel. 03685 405 83, www.hildburghausen-info.de

Termine
Bikertreffen: am letzten April- oder ersten Maiwochenende, www.biker treffen-hildburghausen.de. Hunderte Biker eröffnen die Saison.
Theresienfest: Ende Sept., Anfang Okt., www.theresienfest.de. Das größte Volksfest Südthüringens.

Ausflüge ab Hildburghausen

Römhild ▶ C 6

Die Silhouette der Stadt (1900 Einw.), 15 km westlich von Hildburghausen, beherrschen die Türme der spätgotischen **Stadtkirche** (1470 vollendet, www.kirche-roemhild.de). Beachtenswert sind in der Gruftkapelle zwei

Bronze-Grabmäler, die vor rund 500 Jahren in der Nürnberger Werkstatt von Peter Vischer d. Ä. geschaffen wurden.

Rings um die Kirche hat sich mit dem **Rathaus** (17. Jh.) und dem **Wappenbrunnen** (1914) das kleinstädtische Marktbild erhalten. Römhild hat sich besonders als Töpferstadt einen Namen gemacht.

Schloss Glücksburg

Museum: Griebelstr. 28, Tel. 036948 801 40, Di–Fr 10–12, 13–16, Sa, So 13–17 Uhr, 3 / erm. 2 €
Gegenüber vom Marktplatz lohnt ein Besuch des Schlosses mit seinen zwei Innenhöfen. In einem Teil befindet sich das **Museum**, das im gestalteten Garten und in der Ausstellung »Keramik International« Arbeiten von 160 Künstlern aus 29 Ländern zeigt.

Steinsburg-Museum

Tel. 036948 205 61, Di–So 9–17 Uhr, 2 / erm. 1 €
Das Spezialmuseum für Ur- und Frühgeschichte Südthüringens liegt auf dem nahen Gleichberg. Es entstand 1929, um die bei Steinbrucharbeiten und Ausgrabungen auf dem nahen Kleinen Gleichberg gefundenen Gegenstände aufzunehmen. Die Steinsburg war Wirtschafts- und Kulturzentrum eines kleinen Keltenstammes.

Essen & Trinken

Rustikal – **Zum Hirsch:** Heurichstr. 32, Tel. 036948 8680, www.hotel-hirsch-prediger.de, tgl. geöffnet, Hauptgerichte 7–13 €. Regionale Spezialitäten und deftige Thüringer Küche, dazu wird hausgebrautes Bier, das Hirsch-Bräu, gereicht.

Fachwerkbauten in Kloster Veßra

Einkaufen

Zier- und Gebrauchskeramik – **Schautöpferei Weingarten:** Heurichstr. 2, Tel. 036948 807 94, www.toepferei-weingarten.de, Mo–Sa geöffnet. Zuschauen, wie Gebrauchs- und Zierkeramik sowie Gartenkeramik entsteht, die auch zum Kauf bereitsteht. Angefertigt werden auch individuelle Gegenstände.
Keramik mit viel Farbe – **Töpferhof Gramann:** Milzstr. 30, Tel. 036948 211 41, www.toepferhof-gramann.de, tgl. Farbenfroh und farbintensiv sowie mit dekorativen Mustern versehen – so zeichnet sich die Gramann'sche Keramik aus. Der Familienbetrieb stellt seit 1720 Tongeschirr her. Die Keramiken sind Kunstobjekte und auch für den täglichen Gebrauch geeignet.

Infos & Termine

www.roemhild.info: Infos zum Ort.
Kalter Markt: letzter Do im Jan. Traditioneller Markt (s. S. 30).

Veste Heldburg

▶ D 7

Tel. 036871 212 10, www.thueringerschloesser.de, Di–So April–Okt. 10–18, Nov.–März bis 16 Uhr, 2 / erm. 1 €
›Fränkische Leuchte‹ wird die Veste auf hohem, bewaldetem Fels genannt, da von ihr einst bei Gefahr Leuchtsignale nach Coburg gesandt wurden.

Herzog Georg II. von Sachsen-Meiningen ließ sich von einem Besuch in –Neuschwanstein inspirieren und nahm im 19. Jh. eine historische Überformung vor, die das 20 km südlich von Römhild gelegene Veste zu Märchenschloss wie Ritterburg gleichermaßen machte.

Schiefergebirge und Oberes Saaletal

Highlights !

Feengrotten Saalfeld: Eine beeindruckende Welt tief im Berg. Der Höhepunkt des Rundgangs: der stilisierte Sonnenauf- und -untergang im Märchendom. S. 232

Heidecksburg Rudolstadt: Eines der prachtvollsten Barockschlösser in Deutschland mit wunderschönen Fest- und Wohnräumen, einer aus Gemälden und Mobiliar bestehenden Kunstsammlung und einer Porzellangalerie. S. 239

Auf Entdeckungstour

Das ›Blaue Gold‹ von Lehesten: Der Tagebau füllt sich mit Wasser, die Fördermaschine im Göpelhaus wird nur noch für Besucher angeworfen, und in der Spalthütte versuchen Touristen, sich eine kleine Schiefertafel zurechtzuschneiden – der einstige Staatsschieferbruch in Lehesten (nahe Steinbach) wurde zum Technischen Denkmal und Museum. S. 236

Kultur & Sehenswertes

Spielzeugmuseum Sonneberg: Die Hauptattraktion bildet die Schaugruppe ›Thüringer Kirmes‹. Sie zeigt das Volkstreiben in einer thüringischen Kleinstadt vor rund 100 Jahren. S. 212

Mödlareuth: ›Little Berlin‹ nannten die Amerikaner das kleine Dorf, denn wie in Berlin war es durch eine Mauer geteilt. S. 227

Aktiv & Kreativ

Nervenkitzel pur: Skispringen für jedermann und zu jeder Jahreszeit! Möglich ist dies im Outdoor-Park von Steinach. In der warmen Jahreszeit verwandelt sich die Skiarena Silbersattel in ein Paradies für Mountainbiker. S. 214

Bleilochtalsperre: Wassersport und Badespaß, Angeln sowie Rundfahrten mit Passagierschiffen auf dem Stausee sorgen für Urlaubsfeeling. S. 224

Genießen & Atmosphäre

Weihnachtszeit in Lauscha: Überall glitzert und funkelt es in der Stadt, die als die Wiege des gläsernen Christbaumschmucks gilt. An den Tannenbäumen in den Vorgärten und in den Fenstern der Häuser leuchtet er vielgestaltig. S. 215

Silbermanntöne auf Schloss Burgk: Nicht nur Musikfreunde sind begeistert, wenn die kleine Orgel des berühmten sächsischen Orgelbaumeisters zu Konzerten erklingt. S. 226

Abends & Nachts

Liebhabertheater Kochberg: Theateraufführungen, Konzerte und Lesungen in dem um 1800 errichteten Theater sind ein besonderes Erlebnis. S. 242

Jenas Kneipenmeile: Die Wagnergasse, in der sich Restaurants, Bars, Cafés aneinanderreihen, wurde zur Kneipenmeile im studentisch geprägten Jena. S. 251

›Blaues Gold‹ und viele Seen

Man braucht in keine Landkarte zu schauen, auch keine Touristiker oder gar Geologen zu bemühen – man sieht es, wenn das Thüringer Schiefergebirge erreicht ist: Dächer und Fassaden der Häuser sind unverwechselbar mit blaugrauen Schieferplatten gedeckt und verkleidet. ›Blaues Gold‹ sagen die Menschen zu dem wetterfesten Material, das ihr Leben über Jahrhunderte geprägt hat. Der Schiefer gab sogar der Landschaft den Namen.

Die etwa 20 km breite Hochfläche des Thüringer Schiefergebirges mit tief eingeschnittenen Bachtälern und ein-

zelnen Bergen schließt sich im Südosten an den Thüringer Wald an. Die Grenze liegt in etwa bei Gehren – Neustadt am Rennsteig – Schönbrunn – Merbelsrod. Am Nordrand des Schiefergebirges hat die Natur etwas besonders Reizvolles hinterlassen, das wildromantische, tief eingeschnittene Schwarzatal. Es hat eine Länge von rund 50 km.

Im Osten geht das Schiefergebirge ins Saaletal über. Wald, Wasser und Fels prägen den Verlauf der Saale im oberen Teil. Links und rechts sowie im Tal des Nebenflusses Orla trifft man auf reichlich Geschichte zum Anfassen. In Saalfeld beispielsweise, aber auch in Rudolstadt und Jena gibt es viel zu entdecken. Hoch oben von den Schlössern in Dornburg schaute schon Goethe hinab ins Saaletal.

Infobox

Auskunft
Saaleland: Tourismusverein Rennsteig-Saaleland e. V., Feengrottenweg 2, 07318 Saalfeld, Tel. 03671 550 40, www.rennsteig-saaleland.de
Tourismusverbund Rennsteig-Saaleland e.V.: c/o Landratsamt Saale-Orla-Kreis, Oschitzer Str. 4, 07907 Schleiz, Tel. 03663/42 14 66, www.rennsteig saaleland.de
Schwarzatal: Verwaltungsgemeinschaft Mittleres Schwarzatal, Hauptstr. 40, 07429 Sitzendorf, Tel. 036730 34 30, www.mittleres-schwarzatal.de

Anreise und Weiterkommen
Jena und Saalfeld haben **ICE-Anschluss.** Per **Auto** auf der Autobahn A 4 (Ost-West-Verbindung) oder die Autobahnen A 9 und A 71 (Nord-Süd-Verbindung). Infos zum Stadt- und regionalen **Busverkehr** um Bad Blankenburg, Pößneck, Rudolstadt sowie Saalfeld: www.ovs-online.eu.

Sonneberg ► E 7

Die Stadt (22 800 Einw.) am Südrand des Thüringer Schiefergebirges ist eine Art Synonym für Spielzeugland. Vor rund 100 Jahren kamen etwa 40 Prozent aller in Deutschland produzierten Spielzeuge aus dem Sonneberger Raum, im Weltmaßstab war es ein Fünftel. Ihren Aufschwung nahm die Spielwarenherstellung im 17. Jh. nach dem Niedergang des Bergbaus.

Deutsches Spielzeugmuseum
Tel. 03675 422 63 40, www.spielzeug museum-sonneberg.de, Beethovenstr. 10, Di–So, 10–17 Uhr, in den Ferien auch Mo, 4 / erm. 2 / Familienkarte 8,50 €
Hunderte große und kleine Puppen, zu Paraden angetretene Zinnsoldaten, Puppenstuben und die DDR-Fernseh-

lieblinge Sandmännchen, Pittiplatsch, Frau Elster und Herr Fuchs sind nicht nur für Kinder eine Attraktion. Das Museum zeigt Spielzeug von der Antike bis zur Gegenwart. Hauptattraktion ist die Schaugruppe ›Thüringer Kirmes‹. Auf einer Fläche von 72 m² sind Karussells, Schießbuden, Fachwerkhäuser und 67 zum Teil fast lebensgroße Figuren zu sehen, die das Treiben auf einer Kirmes in einer thüringischen Kleinstadt vor rund 100 Jahren zeigen.

Vom Museum zum Rathaus

Wenige Schritte vom Spielzeugmuseum entfernt steht die neogotische **Stadtkirche,** die in Anlehnung an die Nürnberger Lorenzkirche gestaltet wurde. Von hier ist es nicht weit zum spätmittelalterlichen Blockhaus, das seit jeher **Lutherhaus** heißt. Lange Zeit war man der Meinung, in dem Haus habe 1518 Martin Luther übernachtet. Zu Luthers Zeiten stand es noch in dem Dorf Judenbach, dort sollte es 1874 abgerissen werden. Ein Spielzeugfabrikant erwarb das Haus und ließ es nach Sonneberg umsetzen.

Über den Unteren Markt erreicht man den Marktplatz mit dem neogotischen **Alten Rathaus**. Mancher wird sagen: Das kommt mir aber bekannt vor? Richtig! Der ›Römer‹, das Rathaus von Frankfurt am Main (ab 1405), diente als Vorbild.

Schauaquarium Nautiland

Marktplatz, Tel. 03675 42 78 88, www.schauaquarium-nautiland.de, Di–So 11–17 Uhr, 5 / erm. 3,50 / Familienkarte 12–18 €

Eine weitere Attraktion entstand mit dem Nautiland. In dem Aquarium tauchen die Besucher in die faszinierende Unterwasserwelt ein, bestaunen die Vielfalt der Lebewesen in den Korallenriffen sowie in den amerikanischen und südostasiatischen Gewässern. Besuchermagnete sind große Raubmuränen und die Schwarzspitzenriffhaie. Mittwochs und sonntags zwischen 15 und 15.30 Uhr ist Haifütterung!

Übernachten

Historisch – **Hotel Schlossberg:** Schlossbergstr. 1, Tel. 03675 733 00, www.hotel-schlossberg.de, 14 Zi., DZ/ÜF ab 108 €. An das Anwesen der Ritter zu Sonneberg erinnert nur noch wenig. Heute empfängt ein kleines feines Hotel in einsamer Lage auf dem Berg die Gäste. Das Glanzstück ist die Turmsuite (195 €), die sich über drei Etagen nach oben windet und einen wunderbaren Ausblick auf Sonneberg bietet.

Familiär – **Hotel Schöne Aussicht:** Schöne Aussicht 24, Tel. 03675 80 40 40, www.hotelschoeneaussicht.de, 12 Zi., DZ/ÜF ab 74 €. Die schöne Aussicht, die der Hotelname verspricht, hat man, dazu zeitgemäß eingerichtete Zimmer und einen Service, der den Aufenthalt angenehm macht.

Essen & Trinken

Gutbürgerlich – **Schlossberg:** im Hotel Schlossberg (s. o.), tgl. geöffnet, Hauptgerichte 8–18 €. Eine gutbürgerliche Küche wird in dem Hotelrestaurant gepflegt, des Weiteren gibt es regionale Kloßgerichte und Gebratenes vom Lavastein-Grill. Nett sitzt es sich im großen Biergarten mit Blick in die Weiten des Thüringer Waldes.

Urig rustikal – **Lutherhaus:** Lutherhausweg 19, Tel. 03675 70 39 58, www.lutherhaus-sonneberg.net, Hauptgerichte 5–13 €, Mo geschl. Historische Gaststätte in einer Blockhütte mit einer dem Ambiente entsprechenden rustikalen Küche.

Aktiv & Kreativ

Baden – **Sonne-Bad:** Wiesenstr. 18, www.sonnebad-sonneberg.de, tgl. geöffnet. Alles unter einem Dach bietet die multifunktionale Freizeiteinrichtung: Sport- und Spaßbad, Saunalandschaft, Fitnessstudio und im Winter Eislaufen. Im Sommer ist der Baxenteich eine gute Ergänzung.

Infos & Termine

Information

Touristinformation und Naturparkcenter: Bahnhofsplatz 3 (im Bahnhofsgebäude), 96502 Sonneberg, Tel. 03675 70 27 11, www.sonneberg.de

Verkehr

Von und nach Sonneberg kommt man mit der **Südthüringenbahn,** mit **Bussen** von und nach Eisenach und Suhl.

Termine

Orgelmatineen: am 1. Do des Monats um 11 Uhr im Rathaussaal auf der Sauer-Orgel.
Sonneberger Vogelschießen: erste Juliwoche. Beliebtes regionales Volksfest.
Sonneberger Jazztage: www.son-jazz. de. Fünf Tage in der ersten Novemberhälfte dreht sich alles um Jazz.

Ausflug nach Steinach ► E 6

Outdoor-Sportstätten

Skispringen für jedermann zu jeder Jahreszeit! Diesen Nervenkitzel pur kann man im **Outdoor-Park** von Steinach (4600 Einw.), 10 km nördlich von Sonneberg, erleben. Ausgestattet mit Sprungski und Sicherheitshelm geht es 123 Treppenstufen nach oben und gut

gesichert in die Anlaufspur. Ungefähr 150 m beträgt der atemberaubende Luftsprung (Buchungen unter info@skiflyer.de).

Steinach hat sich am 842 m hohen Fellberg Thüringens größtes alpines Skigebiet zugelegt: die **Skiarena Silbersattel** (www.silbersattel.de) mit zwei Schleppliften und einem Doppelsessellift. Anfänger und Profis kommen auf sieben Pisten mit unterschiedlichen Schwierigkeitsgraden von leicht über mittelschwer bis schwer auf ihre Kosten. Eine computergesteuerte Beschneiungsanlage sorgt für optimale Bedingungen, und der 1400 m lange Flutlichthang ermöglicht das Ski- und Snowboardfahren auch in den Abendstunden.

In der schneefreien Zeit verwandelt sich das Skigebiet in ein Paradies für **Mountainbiker.** Der Doppelsessellift, an den Fahrradtransporthalter angebracht werden, bringt die Biker zur Bergstation. Von dort können sie auf drei 1,5 km langen Abfahrten mit unterschiedlicher Schwierigkeit zu Tal jagen (Mai–Okt. Sa, So am Nachmittag).

Wer das nicht möchte, versucht vielleicht, wie Tarzan zu klettern! Der **Hochseilgarten** hält zehn Meter über dem Boden 16 verschiedene Herausforderungen parat (Tel. 0700 77 00 77 11, www.roc-team.de, 1. So im Monat, Gruppen auf Anmeldung).

Deutsches Schiefermuseum

Dr.-Max-Volk-Str. 21, Tel. 036762 306 19, Di–Sa 13–17, So 14–17 Uhr, 2,50 / erm. 1,50 €
Bekannt wurde Steinach durch die Fertigung von Schiefergriffeln. Mehr als 30 Milliarden (!) der schlanken Schreibwerkzeuge gingen von dem Thüringer Städtchen auf die Reise in die Welt. Gefertigt hat man sie aus dem hier vorkommenden weichen Schiefer.

Vom grauen Schiefer geprägt: Lauscha

Infos

Touristinformation: Dr.-Max-Volk-Str. 21, Tel. 036762 348 13, www.steinach-thueringen.de

Lauscha ► E 6

Christbaumschmuck aus Lauscha lässt nicht nur Kinderaugen leuchten, und das in der ganzen Welt. Aus Lauscha, der Wiege des gläsernen Christbaumschmucks, kommen einzigartige zarte Kunstwerke, mundgeblasen und von Hand bemalt. Seit mehr als anderthalb Jahrhunderten werden in der Kleinstadt die zerbrechlichen Weihnachtssymbole hergestellt.

In der Weihnachtszeit, vor allem wenn sich die Dunkelheit über das Land gelegt hat, ist Lauscha (4500 Einw.) wunderschön anzuschauen.

Dann strahlen an den Tannenbäumen in den Vorgärten und in den Fenstern die Kugeln. Überall glitzert und funkelt es. Inoffiziell wetteifern die Familien um den schönsten Baum und um das schönste Fenster. Zahlreiche Geschäfte und Produktionsstätten bieten das Jahr über ein umfangreiches Sortiment an Glaserzeugnissen, Weihnachtsschmuck etc. an.

Farbglashütte Lauscha
Straße des Friedens 46, Tel. 036702 28 10, www.farbglashuette.de, tgl. 10–17 Uhr, Führungen von 50 Min. Dauer tgl. 10.30, 11.30, 12.30, 14.30 und 15.30 Uhr, Führungspreis 3 / erm. 2 €, Glasblasen für Gäste tgl. 11 und 15 Uhr
Den Glaskünstlern darf in vielen Werkstätten des Städtchens bei der Arbeit über die Schulter geschaut werden. Auch die Farbglashütte Lauscha bringt

den Besuchern die traditionelle Glasmacherkunst näher. Ein schönes Erinnerungsstück mit nach Hause nehmen? Selbst Glasblasen ist bei den Kreativangeboten möglich.

Museum für Glaskunst

Oberlandstr. 10, Tel. 036702 207 24, www.Glasmuseum.Lauscha.de, Di–So 11–16 Uhr, 2,50 / erm. 1,50 / Familienkarte 7 €

Hier ist Glas in allen Formen und Farben zu sehen: röhrende Hirsche, kleine Vögelchen in Glaskäfigen, Christbaumschmuck. Die ›Figurenkunst‹ ist zahlreich vertreten – vielseitige mundgeblasene und aus massivem Glas gestaltete Plastiken –, die sich Anfang des 20. Jh. aus einer um 1800 begonnenen Liebhaberei zum Kunsthandwerk entwickelte. Zu sehen ist auch ein Glasbläser-Arbeitsraum von ca. 1920.

Übernachten

Familiär – **Hotel Beck:** Bahnhofstr. 30, Tel. 036702 208 00, www.hotel-beck. com, 15 Zi., DZ/ÜF 60–99 €. Familiär geführtes Haus mit Zimmern, die einen angenehmen Aufenthalt versprechen. Die Zimmer zum Garten sind etwas ruhiger, da das Haus an der Ortsstraße liegt.

Essen & Trinken

Frisch – **Bürgerstuben:** (in der Farbglashütte, s. o.), Tel. 036702 222 92, www.buergerstuben-lauscha.de, tgl. geöffnet, Hauptgerichte 8–14 €. Nach der Besichtigung der Farbglashütte und dem Einkauf sitzt es sich angenehm bei Essen und Trinken. Immer ist hier Frische garantiert: Das Wild wird selbst gejagt, das Fleisch kommt vom einheimischen Metzger, das Gemüse

ist tagfrisch, auch die Pilze werden selbst gesucht und verarbeitet.

Aktiv & Kreativ

Rodeln – **Sommerrodelbahn:** OT Ernstthal, Tel. 036702 208 31, www.sommerrodelbahn-ernstthal.de, Mai–Nov. tgl. 10–17 Uhr. Am Pappenheimer Berg geht es durch Brücken und Kurven 1300 m bergab.

Infos & Termine

Touristinformation: Bahnhofstr. 12, 98724 Lauscha-Ernstthal, Tel. 036702 229 44, www.lauscha.de
Kugelmarkt: 1. und 2. Adventswochenende, www.kugelmarkt.com. Ein origineller Spezialmarkt für gläsernen Christbaumschmuck mit viel Flair.

Oberweißbach ▶ E 5/6

In der Kleinstadt kam der Begründer des Kindergartens, Friedrich Fröbel, 1782 zur Welt. Deshalb hat sich Oberweißbach (1700 Einw.) den Beinamen ›Fröbelstadt‹ zugelegt.

Fröbels Vater predigte in der im Jahr 1779 geweihten **Barockkirche,** der größten ihrer Art in Thüringen. Über 2000 Menschen haben in dem Gotteshaus Platz. Vom Fröbel-Museum führt der 2,4 km lange **Kräuterlehrpfad** zum 29,5 m hohen **Fröbelturm** (Di geschl.). Der Turm wurde 1890 zum Gedenken an den großen Sohn der kleinen Stadt errichtet.

Fröbel-Museum und Olitätenstübchen

Markt 10, Tel. 036705 621 23, www.oberweissbach.com, Mai–Okt. Mo–Fr 10–12, 13–17, Sa, So 13–17,

Nov.–April Mo–Fr 10–12, 13–17, So 13–16 Uhr, 2 / erm. 1,50 €
In Fröbels Geburtshaus, dem Pfarrhaus von Oberweißbach, erinnert vieles an den großen Pädagogen. Als der gebo-

ren wurde, blühte in der Region das Olitätengewerbe. Olitäten umfassen lt. Meyers Konversationslexikon von 1877 alle Arten von Ölen und Essenzen. Aus den Heilpflanzen, die die

Unser Tipp

»Oben ohne« den Berg hinauf ► E 5/6

Das gibt es auf der Welt kein zweites Mal: Normalspurige Eisenbahnwagen werden den Berg hinaufgehievt, auf einer Strecke, die auf 4 Metern um 1 m steigt! Zwischen Obstfelderschmiede und der 1388 m entfernten Bergstation Lichtenhain wird ein Höhenunterschied von 323 m überwunden, das ist mehr, als der Pariser Eiffelturm samt Antenne misst. Gebaut wurde die 1923 eingeweihte Strecke, um Güterwaggons samt Ladung vom Tal auf die Hochebene um Oberweißbach zu befördern. Die kamen auf eine Güterbühne, und los ging's. Heute sind es Personenwagen, in denen Touristen aus den Fenstern schauen. Und im Sommer, wenn kein Regen in Sicht ist, kann man sich »oben ohne«, also im offenen Cabrio, in 18 Min. nach oben ziehen lassen (Tel. 036705 201 34, www.oberweissbacher-bergbahn.com, tgl. 6.30–20 Uhr zu jeder vollen und halben Stunde).

Lieblingsort

Ein Ort zum Träumen ▶ E 5
Die Atmosphäre in dem alten Gemäuer der **Klosterruine Paulinzella**
ist einzigartig – vor allem am frühen Vormittag oder späten Nachmittag, wenn keine touristische
Hektik die Ruhe stört. Hier vergessen wir Handy und E-Mails, legen
die Hektik unserer Tage ab, fühlen
uns beim Blick ins Kirchenschiff in
vergangene Jahrhunderte versetzt.
Die Reste des ehemaligen Benediktinerklosters, ein großartiges Zeugnis romanischer Baukunst, verstecken sich abseits der Touristenstra-
ßen im Rottenbachtal, 16 km von
Bad Blankenburg entfernt. Es ist
ein Ort zum Innehalten, zum Nach-
denken (jederzeit kostenloser Zutritt, www.paulinzella.de).

Natur in dieser Region geradezu verschwenderisch gedeihen lässt, wurden Heil- und Wundermittel hergestellt, die sogenannte Buckelapotheker bis nach Holland und in die Schweiz brachten. Deshalb gibt es in dem hübschen Fachwerkbau auch ein **Olitätenstübchen.**

Übernachten, Essen

Behaglich – **Hotel Burghof:** Sonneberger Str. 67, Tel. 036705 68 70, www.hotelburghof.de, 20 Zi., DZ/ÜF 60–78 €, Restaurant tgl. geöffnet, Hauptgerichte 8–12 €. Im schieferverkleideten Fachwerkhaus am Ortsrand in Waldnähe erwarten den Gast behagliche moderne Zimmer. Im hellen, als Café eingerichteten Wintergarten sollte man ruhig mal ein Päuschen machen und den Kuchen probieren. Das Restaurant ähnelt einem Rittersaal, gemütlich ist auch die Bierstube.

Aktiv & Kreativ

Kräuter – **Kräuterseminare:** Heilpflanzen erkennen, sammeln und anwenden: dreitägige Seminare im Frühjahr und Herbst, auch Tageskurse nach Anmeldung in der Touristinformation.

Infos

Information
Touristinformation: Markt 10, 98744 Oberweißbach, Tel. 036705 621 23, www.oberweissbach.de

Verkehr
Die **Schwarzatalbahn** verkehrt zwischen Rottenbach und Katzhütte, **Busse** fahren von und nach Rudolstadt, Saalfeld und Sonneberg.

Schwarzatal ► E 5

Das rund 50 km lange Tal der Schwarza gehört zu den romantischsten Tälern, die Thüringen vorzuweisen hat. Das Flüsschen entspringt nahe dem Rennsteig bei Scheibe-Alsbach und mündet – nomen est omen – bei Schwarza in die Saale. Von seiner schönsten Seite zeigt es sich zwischen Schwarzburg und Bad Blankenburg, wo sich der Fluss tief in den Nordrand des Thüringer Schiefergebirges eingeschnitten hat. Hier fischt noch der Eisvogel, brütet die Gebirgsbachstelze und ist der Ruf des Uhus zu hören. Bereits 1941 wurde dieser Talabschnitt zum Naturschutzgebiet erklärt.

Schwarzburg
In Schwarzburg (650 Einw.) umschließt die Schwarza den **Burgberg** von drei Seiten. 1736 gestalteten die Rudolstädter Fürsten die bereits im 11. Jh. erwähnte Burg in ein **Barockschloss** um, das sie als Sommersitz nutzten. 1940 begannen die Nationalsozialisten das Schloss zu einem ›Reichsgästeheim‹ und einer ›Residenz für das belgische Königshaus‹ auszubauen, das man hier internieren wollte. Doch nach der Schlacht an der Wolga 1943 stellte man die Arbeiten ein, seitdem steht das Schloss als Ruine da.

In seiner ursprünglichen Pracht präsentiert sich das Anfang des 18. Jh. als Orangerie und Gartenhaus erbaute **Kaisersaalgebäude,** das durch einen gedeckten Gang mit dem Schloss verbunden war. Anfang der 1970er-Jahre erhielt es sein ursprüngliches Aussehen zurück. Der Saal, der dem Bauwerk den Namen gab, befindet sich im Obergeschoss, in dem 126 Medaillons sowie lebensgroße Bilder römischer, byzantinischer und auch deutscher Kaiser zu sehen sind (Tel. 036730 222

63, www.schloss-schwarzburg.de, April bis Okt tgl. 10–17 Uhr, 2 € / erm. 1,50 €).

Bad Blankenburg

Im 10 km entfernten Bad Blankenburg (7200 Einw.) schlug die Geburtsstunde des Kindergartens. In Blankenburg begann Friedrich Fröbel 1839 seine berühmten ›Spielgaben‹ Kugel, Walze und Würfel mit den Kindern der Stadt zu erproben, ein Jahr später verwendete er erstmals den Begriff ›Kindergarten‹, der danach um die Welt ging.

Am authentischen Ort unweit des Marktplatzes entstand im Haus von Fröbels ›Spiel- und Beschäftigungsanstalt‹, dem ersten Kindergarten der Welt, das **Fröbelmuseum.** Dort können Kinder spielen und sich in der Anwendung von Fröbeltechniken wie Falten, Flechten und Schneiden üben (Johannisgasse 4, Tel. 036741 25 65, www.froebel-museum.de, Di–Sa 10–17 Uhr, 3 / erm. 2 €).

Hoch über Bad Blankenburg liegt die **Burg Greifenstein,** eine der größten deutschen Feudalburgen. Vom Bergfried hat man einen herrlichen Blick auf die Stadt und die gegenüberliegenden Berge. Das kleine Burgmuseum informiert über die Burggeschichte (www.burg-greifenstein.de, Di–So 10–17 Uhr, 2,50 / erm. 2 €). Zu interessanten Flugvorführungen lädt der Adler- & Falkenhof ein (Tel. 036741 574 29, April–Okt. tgl. 11, 15 Uhr, zusätzlich zum Burgeintritt 6 / erm. 4 €).

Übernachten

Gastlich – **Hotel Weinhaus Eberitzsch:** Schwarzburger Str. 19, Bad Blankenburg, Tel. 036741 23 53, www.weinhaus-eberitzsch.de, 29 Zi., 3 App., DZ/ÜF ab 60–76 €. Wohnliche Zimmer hält die große renovierte Jugendstilvilla am Eingang zum Schwarzatal bereit.

In der Natur – **Flair Hotel Waldfrieden:** Mellenbacher Str. 2, Meuselbach, Tel. 036705 610 00, www.hotel-waldfrieden.com, 20 Zi., DZ/ÜF 75–99 €. Schöne, ländlich eingerichtete Zimmer, ein kleiner Wellnessbereich mit Massageangeboten und gute Thüringer Küche sorgen für einen angenehmen Aufenthalt.

Essen & Trinken

Ur-Thüringisch – **Brätelhaus Zur Harfe:** Obere Marktstr. 2, Bad Blankenburg, Tel. 036741 26 29, Di geschl., im Winter Mo, Mi–Fr nur abends, Hauptgerichte 6–12 €. In einer der ältesten, traditionsreichsten Gaststätten des Landes gibt es natürlich Thüringer Brätel in allen nur denkbaren Variationen: Thüringer Rostbrätel, Kräuterbrätel, Kutscherbrätel, Feinschmeckerbrätel u. v. m., und das zu moderaten Preisen.

Aktiv & Kreativ

Goldwaschen – Von Mai bis Sept. kann man mitten in Schwarzburg Gold waschen. Termine sind im Informationszentrum zu erfragen.

Reiten – **Haflinger-Gestüt und Reiterhof Meura:** Ortsstr. 116, Meura (10 km südl. von Schwarzburg), www.haflinger-in-meura.de, Gestütsführungen tgl. 11, 12, 14, 15, 16 Uhr. Schnupperreiten, Reitkurse und -ferien, Wanderritte, Kutsch- und Kremserfahrten.

Infos & Termine

Information

Tourist- und Service Center: Bahnhofstr. 23, 07422 Bad Blankenburg, Tel. 036741 26 67, www.bad-blankenburg.info

Verkehr

Bad Blankenburg liegt an der Bahnstrecke Saalfeld–Erfurt. Von und nach Schwarzburg mit der **Schwarzatalbahn** bis Rottenbach, umsteigen in die **Regionalbahn** nach Erfurt und Saalfeld. **Busverbindungen** bestehen zwischen Schwarzburg und Bad Blankenburg sowie nach Oberweißbach und Rudolstadt.

Termine

Lavendelfest: 2. Augustwochenende, Bad Blankenburg. Der Lavendel steht im Mittelpunkt dieses Festes, das einen Höhepunkt in der Wahl der Lavendel-Königin hat.

Die Saale entlang

Wie ein blaues Band windet sich die Saale um die grünen Berge. Auf fast 80 km Länge wurde der Fluss in seinem oberen Teil fünfmal hintereinander gestaut, u. a. zur Hohenwarte- und zur Bleilochtalsperre, die Wasserparadiese der Superlative sind. »Thüringer Meer« nennt sich Deutschlands größte

Stauseeregion auch. Hier wird gesurft und gebadet, gesegelt und geangelt. Wer nicht aktiv sein möchte, geht an Bord eines der Fahrgastschiffe.

In diese Region locken aber auch ausgedehnte Wälder, die gute Wandermöglichkeiten bieten. Wer allein sein möchte, fährt ins Plothener Teichgebiet, eine bizarre und oft mit der finnischen Seenwelt verglichene Landschaft.

Auf dem Saale-Radweg kann man entlang dem Fluss in Richtung Norden radeln, nach Rudolstadt mit der Heidecksburg, nach Jena, die Stadt der Wissenschaften, oder auch von Dornburg weiter ins Bundesland Sachsen-Anhalt.

Bad Lobenstein ▶ F 6

Lobenstein (7500 Einw.), heute ein staatlich anerkanntes Moorheilbad, war eines der für Thüringen typischen Residenzstädtchen.

Aus dieser Zeit stammt die klassizistische **Alte Wache** vom Anfang des 19. Jh., in der sich jetzt sowohl die

Unser Tipp

Der »Fässleseecher«

Am Markt kann man die eigentliche Attraktion von Bad Lobenstein kennenlernen. Oben im Rathausturm ist die originale Figur zu sehen, die an die Tuchweberei erinnert, in vergangenen Zeiten die Haupteinnahmequelle der Bürger. Zum Walken des Tuches wurde Ammoniak benötigt, der in abgestandenem Urin entsteht. Und deshalb gehörte zu jeder Tuchmacherstube ein Fässchen, in das die gesamte Familie »hineinseechen« musste. Heute macht das nur noch der »Fässleseecher« am Rathausturm. Im Winter hat er ›Pinkelpause‹, nach der Frostperiode verrichtet er wieder sein Geschäft, der Wasserstrahl platscht auf das Marktpflaster – sofern er nicht neugierige Gäste trifft (tgl. 10, 12, 14 und 16 Uhr).

Stadtgalerie befindet als auch die pavillonartige fürstliche Wagen- und Kutschenremise. In der Remise standen einst die Reisekutschen des Fürsten, später befanden sich hier die Feuerwehrspritzen, deshalb sprechen die Lobensteiner nur vom ›Spritzenhaus‹. Heute beherbergt das Bauwerk die Touristinformation.

Neues Schloss

Leonberger Platz 2, Tel. 036651 771 65, Di 9–12, 13–18, Do 9–12, 13–16, Fr 9–12 Uhr, 2 / erm. 1,50 / Familienkarte 3,50 €
Residenz der Fürsten Reuß jüngere Linie Lobenstein war das Anfang des 18. Jh. im Barockstil erbaute Neue Schloss. Eine Dauerausstellung informiert zur reußischen Landes- und Münzgeschichte, der Südflügel wird kulturell genutzt.

Bergmuseum Markt Höhler

Tel. 036651 395 57, www.markt hoehlerlobenstein.de, Führungen (Dauer ca. 1 Std.) Di–So 14.10, 15.30, 17.10 Uhr, 6 € ab 2 Erwachsene, Einzelperson 12 €
Am Markt trieben um 1780 Bergleute einen 54,5 m langen Stollen in den Burgberg. In 20 großen Kammern links und rechts des Stollens wurde Bier gebraut und kühl gelagert. Heute ist die Anlage für Besichtigungen geöffnet, die Temperatur beträgt etwa 8 °C.

Alter Turm

April–Sept. Di, Do 10–16, Sa, So 14–17.30, Okt.-März Di 10–13, Do 13–16, So 13–16 Uhr, 1,50 / erm. 1 €
Auf einem Bergkegel thronend grüßt der 13 m hohe Wehrturm weithin die Gäste der Stadt. Er ist der Rest der im Dreißigjährigen Krieg zerstörten mittelalterlichen Burg und avancierte zum Wahrzeichen von Bad Lobenstein. 130 Stufen führen in dem rund 900 Jahre alten Bau zur Aussichtsplattform hinauf.

Übernachten, Essen

Zeitgemäß – **Hotel Oberland:** Topfmarkt 2, Tel. 036651 659 90, www.ho teloberland.de, 19 Zi., DZ/ÜF ab 65 €, Restaurant tgl. geöffnet, Hauptgerichte 9–15 €. Das Hotel ist in die historische Stadtmauer integriert und wartet mit zeitgemäßen und nett eingerichteten Zimmern mit kostenlosem Internetzugang auf. Im Restaurant, das aus verschiedenen Räumlichkeiten besteht, kann man gut essen, Thüringer und internationale Küche wird angeboten.

Einkaufen

Hochprozentiges – **Lobensteiner Destillerie & Erlebnisbrauerei:** Teichdamm 8, Tel. 036651 21 14, www.destillerie-erlebnisbrauerei.de, Mo–Fr 10–18, Sa 9–12 Uhr. Brände und Geiste, Liköre, Kräuterschnäpse sowie Gelees aus eigener Produktion, Gewürze, Öle, Essig und Tee, aber auch hausgebrautes Bier. In den Räumlichkeiten finden Verkostungen, Führungen und Seminare zum Thema »Wissenswertes zur Brenn- und Braukunde« (Anmeldung erforderlich) statt.

Aktiv & Kreativ

Baden – **Ardesia-Therme:** Parkstr. 8, Tel. 036651 393 90, www.ardesia-ther me.de. Fit durch Moor, Wasser und Licht – zum Genießen! Eine attraktive Badelandschaft mit verschiedenen Becken ist hier geschaffen worden, in der auch Mooranwendungen aller Art angeboten werden.

Infos

Stadtinformation: Graben 18, 07356 Lobenstein, Tel. 036651 25 43, www. bad-lobenstein.de

Bleilochtalsperre ▶ G 6

Jahrhunderte gebärdete sich die obere Saale vor allem im Frühjahr zur Schnee-schmelze ziemlich wild. Zwischen 1919 und 1963 wurde der ungestüme Fluss von Menschenhand gebändigt, es ent-standen die Saalekaskaden. Auf einer Flusslänge von ca. 80 km stauen fünf Talsperren zwischen Blankenstein und Eichicht mehr als 400 Mio. m³ Wasser. Größter See ist die in den Jahren 1925 bis 1932 erbaute 28 km lange und ma-ximal 2 km breite Bleilochtalsperre. Namensgeber waren die Bleiberge, die sie zu beiden Seiten begrenzen. Durch den Stau wurden 120 Gebäude und 20 Industrieanlagen unter Wasser ge-setzt, rund 700 Einwohner mussten

Aus einem Überschwemmungsgebiet wurde ein Freizeitparadies geschaffen: die Bleichlochtalsperre

umgesiedelt werden. Heute ist die Talsperre ein Paradies für Wassersportler.

Saalburg-Ebersdorf

Direkt an der Talsperre liegt Saalburg-Ebersdorf (4100 Einw.), das von dem gewaltigen Bauwerk profitierte – es wurde zum Erholungsort. Fahrgastschiffe legen ab, Surfer jagen auf dem Wasser dahin, der Wind bläht die Segel von Yachten, in den Straßencafés sitzen Urlauber. Im Dornbachgrund trifft man im **Märchenwald** auf Rotkäpp-

chen, Hänsel und Gretel, Frau Holle und andere Märchenfiguren. Zu den Attraktionen des Parks gehören Seilbahn, Minicars, Spiel- und Klettergeräte (Tel. 036647 222 18, www.maerchenwald-saalburg. de, Mitte März–Okt. tgl. 9–18 Uhr, 5 / erm. 4,50 / Kinder 4 €). Eine Sehenswürdigkeit ist im Ortsteil Kloster, direkt an der Straße nach Schleiz, zu entdecken: die **Steinerne Rose,** die vor etwa 350 Mio. Jahren durch einen Vulkanausbruch entstand. Es handelt sich um Gestein, das durch Verwitterung diese besondere Form einer Rosenknospe bekam.

Im Ortsteil Ebersdorf auf dem westlichen Saaleufer lohnt der reizvolle **Ebersdorfer Park** mit seinem Reichtum an Gehölzen einen Besuch. Besonders im Herbst bieten die Blätter der Bäume und Sträucher eine bunte Farbenpracht. Im Schloss aus dem 17. Jh. residierte bis 1848 die Fürstenfamilie Reuß jüngere Linie Lobenstein-Ebersdorf, die Herr über den damals absolut kleinsten und politisch unbedeutendsten Kleinstaat Deutschlands war: 10 000 Einwohner, die auf wenigen Quadratkilometern lebten. Viele Häuser des Ortes sind mit Informationstafeln über die Baugeschichte versehen.

Übernachten, Essen

Am Wasser gelegen – **Hotel Kranich Saalburg:** Markt 59, Saalburg, Tel. 036647 224 48, www.kranich-saalburg. de, 16 Zi., DZ/ÜF 79–99 €, Juni–Aug. tgl. geöffnet, sonst Mo geschl., Hauptgerichte 9–13 €. Eine kleine Idylle direkt am Stausee mit gemütlich eingerichteten Zimmern. Es stehen auch Ferienhäuser in unmittelbarer Nähe zum Hotel zur Verfügung. Gutbürgerliche Thüringer Küche im Restaurant, die Hausspezialität ist das ›Kranichpfännchen‹: Schweinemedaillons in Weiß-

Unser Tipp

Silbermanntöne auf Schloss Burgk ▶ G 6

Wenn die Orgel von Gottfried Silbermann in der Kapelle von Schloss Burgk erklingt, leuchten die Augen der Musikfreunde. Mit zwölf Registern und 648 klingenden Pfeifen gehört das Instrument zu den kleinsten Instrumenten, die der berühmteste sächsische Orgelbaumeister geschaffen hat – aber mit seinem reinen, silberhellen Klang zu den beeindruckendsten. Die Konzerte von Karfreitag bis Weihnachten, vorgetragen von namhaften in- und ausländischen Organisten, sind ein Kunstgenuss. Silbermann hatte das Instrument 1743 fertiggestellt. Die Kapelle gilt als der älteste erhaltene Teil des einstigen Jagd- und Sommerschlosses der Fürsten Reuß. Es steht zwischen der Bleiloch- und der Hohenwartetalsperre auf hohem Fels über der Saale (Tel. 03663 40 01 19, www.schloss-burgk.de, April–Okt. Di–So 10–17, Nov.–März Di–Fr 10–16, Sa, So 12–17 Uhr, 4 / erm. 3 €).

weinsahnesauce mit Würzfleisch und Käse gratiniert, dazu Kartoffelwaffeln und Salat. Entspannend ist der Blick beim Essen von der Terrasse auf das Wasser.

Aktiv & Kreativ

Angeln – Ein Paradies für Angler ist die Bleilochtalsperre. Auskünfte über die Touristinformation. Angelkartenverkauf unter www.angelkartenverkauf-tlav.de.

Schiffsrundfahrten – **Fahrgastschifffahrt:** Am Torbogen 1, Saalburg, Tel. 036647 222 50, www.saalburg.de, Ostern–Okt. Einstündige Rundfahrten auf der Bleilochtalsperre.

Wasserwandern – **Saale-Touristik:** Strandwiese Wetteraweg, Tel. 036651 330 09, www.saale-touristik.de, Mai–Okt. Bootsverleih, Wasserwandern auf Wunsch inkl. Organisation des gesamten Aufenthaltes.

Rodeln – **Sommerrodelbahn:** Am Kulmberg 1 a, Saalburg, Tel. 03 66 47 29 91 50, www.saalburg.de, Ostern–Okt. tgl. 10–17 Uhr. Mit dem Lift geht es auf den Kulmberg zum Startpunkt und von dort durch schwungvolle Kurven ins Tal.

Infos & Termine

Information

Touristinformation Saalburg-Ebersdorf: Markt 1, 07929 Saalburg-Ebersdorf, Tel. 036647 290 80, www.saalburg-ebersdorf.de

Termine

Sommernachtsfest am Saalestrand: Drei Tage Ende Juni in Saalburg.
Sonnemondsterne-Festival: 2. Augustwochenende. Ein riesiges Techno-Treffen in Saalburg. Einmal im Jahr kommen am Talsperrenufer in Saalburg bis zu 30 000 Techno-Fans zum Sonnemondsterne-Festival zusammen und schaffen die heißeste Partymeile Thüringens. Lautsprecher dröhnen und der Wind trägt den harten Beat weit hinein ins Thüringer Land (www.sonnemondsterne.de).

Schleiz ▶ G 5

Sportfreunden in aller Welt ist das in ein sanftes Tal eingebettete Städtchen

(9100 Ew.) durch das **Schleizer Dreieckrennen** auf Deutschlands ältester Naturrennstrecke (www.schleizer-dreieck) ein Begriff. Die 3,8 km mit 14 Kurven stellen an die Fahrer hohe sportliche Anforderungen, denn gefahren wird entgegen dem Uhrzeigersinn und auf Straßen von nur etwa 10 m Breite.

Bekannt gemacht hat aber auch Johann Friedrich Böttger. Der Erfinder des europäischen Porzellans wurde 1682 in diesem Ort geboren.

Alte Münze

Di, Do, Fr 9–12, 13–18, Mi bis 17, Sa 10–15 Uhr, Eintritt frei
In der Alten Münze am Neumarkt – im Jahr 1647 als »Herrschaftliches Farbhaus« erstmals erwähnt – arbeitete der Vater J.F. Böttgers als Münzmeister. Eine kleine, von der Porzellanmanufaktur Meißen gestaltete Ausstellung erinnert an ihn.

Duden- und Heimatmuseum

Kirchplatz 4, Tel. 03663 42 16 49, www.rutheneum.de, April–Sept. Di–Fr, So 14–16 Uhr, 2 €
Wenige Minuten zu Fuß sind es vom Neumarkt bis zum ehemaligen Gymnasium Rutheneum neben der Stadtkirche, in dem der zweite große Sohn der Stadt gewürdigt wird: Konrad Duden (1829–1911). Als Direktor des Schleizer Gymnasiums gab er 1872 ein Rechtschreibnachschlagwerk heraus, das heute jeder als »Duden« kennt. Das Museum würdigt den Rechtschreibspezialisten, es informiert über die Geschichte der deutschen Sprache, den Duden sowie die Regionalgeschichte.

Bergkirche

www.bergkirche-schleiz.de, Mai–Okt. Di–So 14.30–16.30 Uhr, von Mai bis Oktober ist samstags um 16 Uhr für 30 Minuten Orgelmusik zu hören

Hoch über der Stadt, umgeben von dem parkähnlichen Bergfriedhof, erhebt sich die weithin sichtbare Bergkirche mit reicher barocker Ausstattung. Zu den Kostbarkeiten zählen der Sarkophag Heinrichs des Mittleren von Gera aus dem Jahr 1500 im Turmgewölbe und der kunstvolle Kronleuchter von 1697.

Übernachten

Familiär – **Flair Hotel Luginsland:** Am Schleizer Dreieck 8, Schleiz-Heinrichsruh, Tel. 03663 480 50, www.hotel-luginsland-schleiz.de, 18 Zi., DZ/ÜF 85–110 €, Restaurant tgl. geöffnet, Hauptgerichte 8–14 €. Das Hotel ist an der Rennstrecke Schleizer Dreieck gelegen. Zimmer mit gutem Komfort, im Stil der Gründerzeit eingerichtet, WLAN. Im Restaurant wird Thüringer Küche serviert.

Infos

Stadtinformation: Alte Münze, Neumarkt 13, 07907 Schleiz, Tel. 03663 42 87 35, www.schleiz.de

Ausflüge ab Schleiz

Mödlareuth ▶ G 6

›Little Berlin‹ nannten die Amerikaner das kleine, 20 km südlich von Schleiz gelegene Dorf, denn wie in Berlin war es durch eine Mauer geteilt. Die Ost-Mödlareuther waren DDR-Bürger, wohnten im Grenz-Sperrgebiet und durften nicht einmal zu den West-Mödlareuthern hinüberwinken. Denn die waren Bayern und wohnten somit beim »Klassenfeind« BRD. Jährlich drängten sich mehr als 50 000 Besucher in West-Mödlareuth, um auf die 1966 errichtete 3,30 m hohe Mauer am Tannenbach zu schauen. Die ist seit 1989 Museumsstück. Auch manch anderes aus der Zeit des Kalten Krieges hat man nicht, wie anderenorts, geschliffen, sondern es erhalten, darunter Beobachtungsturm und Metallgitterzaun. Das **Deutsch-Deutsche Museum Mödlareuth** erinnert an die deutsche Teilung (Tel. 09295 13 34, www.museummoedlareuth.de, Di–So März–Okt. 9–18, Nov.–Febr. bis 17 Uhr, 3 / erm. 2 €). Trotz der Einheit blieb Mödlareuth ein Exot unter wohl allen Dörfern Europas: Man hat zwei Postleitzahlen und Telefonvorwahlen, die Einwohner wählen getrennt, auf der Thüringer Seite grüßt man sich mit Guten Tag, auf der bayerischen mit Grüß Gott.

Plothener Teichgebiet ▶ G 5

›Land der 1000 Teiche‹ wird das 75 km² große Gebiet zwischen den Ortschaften Plothen, Dreba und Knau genannt. Pfennigfuchser werden dem widersprechen, denn es sind ›nur‹ etwa 600. Einst sollen es 2000 Teiche gewesen sein, die Mönche im Mittelalter zur Fischzucht angelegt haben. Alle sind sogenannte Himmelsteiche, denn sie werden ausschließlich durch Niederschläge gespeist. Naturliebhaber schwärmen von der Ruhe in dem rund 10 km nordwestlich von Schleiz gelegenen Teichgebiet. Hier wird gewandert, Rad gefahren und geangelt.

Der Herbst bietet ein grandioses **Naturschauspiel,** wenn Tausende von Staren am Starenteich mit seinem kräftigen Schilfbestand eine Rast auf ihrem Flug in den Süden einlegen.

Am Rand des Hausteiches steht das **Pfahlhaus,** so genannt, weil es auf Pfählen errichtet wurde. Nach der Rekonstruktion zeigt es sich heute so, wie es vor über 300 Jahren ausgesehen haben soll.

Hohenwartetalsperre ▶ F 5

Schroffe Felswände, bewaldete Steilhänge und malerische Buchten – der obere fjordähnliche Teil des Stausees wird oft mit der Landschaft Norwegens verglichen. Der Stausee entstand von 1936 bis 1942, ihm mussten die Dörfer Preßwitz und Saaltal weichen. Auch die Preßwitzer Kirche verschwand im Wasser, im Ort **Hohenwarte** – dem Namensgeber für das Gewässer – wurde als Ersatz eine kleine, schiefergedeckte Kirche gebaut. Hin-

ter der 75 m hohen **Staumauer** mit einer Kronenlänge von 412 m erstreckt sich flussaufwärts die Talsperre auf 27 km Länge. Wie die Bleilochtalsperre ist auch sie ein beliebtes Freizeitrevier für Wassersportler. Es wird gebadet, gesegelt und gesurft, Angler schwärmen von reichen Fängen.

Ziegenrück

Zwischen den beiden großen Talsperren liegt der Ort (850 Einw.). Der schönste Blick darauf bietet sich von den Höhen zu beiden Seiten des Flusses (s. S. 230). Hier, in der engen Saale-Schleife um den Conrodberg, entstand 1900 auf dem Gelände der ältesten Wassermühle an der oberen Saale das Kraftwerk ›Fernmühle‹. Bis 1965 erzeugte es Strom, danach wurde es zum **Technischen Denkmal und Museum für Wasserkraftnutzung** erklärt (Tel. 036483 76 06, Mai–Okt. Di–So 10–17, Nov.–April Di–Fr 10–16, Sa, So 13–16 Uhr, 3 / erm. 1,50 €).

Übernachten, Essen

Gut und preiswert – **Waldhotel am Stausee:** 07334 Bucha (am westl. Uferrand des Sees), Tel. 036732 363, www.

Bei Naturfreunden beliebt – die Plothener Teichlandschaft

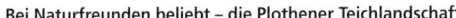

Lieblingsort

Spannende Saaleblicke ▶ F 5
Zur Teufelskanzel nahe Ziegenrück
oder zum Bockfelsen bei Gössitz?
Die Aussicht ist gleichermaßen
spannend, von beiden Höhen bieten sich atemberaubende Blicke.
Besonders mögen wir jedoch die
Teufelskanzel, den Blick auf die
wildromantisch schöne Landschaft,
durch die sich die Saale windet.
Die Wanderschuhe ausziehen, sich
hinsetzen, in die Tiefe schauen und
träumen. Wunderschön! Die aus
dem Grün lugenden Häuser gleichen einer Spielzeuglandschaft,
auf dem blauen Band der Saale lassen sich Boote dahintreiben, aus
dem nahen Wald hören wir das
Klopfen eines Spechtes. Vereint
mit dem leisen Rauschen der Blätter ist es das einzige Geräusch hier
oben hoch über der Saale.

waldhotel-am-stausee.de, 40 Zi., DZ/ÜF 64–76 €, Restaurant tgl. geöffnet, Hauptgerichte 9–13 €. Ein idyllischer Blick eröffnet sich auf den Hohenwartestausee, auch von einigen Hotelzimmern; diese Zimmer sind daher etwas teurer. Wer seine Ruhe haben möchte, bucht ein Zimmer in einem der sogenannten Chalets. Im Restaurant wird frisch gekocht, dabei wurde ein wenig in Mutters Bratentopf geschaut.

Aktiv & Kreativ

Wassersport – **Wassersport- und Freizeitzentrum Hohenwarte:** in der Alterbucht bei Bucha direkt am Stausee, Tel. 036732 231 37, www.wsz-hohenwarte.de. Tauchen, Kanuvermietung und -touren, Wasserski, Surfen mit Schule.
Fahrgastschifffahrt Hohenwarte: Tel. 036733 215 28, www.fahrgastschifffahrt-hohenwarte.de. Rundfahrten über die Hohenwartetalsperre, Abfahrt neben der Sperrmauer.
Schiffsrundfahrten – **Wikingerboot:** Tel. 036732 23 99 23, www.wikingerboot.de. Event-, Abenteuer- und Partyfahrten mit dem Wikinger-Erlebnisboot über den Hohenwarte-Stausee, mit Rudern oder Motor, auf jeden Fall mit Musik und Gaudi. Anmeldung erforderlich.
Angeln – Auskünfte erteilt die Touristinformation. Angelkarten unter www.angelkartenverkauf-tlav.de. Ein ideales Revier ist hier für reiche Fischbeständet wie Zander, Hecht, Barsch und Karpfen.

Infos

Ziegenrück-Information: Markt 6, 07924 Ziegenrück, Tel. 036483 226 49, www.ziegenrueck.de

Saalfeld ▶ F 5

Die Natur hat in Saalfeld (27 500 Einw.) mit den Feengrotten Zauberhaftes geschaffen. Sie sind so schön, dass sie als ›farbenreichste Schaugrotte der Welt‹ Einzug ins Guinness-Buch der Rekorde gehalten haben und zu den bekanntesten Touristenattraktionen Thüringens gehören. Aber auch die Stadt ist mit den steinernen Zeugen einer über 1100-jährigen Geschichte sehenswert.

Feengrotten ! ❶

Tel. 03671 550 40, www.feengrotten. de, April–Okt tgl. 9.30–17, Nov.– März tgl., Jan. nur Sa, So 10.30–15.30 Uhr, 8,80 / erm. 7,70 €; Anderswelt Feenweltchen Mai–Okt. tgl. 9.30–17 Uhr, Führungen etwa alle 20–40 Min., 6,60 / erm. 5,50 €, Kombiticket 13,80 / erm. 11,80 €
In rund 300 Jahren hat die Natur in einem ehemaligen Alaunschieferbergwerk ein wahres Kunstwerk an Formen und Farbenpracht gestaltet. Die Führungen, bei denen 550 m bei einer Temperatur von 8 bis 10 °C zurückgelegt werden, dauern rund 60 Minuten.

Höhepunkt ist der **Märchendom** mit der Gralsburg, in dem die Tropfsteine bis zu 160 cm gewachsen sind. Festes Schuhwerk ist angebracht, zum Schutz der Kleidung werden Umhänge ausgegeben. Rund um die Feengrotten bietet eine großzügige Parkanlage Freizeitmöglichkeiten. Abenteuerlust und Fantasie sind gefragt beim Besuch des ›Feenweltchens‹. Feen, Elfen und Kobolde entführen nicht nur Kinder in ihr zauberhaftes Reich. Im **Grottoneum** lädt eine multimediale und interaktive Erlebnisausstellung ein, den Geheimnissen der Feengrotten und des Bergbaus auf den Grund zu gehen.

Zentrum

In Saalfeld hat sich viel aus den vergangenen Jahrhunderten erhalten. Die viergeschossige **Burgruine Hoher Schwarm** [2] am Saaleufer gehört dazu, eins der Wahrzeichen der Stadt. Entstanden im 14. Jh., ist sie bereits seit Mitte des 16. Jh. Ruine.

Die Stadttore

Steinerne Zeugen der Vergangenheit sind die in großen Teilen erhaltene **Stadtmauer** [3] sowie die vier gut erhaltenen Stadttore aus dem 15. Jh.: das **Obere Tor** [4] mit einer mehrfach gegliederten barocken Dachkonstruktion, das von einem hübschen Zwiebelturm bekrönte **Blankenburger Tor** [5], das einem Bergfried ähnelnde **Darrtor** [6] und das mit einem Staffelgiebel versehene **Saaltor** [7].

Marktplatz

Im historischen Stadtkern beeindruckt am rechteckigen Marktplatz das im 16. Jh. erbaute **Renaissance-Rathaus** [8] mit Staffelgiebel, reichen Erkern und Treppenturm. Der Bergbau, der im 15. Jh. aufblühte – die Feengrotten sind ein Ergebnis des mittelalterlichen Bergbaus –, hatte Saalfeld wohlhabend gemacht, das Rathaus steht für Reichtum und Repräsentationsbedürfnis. Wertvoll am Markt sind noch das romanische Haus der **Marktapotheke** [9] sowie die interessante Häuserreihe mit Laubengang aus dem 16. Jh., von

Ein Werk von Mensch und Natur: die Feengrotten

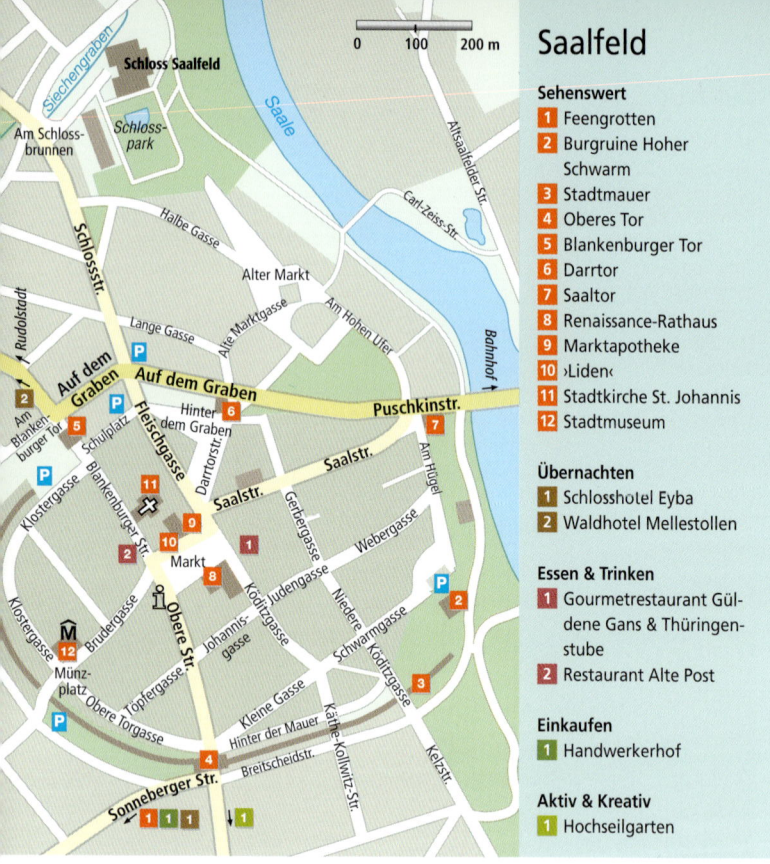

Saalfeld

Sehenswert

1 Feengrotten
2 Burgruine Hoher Schwarm
3 Stadtmauer
4 Oberes Tor
5 Blankenburger Tor
6 Darrtor
7 Saaltor
8 Renaissance-Rathaus
9 Marktapotheke
10 ›Liden‹
11 Stadtkirche St. Johannis
12 Stadtmuseum

Übernachten

1 Schlosshotel Eyba
2 Waldhotel Mellestollen

Essen & Trinken

1 Gourmetrestaurant Güldene Gans & Thüringenstube
2 Restaurant Alte Post

Einkaufen

1 Handwerkerhof

Aktiv & Kreativ

1 Hochseilgarten

den Saalfeldern kurz ›Liden‹ 10 genannt. Einst waren hier Verkaufsstände, heute laden verschiedene Geschäfte zum Kaufen. Mit den historischen Bauwerken kontrastiert der neue, 1999 eingeweihte Marktbrunnen an der Südostecke des Platzes.

Hinter den ›Liden‹ ragt die gotische **Stadtkirche St. Johannis** 11 hervor, eine der größten Hallenkirchen Thüringens. 66 m hoch sind ihre beiden Türme. Im Chor sollte man den Blick zum ausgemalten Gewölbe richten, der Blumen- und Pflanzendarstellungen wegen, die ›Himmelswiese‹ genannt werden. Um 1520 entstand die

Malerei, rund 80 Pflanzen konnten botanisch bestimmt werden. Als wertvollste Stücke der Innengestaltung gelten die lebensgroße Figur Johannes des Täufers aus der Zeit um 1500 vom Riemenschneider-Schüler Hans Gottwalt und das Heilige Grab aus der zweiten Hälfte des 14. Jh. an der Nordinnenwand, eine symbolhafte Nachbildung der Heiligen Stätte in Jerusalem.

Stadtmuseum 12

Münzplatz, Tel. 03671 59 84 71, www.museumimkloster.de, Di–So 10–17 Uhr, 4 / erm. 2,50 / Familienkarte 5 €

Über altes Kopfsteinpflaster, vorbei an Restaurants und Cafés, läuft man zu den Kreuzgängen und Gewölben des um 1250 erbauten Franziskanerklosters, in denen sich heute das Museum befindet.

Übernachten

Naturidyll – **Schlosshotel Eyba** **1**: Eyba 23, Tel. 036736 340, www.schlosshotel-eyba.de, 44 Zi., DZ/ÜF 89–99 €. Inmitten einer riesigen Parkanlage mit alten Bäumen laden Schloss und modernes Gästehaus zum Wohnen auf Zeit. Eine Saunalandschaft und ein Fitnessraum sind ebenso vorhanden.

Absolute Ruhe – **Waldhotel Mellestollen** **2**: Wittmansgereuther Str. 31 (3 km westl. von Saalfeld), Tel. 03671 82 00, www.mellestollen.de, 31 Zi., DZ/ÜF 75–120 €. Ein Hotel zog in die ehemalige Maximilianshütte mitten im Wald ein. Nette Zimmer von unterschiedlicher Größe, etwas Besonderes ist die Turmsuite auf zwei Etagen. Den Kindern wird besonders der Streichelzoo gefallen.

Essen & Trinken

Vorzüglich – **Gourmetrestaurant Güldene Gans & Thüringenstube** **1**: Am Markt 25, Tel. 03671 59 91 03, www.gueldene-gans.de, nur abends geöffnet, So, Mo geschl., Thüringenstube tgl. geöffnet, Hauptgerichte um 20 bzw. 9–16 €. Eine angenehme Atmosphäre empfängt den Gast im Gourmetrestaurant, und vom Essen wird man nicht enttäuscht. Es wird eine kreative, moderne Küche mit mediterranen und asiatischen Einflüssen zelebriert. Die Speisekarte wechselt wöchentlich und ist der Saison angepasst. Rustikal geht es in der Thüringenstube

zu, hier kommen vor allem frische regionale Gerichte auf den Tisch, und es fehlen auch nicht die Thüringer Klöße.

Urig – **Restaurant Alte Post** **2**: Blankenburger Str. 9, Tel. 03671 51 38 41, www.alte-post-saalfeld.de, tgl. geöffnet, Hauptgerichte 9–14 €. Uriges Gewölbe in einem der ältesten Gasthäuser Thüringens. Traditionelle Thüringer Küche mit handgemachten Thüringer Klößen, aber auch viele Fischgerichte.

Einkaufen

Feentypisches – **Handwerkerhof** **1**: bei den Feengrotten, Tel. 03671 550 40, www.feengrotten.de, tgl. Nov.–April (Jan. nur Sa, So) 10–16, Mai, Sept., Okt. 9–17, Juni–Aug. 9–18 Uhr. Hier finden Sie originelle Feengrotten-Souvenirs und regionaltypische Mitbringsel wie Mineralien, Edelsteine und Olitätenprodukte, der Hof ist auch Schauplatz für verschiedene Veranstaltungen wie den Grottenadvent und die Feengrottennacht.

Aktiv & Kreativ

Klettern – **Hochseilgarten** **1**: auf dem Bergfried, Tel. 03671 45 82 35, www.thueringer-hochseilgarten-saalfeld.de, Termine für Gruppen ab 10 Personen tgl., für Einzelgäste jedes 1. und 3. Wochenende im Monat auf Anfrage. Nur für Mutige: in 10 m Höhe über der Erde klettern, balancieren, schwingen oder schaukeln.

Infos & Termine

Information
Saalfeld-Information: Markt 6, 07318 Saalfeld, Tel. 03671 339 50, www.saalfeld.de

Auf Entdeckungstour

Das ›Blaue Gold‹ von Lehesten

Der Tagebau füllt sich mit Wasser, die Fördermaschine im Göpelhaus wird nur noch für Besucher angeworfen und in der Spalthütte versuchen Touristen, sich eine kleine Schiefertafel zurechtzuschneiden – der einstige Staatsschieferbruch in Lehesten wurde zum Technischen Denkmal und Museum.

Reisekarte: ► F 6

Zeit: Führungen: etwa 90 Minuten

Planung: Lehesten, Technisches Denkmal Historischer Schieferbergbau, Tel. 036653 260 52 60, www.lehesten.de. Führungen März–Okt. Di–Do 10, 13 Uhr, Fr 10 Uhr, Sa, So 10.30 und 14 Uhr. Führungsgebühr 4,50 / erm. 4 / Kinder 2,50 €

Start: Mannschaftshaus auf dem Werksgelände, das sich südöstlich des Ortes an der Landstraße nach Steinbach im Wald befindet. Den Ausschilderungen folgen.

Mit »Glück auf«, dem alten Bergmannsgruß, werden die Besucher im Mannschaftshaus des stillgelegten Lehester Schieferbruchs willkommen geheißen. Einst wohnten hier all jene die Woche über, die von weit her zum Broterwerb angelaufen kamen. Wie alle historischen Gebäude auf dem einstigen Werksgelände des Staatsschieferbruchs ist das Haus mit Schiefer gedeckt und verkleidet.

›Blaues Gold‹ sagen die Menschen in Ostthüringen liebevoll zu dem witterungsbeständigen, leicht spaltbaren Gestein. Nicht nur, weil der tiefblaue Glanz des Schiefers bei Sonne besonders gut hervortritt, sondern weil er ihnen Arbeit und Brot brachte. In Lehesten baute man Schiefer seit dem 13. Jh. ab, im Tagebau, und als es dort nichts mehr zu holen gab, unter Tage. Zwischen 1870 und 1900 erlebte der Bergbau mit zeitweise bis zu 2500 Arbeitern seine Blütezeit, zurückgelassen hat er gewaltige, mittlerweile mit Moos und Birken bewachsene Abraumhalden.

Blick in den Tagebau

Treten die Besucher aus dem Mannschaftshaus, liegt der einstige Tagebau vor ihnen. ›Schiefersee‹ nennen die Lehestener den riesigen **Krater,** der bis 1973 einer der größten Schiefertagebaue Europas war. Seit 2006, nachdem man die Pumpen aus Kostengründen abschaltete, füllt er sich langsam mit Wasser. Das kleine Häuschen am Rand des Kraters, zu dem der Blick bei Führungen gelenkt wird, mochten die Arbeiter nicht. Denn in ihm saß der Aufseher und hatte alles im Blick. Weiter geht es zum runden **Göpelwerk,** dem einzigen in Europa, das man am Originalstandort aufsuchen kann. 70 m in die Tiefe führt die Göpelschachtanlage, durch sie wurden die ›Hunte‹ ge-

nannten Bergmannsloren nach oben gezogen, vollgeladen mit Schiefer. Die mehr als 100 Jahre alte und noch funktionierende Fördermaschine gibt es immer noch, sie wird gehegt und gepflegt, sie ist ein Oldtimer der Bergwerkstechnik. Bei Führungen setzt man sie in Bewegung. Wer über den weichen, ruhigen Lauf staunt, bekommt erläutert: Das liegt an den Eschenholzzähnen, die man in dem großen Kammrad einsetzte.

Am 31. März 1999 war es mit dem Schieferabbau in Lehesten vorbei, einer der Hunte blieb auf den Gleisanlagen stehen, an denen Besucher auf dem Weg zur Spalthütte vorbeilaufen. Die Lagerstätte war ausgebeutet und erschöpft, es gab keinen Schiefer mehr. Die Lehester haben die alten Produktionsgebäude museal hergerichtet und zum Technischen Denkmal gemacht, um ein Stück ihrer Geschichte zu bewahren.

Ein Museum zum Probieren

Hunte brachten vom Göpelwerk den bergfeuchten Schiefer zur weiteren Verarbeitung in die Spalthütte. Einst rackerten in ihr bis zu 60 Schieferwerker. Heute dürfen Besucher das Spalten und Zuschneiden des Rohsteins probieren, wer möchte, stellt sich ein Stück Dach- und Wandschiefer oder gar eine Schiefertafel selbst her. Mit Schiefertafeln und -griffeln lernten Millionen von Menschen lesen und schreiben. Nach dem Zweiten Weltkrieg hatten sie nochmals Hochkonjunktur, als Papier und Bleistifte fehlten. 1870 haben die Lehester Spalthütte die größten jemals in einem Stück gehauenen Schieferplatten der Welt verlassen. Zwei von ihnen kamen zur Weltausstellung nach Wien, die dritte als Gedenktafel in den Vorraum der Kirche von Lehesten.

Verkehr
Bahnverbindungen gibt es von und nach Bad Blankenburg, Erfurt, Jena, Rudolstadt und Weimar, **Busverbindungen** von und nach Bad Blankenburg, Rudolstadt, Schwarzburg. Im **Stadtverkehr** fahren Busse.

Termine
Saalfelder Detscherfest: letzter Sa im Aug. Auf Saalfelds Marktplatz werden die beliebten Kartoffelpuffer, die hier Detscher heißen, zubereitet.
Saalfelder Jazztage: Anfang Nov. Jazz überall an verschiedenen Aufführungsorten.

Rudolstadt ►F 5

Mehr als 8 km schlängelt sich die Saale durch Rudolstadt (24 000 Einw.). Hoch über der Stadt erhebt sich die Heidecksburg, die zu den prachtvollsten Barockschlössern Deutschlands gehört.
    Jedes Jahr am ersten Juliwochenende quillt die Altstadt von Rudolstadt fast über, Zehntausende wollen beim größten Folk-, Roots- und Weltmusik-Festival Deutschlands dabei sein, dem **TFF** (die Abkürzung steht für Thüringer

Folklore-Festival). Aus aller Welt kommen die Künstler hierher, die auf rund 20 Bühnen auftreten (www.tff-rudolstadt.de).

Altstadt

Ihr zu Füßen lädt die Altstadt zum Bummeln und Schauen ein. Am **Marktplatz** bilden mehrere Häuser, die aus dem 15. bis 18. Jh. stammen, eine idyllische Kulisse. Das **Rathaus** an der Nordostecke war einst ein schmuckloser Amtsbau aus dem 17. Jh. Als die Ratsherren hier einzogen, sagte ihnen das Haus optisch gar nicht zu, und so ließen sie es mit einem prägnanten Turmanbau und einem Renaissanceerker verzieren. Das wenige Schritte entfernte frühere **Bernhardinenstift** in der Stiftsgasse, in dem alleinstehende Damen adeliger Herkunft standesgemäß wohnten, wurde zum **Handwerkerhof** umgestaltet. Der malerische Innenhof ist reizend anzuschauen. Die **Marktstraße** mit ihren zahlreichen Geschäften war 1979 Fußgängerzone geworden, zu jener Zeit war sie die erste und längste in Ostthüringen.

Schillerhaus
Schillerstr. 25, Tel. 03672 48 64 70, www.schillerhaus-rudolstadt.de, Di–So April–Okt. 10–18, Nov.–März 10–17 Uhr, 5 / erm. 3 €
Das Museum öffnete in dem Haus, das dem Ehemann der späteren Schwägerin von Friedrich Schiller gehörte. Hier, wo auch Johann Gottfried Herder, die Brüder Humboldt, Johann Gottlieb Fichte und Carl Ludwig von Knebel verkehrten, begegneten sich Goethe und Schiller am 7. September 1788 zum ersten Mal. Es soll ein kühles Gespräch gewesen sein, wie überliefert ist. Goethe betrachtete Schiller als einen unreifen Sturm-und-Drang-Dichter, Schiller wie-

Audiovisuelle Stadtführung
26 Sehenswürdigkeiten kann man mit einem tragbaren Mini-Computer in **Saalfeld** individuell erkunden: In Wort und Bild erfährt man Wissenswertes über die Geschichte Saalfelds. Der Stadtrundgang kann nach eigenen Wünschen zusammengestellt, die Route nach Interesse jederzeit geändert oder eine Pause zum Rostbratwurstessen eingelegt werden. Auszuleihen für 4 € in der Saalfeld-Information, Markt 6, Vorbestellungen unter Tel. 03671 522181, info@saalfeld-info.de.

Opulent ausgestattet sind die Räumlichkeiten in der Heidecksburg

derum sah in Goethe den vom Glück begünstigten, egoistischen Weltmann und Dichter. Wie bekannt, sollte sich das im Laufe der Zeit zu einer festen, engen, lebenslangen Freundschaft wandeln.

Heidecksburg !

Tel. 03672 429 00, www.heidecks burg.de, April–Okt. Di–So 10–18, Nov.–März bis 17 Uhr, 6 / erm. 4 € (mit Führung durch die Festsäle und »Rococo en miniature«), nur die Ausstellung 3 / erm. 2 €
Sieben Treppenanlagen führen von der Altstadt hoch zu der Dreiflügelanlage. Imponierend sind die reich ausgestatteten Räume, darunter der hei-

ter wirkende, 12 m hohe Festsaal, der zu den schönsten des deutschen Rokoko zählt. Die aus Gemälden und Mobiliar bestehende Kunstsammlung des Museums ist in den fürstlichen Wohnräumen ausgestellt. Zu besichtigen sind darüber hinaus die Porzellangalerie sowie Teile der Waffensammlung ›Schwarzburger Zeughaus‹.

Eine weitere Attraktion ist die Ausstellung **»Rococo en miniature – die Schlösser der gepriesenen Insel«**. In 50 Jahren sind in minutiöser Kleinarbeit zehn Schlösser im Maßstab 1:50 mit ihrem Innenleben, mit etwa 1000 Einzelfiguren sowie rund 1000 Einrichtungsgegenständen entstanden, die sehr detailgetreu das Leben in den fiktiven Königreichen Dyonien und Pelarien wiedergeben.

Über die Saale hinweg erreicht man den **Heinrich-Heine-Park** mit einer malerischen, alten Hofanlage.

Volkskundemuseum Thüringer Bauernhäuser

Heinrich-Heine-Park, Tel. 03672 42 24 65, www.heidecksburg.de/bauernhauser.htm, April–Okt. 11–18 Uhr, 2,50 / erm. 1,50 €
Die alte Hofanlage ist Deutschlands ältestes Freilichtmuseum, das Einblick in das einstige bäuerliche Leben gibt. Die drei dem Verfall preisgegebenen Häuser standen ehemals in den Dörfern Unterhasel an der Saale und Birkenheide auf der Saalfelder Höhe, dort wurden sie ab- und 1914 in Rudolstadt wieder aufgebaut. Die Schränke und Truhen, oft mit Landschaftsmotiven bemalt, sind Zeugnisse bäuerlicher Volkskunst. Die Küchengeräte haben die Bauern meist selbst geschnitzt. Ein besonderes Kleinod stellt die vollständige Einrichtung einer Dorfapotheke aus der Mitte des 18. Jh. dar.

Übernachten

Von oben – **Panoramahotel ›Am Marienturm‹:** Marienturm 1, Tel. 03672 432 70, www.hotel-marienturm.de, 29 Zi., DZ/ÜF 68–114 €. Nicht im Stadtzentrum gelegen, dafür hat man von der Sonnenterrasse des 4-Sterne-Hotels einen tollen Blick auf die Stadt mit der Heidecksburg und auf die Umgebung. Angenehme, großzügig geschnittene Zimmer.
Ländlich fein – **Landhotel Kains Hof**: Weißen 19, Uhlstädt-Kirchhasel (10 km östl. von Rudolstadt), Tel. 036742 611 30, www.hotelkainshof.com, 30 Zi., DZ/ÜF 73–79 €. Schmuckes Fachwerkhaus mitten auf dem ruhigen Lande.

Ein kleiner Wellnessbereich mit Sauna und Whirlpool und ein ausgesprochen netter persönlicher Service sorgen für Entspannung.

Essen & Trinken

Alles frisch – **Amalia:** Mauerstr. 15, Tel. 03672 489 86 88, www.restaurant-amalia.de, tgl. geöffnet, Hauptgerichte 11–17 €. Ein wenig versteckt liegt das stilvolle Restaurant, dafür überzeugt die Küche mit absoluter Frische und der Saison angepassten Spezialitäten.
Alte Rezepte neu entdeckt – **Schiller! Restaurant & Café:** Schillerstr. 25, Tel. 03672 48 64 75, www.schillerhaus-rudolstadt.de, Mo geschl., Hauptgerichte 12–16 €. Die einfallsreichen Kreationen, die vor den Augen der Gäste zubereitet werden, orientieren sich an alten Rezepten aus der Schiller'schen Zeit.

Einkaufen

Hochwertig – **Älteste Volkstedter Porzellanmanufaktur:** Breitscheidstr. 7, Tel. 03672 48 02 17, www.porzellanmanufaktur-volkstedt.com, Mo–Fr 9–17, Sa 10–15 Uhr. Hier findet auch der Werksverkauf der berühmten Porzellanfiguren und -gruppen aus der Manufaktur statt, auch Besichtigungen der »Gläsernen Manufaktur« sind möglich (Mo–Sa nach Anmeldung).

Aktiv & Kreativ

Baden und Wellness – **Erlebnisbad Saalemaxx:** Hugo-Trinckler-Str. 6, Tel. 0 36 72/3 14 50, www.saalemaxx.de, tgl. geöffnet. Sport, Spaß und erholsame Ruhe – das bietet Thüringens größter

Wassertempel je nach den Bedürfnissen der Gäste. Es finden sich Sportbad und Erlebnisbad, Wellenbecken und Strömungskanal, mehrere Rutschen und darüber hinaus auch eine Saunawelt und ein Wellnessbereich.

Abends & Nachts

Vielseitiges Programm – **Thüringer Landestheater/Thüringer Symphoniker:** Anger 1, Tickets Tel. 03672 42 27 66, www.theater-rudolstadt.com. Das in den Jahren 1792/93 gegründete Theater setzt die kulturellen Traditionen fort, Musiktheater, Schauspiel und Jugendtheater gehören zu seinem Programm.

Infos & Termine

Information
Touristinformation: Marktstr. 57, 07407 Rudolstadt, Tel. 03672 48 64 40, www.rudolstadt.de

Verkehr
Von und nach Jena und Saalfeld mit der **Bahn. Busse** fahren von und nach Erfurt, Ilmenau, Jena, Saalfeld und Weimar.

Termine
Tanz & Folkfestival: 1. vollständiges Juliwochenende, www.tff-rudolstadt.de. Größtes Weltmusik-Festival in Deutschland mit Konzerten und Länderschwerpunkten, diversen Ausstellungen und Straßenmusik (s. S. 29).
Rudolstädter Vogelschießen: letzte Augustwoche, www.vogelschiessen-rudolstadt.de. Größter Rummel Thüringens mit Attraktionen, Schaustellern, Festzelten sowie einem Veranstaltungsprogramm auf dem Festplatz Bleichwiese.

Ausflug nach Großkochberg ▶ F 5

Schloss, Park und Theater Kochberg, 12 km von Rudolstadt entfernt, genießen überregionalen Ruf! Dank Goethe und Charlotte von Stein. Am 6. Dezember 1775 kam der gerade 26-jährige Goethe das erste Mal von Weimar angeritten, um seine Vertraute, die Schlossherrin Charlotte von Stein,

Unser Tipp

Mit dem Floß auf Entdeckungstour ▶ F 5
Über Jahrhunderte band man auf der Saale Baumstämme zusammen, um mit ihnen flussabwärts zu Sägewerken und Bauunternehmen zu schwimmen. Bereits 1258 ist das Flößen auf der Saale urkundlich erwähnt. Heute wird in Uhlstädt-Kirchhasel, 10 km von Rudolstadt entfernt, von April bis Okt. zu beschaulichen Floßfahrten gestartet. Auf den Holzstämmen machen es sich die Gäste bequem, die die Saale aus einer anderen Perspektive kennenlernen möchten. Bis zu 25 Personen haben auf einem Floß Platz, zwei bis drei Stunden dauern die Fahrten. Während die Gäste das Picknick zu sich nehmen und schnatternde Enten füttern, erzählt der Flößer von früher (Buchungen Tel. 036742 623 46, www.floesserverein-uhlstaedt.com).
Wem die Informationen nicht reichen, der schaut im Ortsteil Uhlstädt ins Museum zur Geschichte der Saaleflößerei (Am Saalewehr 2, Mo–Fr 13–16 Uhr, 2 / erm. 1 €).

zu besuchen. Auf der hölzernen Schreibplatte eines schlichten Sekretärs hat der Dichter das Datum dieses Besuches vermerkt: »Goethe, d. 6. Dec. 75«. Wie oft er in den Jahren bis 1788 bei der geistvollen Frau von Stein in dem Schloss weilte, ist nirgendwo erfasst.

Neben Goethe und Schiller gehörten auch Weimars Herzog Carl August, Karl Ludwig von Knebel, Johann Gottfried Herder und seine Frau Caroline sowie weitere Persönlichkeiten zu den Gästen des Schlosses.

Schlossmuseum
Am Schloßhof 3, www.klassik-stiftung. de, April–15.Okt. Di–So 10–18, im Advent Sa/So 11–17 Uhr, 3 / erm. 2 €
Eine Kostbarkeit stellt die ornamental und figürlich handgemalte Wandbespannung im Saal des Obergeschosses dar. Solche im 18. Jh. verbreiteten Wandbespannungen sind heute selten, weil sie bei späteren Renovierungen entfernt wurden.

Als wertvollstes Stück gilt ein zierlicher Damenschreibtisch, den Goethe 1779 für die Stadtwohnung Charlottes entworfen und den der Weimarer Hoftischler erbaut hatte. In einem Brief teilte er Charlotte von Stein mit, wie glücklich er sei, ihr ein Geschenk machen zu dürfen, das nicht auf der Messe erkauft sei.

Park und Theater
Zum romantischen Landschaftspark des Schlosses gehören Grotte, chinesischer Pavillon und ein als künstliche Ruine gestalteter Sitzplatz.

In dem **Liebhabertheater** (um 1800 entstanden), in das zu Theateraufführungen, Konzerten und Lesungen geladen wird, sind die marmorierten Papiertapeten eine Besonderheit, mit denen Bühnen- und Zuschauerraum ausgekleidet sind.

Essen & Trinken

Alles ganz frisch – **Schlossrestaurant Kochberg:** Tel. 036743 206 60, www.schlossrestaurant-kochberg.de, April–Okt. Mo, Nov.–März Mo, Di geschl., Hauptgerichte 10–15 €. In dem hellen freundlichen Ambiente kann man sich wie Goethe fühlen, als er zu Besuch bei Frau von Stein war. Kräuter, Gemüse und Obst kommen fast ausschließlich aus der Schlossgärtnerei, das Wild von der im Schloss ansässigen Försterei, der Kuchen ist hausgebacken.

Abends & Nachts

Liebhabertheater Schloss Kochberg: Tickets Tel. 036743 225 32, www.liebhabertheater.com. Von April bis Okt. Theater- und Opernaufführungen, kammermusikalische Ereignisse und Lesungen, die meist am späten Nachmittag stattfinden.

Die Orlasenke ► F/G 5

Die unspektakuläre Landschaft beiderseits der Orla hat der Tourismus weitgehend vergessen. Das mag vielleicht am Stahl- und Walzwerk Maxhütte Unterwellenborn gelegen haben, zu DDR-Zeiten eine Dreckschleuder an der B 281. Die Maxhütte ist verschwunden und so lohnt sich ein Abstecher in das rund 40 km lange Tal des Flüsschens Orla mit den Städten Pößneck und Neustadt durchaus.

Burg Ranis und Freilandgehege
Hoch über dem Tal thront die **Burg Ranis**, mit 240 m Länge und 50 m Breite eine Anlage von außergewöhnlicher Größe, deren Ersterwähnung von 1084 datiert. Im Museum wird über die Ge-

schichte der Burg und ihrer Besitzer informiert. Eine Besonderheit in dem Museum ist das seismologische Kabinett, das in Zusammenarbeit mit der nahe gelegenen Großstation für Erdbebenregistrierung in Moxa entstand (Tel. 03647 50 54 91, www.thueringer-schloesser.de, Mai–Okt. Di–So 10–17, Nov.–April Di–Fr 10–16, Sa, So 13–17 Uhr, 3 / erm. 1 / Familienkarte 7 €). Zwischen der Burg Ranis und dem Schloss Brandenstein tummeln sich Wisente im ersten **Thüringer-Wisent-Freilandgehege.** Um die 8 ha große Anlage führt ein Weg; den Hinweistafeln sind Informationen zu entnehmen. Die stark be-

Unser Tipp

Blick von der Saaletal-Königin – der Leuchtenburg ▶ F 4

›Königin des Saaletales‹ wird die Leuchtenburg bei Seitenroda genannt, die schon von Weitem Reisende grüßt. Der Blick schweift vom Bergfried über das Tal der Saale bis zum Thüringer Wald, und wenn es das Wetter gut meint, sogar bis zum Kyffhäuser und dem Harz. Um 1220 hat man den Turm erbaut, 2,55 m dick sind seine Mauern, rund 39 m ragt er auf. Auf der Burg entsteht gegenwärtig die multimediale Ausstellung »Porzellanwelten Leuchtenburg«, in der der Besucher in die Welt des Porzellans eintauchen kann (Tel. 036424 222 58, www.museum-leuchtenburg.de, www.leuchtenburg.de, April–Okt 9–18, Nov.–März bis 17 Uhr, 6 / erm 3,50 €, Familienkarte 15 €). In der Burgschänke (Mo geschl.) stärkt man sich bei selbst gebackenem Kuchen und Thüringer Küche für die nächsten touristischen Vorhaben.

haarten Tiere sind ganztägig und kostenfrei zu besichtigen – sofern sie sich nicht in die abgelegenen Bereiche zurückgezogen haben (www.wisentho tel.de).

Pößneck

Den besten Überblick über Pößneck, die größte Stadt (13 000 Einw.) in der Orlasenke, verschafft man sich im **Stadtmuseum,** das sich in einem der schönsten Rathäuser Thüringens befindet. 1478–1499 wurde es im spätgotischen Stil am Markt erbaut, die imponierende Freitreppe kam etwas später dazu (Tel. 03647 50 03 06, Mi, Do 9–12, 13–16, Di bis 18, Fr 9–12, So 14–16 Uhr, 1,50 / erm. 1 €).

Zu den Teilen der erhalten gebliebenen Stadtbefestigung aus dem 15. Jh. gehört u. a. der 30 m hohe **Weiße Turm,** heute ein Aussichtsturm. In der Bahnhofstraße steht der **Gänsediebbrunnen** des Pößnecker Ehrenbürgers Robert Diez, das etwas größere Original plätschert in der Weißen Gasse in Dresden. Die Bronzekopie schenkte der bekannte Bildhauer seiner Geburtsstadt 1936. Reichlich Grün verschaffte der Stadt die 1. Thüringer Landesgartenschau im Jahr 2000. So wurde der **Viehmarkt,** ein großes Industrieareal mit einem nach der Wende verfallenen Fabrikensemble, in eine parkähnliche Anlage verwandelt, und das Ende des 19. Jh. eingemeindete Dorf Jüdewein unmittelbar am Stadtzentrum bekam seinen dörflichen Charakter zurück.

Neustadt an der Orla

In Neustadt an der Orla (9000 Einw.) ist der weiträumige Marktplatz mit dem spätgotischen **Rathaus** Ausgangspunkt des Rundgangs. Der **Marktbrunnen** stammt aus der Neuzeit, er wurde zum 700-jährigen Stadtjubiläum 1987 geschaffen. Der Wasserlauf im Rathaus-

bereich soll den im Mittelalter offenen Bachlauf vom Gamsenteich über die Bachstraße bis in den Mühlgraben symbolisieren.

Als schönstes Bürgerhaus am Markt gilt das **Lutherhaus** mit steilem Dach und schönem Erker (1574) an der Ostseite. Im Vorgängergebäude soll Martin Luther bei seinen Aufenthalten in Neustadt mehrmals gewohnt haben. Das **Haus Markt Nr. 5** hat einen Durchgang zum Kirchplatz, in dem die Fleischbänke aus dem 15. Jh. zu finden sind, eine mittelalterliche Ladenstraße der Neustädter Fleischer.

Übernachten, Essen

Zentral – **Ringhotel Schlossberg:** Ernst-Thälmann-Str. 62, Neustadt an der Orla, Tel. 036481 660, www.ringhotel-schlossberg.de, 31 Zi., DZ/ÜF 95–105 €. Restaurant tgl. geöffnet, Hauptgerichte 10–17 €. Angenehme Zimmer in zentraler Lage in der denkmalgeschützten Altstadt. Im Restaurant v. a. frisch zubereitete regionale Gerichte.
Individuell – **Villa Altenburg:** Straße des Friedens 49, Pößneck, Tel. 03647 42 20 01, www.villa-altenburg.de, 15 Zi., DZ/ÜF 77–107 €, Restaurant tgl. geöffnet, Hauptgerichte 10–20 €. Eine feine Adresse: Die herrschaftliche Villa, als kleinere Version der in Essen stehenden Krupp'schen Villa Hügel 1928 erbaut, beherbergt heute teilweise historisch eingerichtete Zimmer. Sauna und Schwimmbad sind ebenso vorhanden wie ein niveauvolles Restaurant.

Infos & Termine

Information

Stadtinformation: Breite Straße 18, Glockenturm, 07381 Pößneck, Tel. 03647 41 22 95, www.poessneck.de

In waldreichem Gebiet gelegen: die Jagdanlage Rieseneck

Kultur- und Fremdenverkehrsamt: Markt 1, 07806 Neustadt an der Orla, Tel. 036481 851 21, www.neustadtanderorla.de

Termine

Brunnenfest ›Bornquas‹: 3. Juniwochenende in Neustadt an der Orla. Auf den mittelalterlichen Brauch des alljährlichen Brunnenreinigens geht dieses Volksfest zurück. Dazu gehört auch, dass der »Alte Rat« den Brunnenmeister in einer feierlichen Zeremonie kürt.

Lichterfest: Heiligabend in Pößneck. Mit Laternen und weihnachtlicher Musik von Turmbläsern (s. S. 31).

Ausflug zur Jagdanlage Rieseneck

► F 5

Das wildreiche Waldgebiet zwischen Kahla, Orlamünde und Hummelshain, etwa 10 km von Neustadt an der Orla entfernt, war das bevorzugte Jagdrevier der Herzöge von Sachsen-Altenburg. Heute gilt die barocke Jagdanlage Rieseneck als größte erhaltene Pirschanlage Deutschlands. Zentraler Punkt des feudalen Jagdreviers mit seinen Reitalleen und diversen Bauten wie dem **Grünen Haus** von 1727, in

245

dem die Jagdutensilien aufbewahrt wurden, war das ›Blasehaus‹. Hier blies der Wildwart zur täglichen Fütterung. Die an dieses Futtersignal gewöhnten Tiere kamen auch dann, wenn zur Jagd geblasen wurde. Die Ansitze waren durch befestigte, offene Laufgräben und unterirdische Gänge verbunden, zwischen denen Futterplätze, Tränken und Salzlecken lagen. So konnten sich die Jäger unbemerkt anschleichen und das Wild ganz leicht erlegen. An der Straße Kahla–Neustadt weist ein Schild zum 400 m entfernten Waldparkplatz, von dem 1,5 km bis zu der jederzeit zugänglichen Jagdanlage zu laufen sind.

Jena ▶ F 4

Gemütlichkeit und Geschäftigkeit, Historie und Hightech – Jena ist eine Stadt der Kontraste und wohl deshalb eine der reizvollsten Städte Thüringens. Wegen seiner Sehenswürdigkeiten ist das malerisch in die Saaleaue eingebettete Jena (102 000 Einw.) allemal einen Besuch wert. Als »Stapelplatz des Wissens und der Wissenschaften« bezeichnete Goethe Stadt und Universität im April 1800 in einem Brief, denn viele Geistesgrößen sind mit Jena verbunden: Friedrich Schiller ebenso wie Clemens Brentano, Johann Gottlieb Fichte und Ernst Haeckel. Es gibt fast kein Haus, an dem nicht eine Gedenktafel an einen der großen Geister erinnert. 2008 durfte sich Jena stolz »Stadt der Wissenschaften« nennen. Verliehen hatte den Titel der Stifterverband für Deutsche Wissenschaft.

Carl Zeiß, Ernst Abbe und Otto Schott begründeten die Produktion von wissenschaftlichen Präzisionsgeräten und feuerfestem Glas, sie verhalfen Jena zu Weltruhm. Carl Zeiss, Schott, Jenoptik und der international

bedeutende Beutenberg-Campus, ein Ort geballter Forschung und Hochtechnologie, sind heute prägend für die Stadt. An der Universität und der Fachhochschule studieren gegenwärtig rund 25 000 junge Leute.

Stadtrundgang

In Jena liegen die meisten Sehenswürdigkeiten eng beieinander. Am Fürstengraben, nahe beim **Pulverturm** 1 der alten Stadtbefestigung, stehen aufgereiht die Büsten bedeutender Jenaer Persönlichkeiten, Ernst Abbe ebenso wie Karl Marx, der in Jena promovierte. Die **Via triumphalis** 2, die Ehrenallee, dürfte in ihrer Art einmalig in Deutschland sein.

Goethe-Gedenkstätte 3
Fürstengraben, Tel. 03641 94 90 09, April–Okt. Mi–So 11–15 Uhr, 2 / erm. 1 €
Goethe wird gegenüber der Via triumphalis im einstigen Inspektorenhaus geehrt, in dem er während seiner Jena-Aufenthalte oft wohnte und das deshalb zur Gedenkstätte wurde. Kluge Leute haben ausgerechnet, dass der Dichter und Minister insgesamt etwa fünf Jahre seines Lebens in Jena verbrachte.

Zeiss-Planetarium 4 und Damenviertel
Am Planetarium 5, www.sternevent. com, Termine für Vorführungen unter Tel. 03641 88 54 88, Di–So, ab 8 / erm. ab 6,50 / Familien ab 22 €
Beim Botanischen Garten befindet sich das 1926 eröffnete Planetarium, heute das älteste ›Sternentheater‹ der Welt. Hinter der silberglänzenden Kuppel verbirgt sich eine Laserbildprojektion der modernsten Technik. Durch eine 360-Grad-Projektion ist die Illusion

perfekt, der Besucher fühlt sich mittendrin. Ob er nach links, rechts oder zur Kuppel schaut – überall ist All!

In der Nähe erstreckt sich das sogenannte **Damenviertel**, ein liebevoll restauriertes Jugendstilviertel, eine der schönsten Wohnanlagen der Stadt.

Zwischen Lutherplatz und Markt

Den Fürstengraben entlanglaufend, vorbei am 1808 eingeweihten **Universitätshauptgebäude** **5**, erreicht man am Löbdergraben zwei Denkmäler: das eine für den Philosophen Georg Wilhelm Friedrich Hegel, das andere für Friedrich Schiller. Als der junge Professor Schiller 1789 seine Antrittsvorlesung halten wollte, konnte der ihm zugewiesene Reinhold'sche Hörsaal in der Johannisstraße nicht alle Zuhörer fassen. Schiller eilte mit den Studenten im Schlepptau durch die Stadt, um schließlich im Griesbach'schen Hörsaal Einzug zu halten. Seit 1934 trägt die Alma Mater den Namen Schillers.

Die nahe **Michaeliskirche** **6** gehört zu den größten Hallenkirchen Thüringens. Etwa 1390 wurde mit dem Bau begonnen, 1556 war das Gotteshaus mit dem Turm fertiggestellt. Die bronzene Grabplatte Martin Luthers im Inneren war für die Schlosskirche in Wittenberg bestimmt, doch durch den Schmalkaldischen Krieg (1546/47) gelangte sie nur bis Jena, Wittenberg bekam später eine Kopie.

Nächstes Ziel ist der Markt, dessen Mitte der **Hanfried** **7** ziert, wie der Volksmund das große Standbild von Kurfürst Johann Friedrich dem Großmütigen nennt, der 1558 die Universität gründete. Am **Rathaus** **8** in der Südwestecke des Marktes ist bei Einwohnern und Gästen seit jeher der Schnapphans am Uhrturm beliebt. Zu jeder vollen Stunde schnappt der ›Hans von Jene‹ über dem Zifferblatt nach einer von einem Pilger gereichten Kugel

und viertelstündlich läutet der rechts stehende Engel ein Glöckchen.

Theaterhaus **9**

Schillergässchen, Tel. 03641 886 90, www.theaterhaus-jena.de
Das Theaterhaus wird oft scherzhaft als die ›kreativste Ruine Deutschlands‹ bezeichnet. 1987 hatte die Stadtverwaltung das baufällige Zuschauerhaus abreißen lassen, um von der DDR-Regierung einen Neubau zu erzwingen. Doch daraus wurde nichts. Nach der politischen Wende in der DDR nahm eine junge Schauspieltruppe das übrig gebliebene Bühnenhaus in Besitz. Berühmte Theaterleute wie Heiner Müller, Peter Zadek und Frank Castorf unterstützten die Jenenser Enthusiasten, und seitdem wird in der Ruine Theater gespielt. Vorwiegend ein junges, aufgeschlossenes Publikum macht es sich auf den 250 Plätzen bequem.

Jedes Jahr, sieben Wochen im Juli und August, feiert Jena mit seinen Gästen auf dem Platz vor dem Theater open air. Jazz, Rock, Pop, Rap, Samba, Reggae, Blues erklingen, auch Kino- und Theateraufführungen finden statt. Künstler mit großem Namen kommen, aber auch Unbekannte erhalten ihre Chance. Das **Sommerfestival Kulturarena** hat sich zu einem rauschenden Event von überregionaler Bedeutung entwickelt (www.kulturarena.de).

Schillers Gartenhaus **10**

Schillergässchen 2, Tel. 03641 93 11 88, Di–Sa 11–17 Uhr, April–Okt. auch So, 2,50 / erm. 1,30 €
Die längste Zeit seines Lebens hat Friedrich Schiller in Jena verbracht, von seinen vier Jenaer Wohnungen hat sich jedoch nur das Gartenhaus gegenüber dem Theater erhalten. Nach dem Einzug schrieb Schiller an Goethe: »Eine schöne Landschaft umgibt mich, die

Jena

Sonne geht freundlich unter, und die Nachtigallen schlagen. Alles um mich herum erheitert mich, und mein erster Abend auf dem eigenen Grund und Boden ist von der fröhlichsten Vorbedeutung.« Im Garten steht der ovale Steintisch, an dem er oft mit Goethe gesessen hat. In Jena, bei einem Gespräch über Philosophie und Kunst am 20. Juli 1794, begann die Freundschaft der beiden Dichtergrößen.

Carl-Zeiss-Platz

Über den Engelplatz und die Ernst-Abbe-Straße erreicht man den Carl-Zeiss-Platz mit dem **Ernst-Abbe-Denkmal** 11, geschaffen von dem berühmten belgischen Jugendstilkünstler Henry van de Velde, dem Optischen Museum (s. u.) und dem **Volkshaus** 12. Das hatte die von Ernst Abbe 1903 »zum Zwecke der Volksbildung und zum Wohle der Jenaer Bevölkerung« gegründete Carl-Zeiss-Stiftung eröffnet. Heute ist es Jenas bedeutendste Kultur- und Veranstaltungsstätte.

Optisches Museum 13

Carl-Zeiss-Platz 12, Tel. 03641 44 31 65, www.optischesmuseum.de, Di–Fr

10–16.30, Sa 11–17 Uhr, 5 / erm. 4, Familienkarte 12 €
Die dritte Sehenswürdigkeit am Carl-Zeiss-Platz ist das Optische Museum, das mehr als 13 000 Brillen, Mikroskope, Fernrohre und astronomische Instrumente besitzt. Zu sehen ist auch die nachgebildete historische Werkstatt von Carl Zeiß von 1866, die den Grundstein zu dem Unternehmen mit Weltruf legte.

Zum Collegium Jenense

Vorbei am **Anatomieturm** 14, in dem Goethe anatomische Studien betrieb, führt der Teichgraben zum **Collegium Jenense** 15, dem ehemaligen Dominikanerkloster, das als Gründungsstätte der Jenaer Universität gilt. In den leer stehenden Gebäuden fanden sich Professoren und Studenten zu den ersten Vorlesungen zusammen, 1558 erfolgte die kaiserliche Bestätigung der Universitätsgründung. Vom Kloster, das am Ende des Zweiten Weltkrieges auch Opfer der Bomben wurde, sind einige ehrwürdige Gebäude erhalten geblieben. Im stimmungsvollen Hof mit der alten Linde sowie Grabsteinen von Mönchen und Professoren – eine

kleine Idylle im Stadtzentrum – finden in der warmen Jahreszeit Konzerte statt (Infos in der Touristinformation).

Jen-Tower 16

Am **Jen-Tower,** wie der fast 160 m hoch aufragende runde Turm heute heißt, endet der Stadtrundgang. Die DDR hatte ihn als Prestigeobjekt in die Stadtmitte gesetzt. ›Keksrolle‹ sagt der Volksmund zu dem Turm, von dem sich ein herrlicher Ausblick bietet.

Auch auf die zu seinen Füßen liegende **Wagnergasse** (s. u.), Jenas Kneipenmeile, und das moderne Einkaufszentrum **Goethe Galerie** (s. u.), das auf dem Gelände der einstigen traditionsreichen Zeiss-Werkhallen entstanden ist, kann man von dem Turm hinunterschauen.

Jenas Umgebung

Wer der Stadt entfliehen möchte, braucht nicht weit zu wandern. Jena ist umgeben von vielen **Bergen,** von deren Gipfeln man weit ins Land schauen kann. Sicherlich wird man irgendwann auch die jahrzehntelang vernachlässigten und ungestalteten **Saaleufer** in eine blühende Garten- und Parklandschaft verwandeln. Damit man dort bald wieder singen kann: »An der Saale hellem Strande …«

Übernachten

Nostalgisch – **Maxx Hotel Jena 1:** Stauffenbergstr. 59, OT Lobeda, Tel. 03641 30 00, www.maxx-jena.steigenberger.de, 220 Zi., DZ/ÜF ab 79–119 €. American Feeling am Stadtrand von Jena: Das Hotel ist im Ambiente des angloamerikanischen Stils der 1930er-

Unser Tipp

Über den Dächern von Jena
Wer sich etwas Besonderes gönnen möchte, der besucht das **Scala – Turmrestaurant 16** im Jen-Tower mitten in der Stadt. In luftiger Höhe von 128 m genießt man von der Aussichtsplattform einen fantastischen Panoramablick auf Jena und Umgebung (tgl. ab 11 Uhr, 3 €). Nicht vergessen sollte man darüber den Blick in die Speisekarte. Die Küche ist eine der besten des Bundeslandes Thüringen und überzeugt mit ihrer Frische und dem Einfallsreichtum (Tel. 03641 35 66 66, www.scala-jena.de, tgl. geöffnet, Hauptgerichte 18–29 €, tgl. wechselndes Tagesmenü ab 25 €).

bis 1950er-Jahre gehalten. Stilecht: Aus der Wurlitzer-Musikbox in der American Bar erklingen Oldies.

Preiswert – **Internationales Jugendgästehaus 2:** Am Herrenberge 3, Tel. 03641 68 72 30, www.jugendgastehaus-jena.de, DZ/ÜF 45 €, Mehrbettzimmer p. Pers. inkl. Frühstück 20,70 €. Die preiswerte Alternative zu den Stadthotels. Zweckmäßig eingerichtete Doppel- und Familienzimmer mit Dusche und WC. Für die Standard-Mehrbettzimmer befinden sich Dusche und WC auf der Etage.

Individuell – **Zur Weintraube 3:** Rudolstädter Str. 76, OT Winzerla, Tel. 03641 60 57 70, www.weintraube-jena.de, 18 Zi., DZ/ÜF ab 87,50 €. Seit über 300 Jahren bereits ist dies ein Ort von Gastlichkeit, mitten im dörflichen Ortsteil Winzerla gelegen, mit gutem Komfort, aber auch persönlichem familiärem Service.

Nett – **Pension Burgblick 4:** Alte Dorfstr. 20a, OT Drackendorf, Tel. 03641 33 67 16, www.pensionburgblick.de, 20 Zi. und 2 App., DZ/ÜF ab 53 €. Die kleine Pension mit Gästehaus am Fuße der Lobdeburg-Ruine liegt in landschaftlich ruhiger Umgebung am Jenaer Stadtrand. Angenehme Zimmer, besonders viel Platz hat man in den zwei Ferienwohnungen.

Essen & Trinken

Vorzüglich – **Scala–Turmrestaurant 16:** Jen-Tower, siehe Tipp-Kasten.

Romantisch – **Restaurant Weinbauernhaus im Sack 1:** Oberlauengasse 14, Tel. 03641 63 74 00, www.weinbauernhaus-im-sack.de, tgl. geöffnet, Hauptgerichte 9–20 €. Das alte Gerberhaus ist ein reizender Ort für Fisch- und Weinliebhaber geworden. Die verschiedenen Stuben und der lauschige Innenhof mit Laubengang sind sehr einladend. Dazu eine frische Küche und nicht nur Fisch.

Beliebt – **Gaststätte »Zur Noll«** **2**: Oberlauengasse 19, Tel. 03641 44 15 66, www.zur-noll.de, tgl. geöffnet, Hauptgerichte 9–17 €. Historisches Gasthaus mit verschiedenen, auch kleineren Gasträumen, die Küche überrascht mit einfallsreichen Gerichten. Immer wieder gibt es Ausstellungen, Musikabende, Vernissagen und Lesungen.

Art déco – **Bauersfeld – Café, Restaurant, Bar** **3**: Am Planetarium 5, Tel. 03641 88 54 60, www.bauersfeld-jena. de, Mo geschl., Hauptgerichte 10–16 €. Im nostalgischen Flair der 1920-Jahre fühlt man sich im Palmengarten, im Kaminzimmer, der Galerie oder der Freiterrasse recht wohl. Dazu eine frische Küche und Weine aus der Region. Jeden Freitag wird zu Live-Pianomusik geladen.

Von oben – **Landgrafen** **4**: Landgrafenstieg 25, Tel. 03641 50 70 71, www. landgrafen.com, Mo und Di geschl., Hauptgerichte 10–20 €. Am besten sitzt man an der großen Fensterfront oder im Sommer auf der Terrasse, denn von dort – und von dem kleinen Aussichtsturm – hat man einen wunderschönen Blick auf die Stadt. Dazu kommen neben den Thüringer auch leichte und frische Gerichte auf den Tisch.

Einkaufen

Shoppingcenter – **Goethe Galerie** **1**: Goethestr. 3 b, Tel. 03641 458 70, www. goethegalerie.de. Auf dem ehemaligen Areal der Zeiss-Fabrikhallen entstand ein Einkaufsparadies mit über 70 Geschäften, Restaurants und Cafés. Beeindruckend die luftige und leichte Architektur.

Einkaufen ohne Ende – **neue mitte** **2**: Leutragraben 1, Tel. 03641 20 80 00, www.neue-mitte-jena.de, Mo–Sa 9.30–20 Uhr. Ein weiteres Einkaufscenter mitten in der City, unter dem Jen-Tower: Shops, Restaurants ...

Aktiv & Kreativ

Baden – **Freizeitbad ›GalaxSea‹** **1**: Rudolstädter Str. 37, Tel. 03641 42 92 19, www.galaxsea-jena.de, tgl. geöffnet. Schwimmbecken, Wellen- und Spaßbad, Rutschen und Plantschbecken sowie einen Sauna- und Wellnessbereich bietet das Bad seinen Gästen.

Radeln – Verschiedene Radtouren bietet die Touristinformation (s. u.) an: **Schlössertour** – 32 km Rundtour auf dem Saale-Radweg bis zu den Dornburger Schlössern; **Von Schillers Gartenhaus zu Goethes Gartenhaus** – 20 km entlang dem Radweg Thüringer Städtekette von Jena nach Weimar; **Auf Napoleons Spuren** – 35 km auf dem Napoleon-Radwanderweg.

Abends & Nachts

Für Nachtschwärmer – **Wagnergasse** **1**: Kontrastreich und laut geht es in Jenas Kneipenmeile zu, die mit ihrem urigen Straßencafé-Flair Studenten, Einheimische und Touristen gleichermaßen anzieht. Zu richtigem Leben erwacht die schmale Gasse mit den bunt aneinandergereihten Kneipen, Bars, Cafés aber erst am Abend, dann ist das Gedränge groß und oft nur ein Stehplatz zu haben.

Live-Musik – **Studentenklub Rosenkeller** **2**: Johannisstr. 13, Tel. 03641 93 11 90, www.rosenkeller.org, So, Mo geschl.; Live-Musik, Di und Sa Disco, aber auch Vorträge, Lesungen, Gesprächsrunden, im Sommer Biergarten.

Experimentell – **Theaterhaus** **9**: Schillergässchen 1, Tel. 03641 88 69 44, www.theaterhaus-jena.de. Ein junges

Theater in dem Theater ohne Bühne, experimentierfreudig, Schauspiel und Tanztheater.

Infos & Termine

Information
Touristinformation: Markt 16, 07743 Jena, Tel. 03641 49 80 50, www.jena.de

Verkehr
Jena liegt an der **ICE**-Strecke (Jena-Paradies) Hamburg–Berlin–München, **Regionalbahnen** fahren nach Eisenach, Erfurt, Gera, Saalfeld und Weimar. Im Stadtverkehr fahren Straßenbahnen und Busse. **Stadtverkehr Jena:** www.jenah.de.

Termine
Dixieland Meeting mit Kneipenmeile: 1. Märzwochenende.
Jazzfrühling: März–April. Konzerte unterschiedlicher Couleur.
Kulturarena: Juli/Aug. Festival der Weltmusik (s. S. 28).

Ausflug nach Dornburg ▶ F 3

Drei Schlösser erheben sich – 15 km von Jena entfernt – auf einer Felsenterrasse hoch über dem Saaletal. Goethe entdeckte die Schlösser 1776 bei einem Ritt. Der Dichter fand die Gegend um Dornburg (900 Einw.) so schön, dass er in den folgenden Jahrzehnten mehr als 20 Mal hierherkam.

Das nördlichste, 1521 fertiggestellte Schloss, das lange als Amtshaus, Pension und Seniorenheim diente, nutzt die Friedrich-Schiller-Universität Jena als Begegnungsstätte. Es ist nicht öffentlich zugänglich. Das Renaissanceschloss und das Rokokoschloss sind schon seit Jahrzehnten touristische Anziehungspunkte.

Im **Rokokoschloss** hat sich aus der Zeit von Großherzog Carl Alexander von Sachsen-Weimar-Eisenach der Speisesaal mit Porzellan und Fayencen aus Delft und China erhalten. Im **Renaissanceschloss** erinnert viel an Goethe, der 1828 von hier an seinen Freund Karl Friedrich Zelter schrieb: »Ich weiß nicht, ob Dornburg dir bekannt ist; es ist ein Städtchen auf der

Höhe im Saaltale unter Jena ... anmutige Gärten ziehen sich an Lusthäusern her; ich bewohne das alte neuaufgeputzte Schlößchen am südlichsten Ende. Die Aussicht ist herrlich und fröhlich ...« Originalgetreu wiederhergestellt wurden die **Schlossgärten** (Tel. 036427 222 91, www.thueringer-schloesser.de, April–Okt. Di–So 10–18 Uhr, jeweils 2 / 1,50 €, Kombiticket 3,50 / erm. 2,50 €, Besuch der Schlossgärten tgl. ab 7 Uhr bis Sonnenuntergang).

Infos & Termine

Dornburg Touristinfo: Friedrich-Ludwig-Jahn-Str. 7, 07778 Dornburg, Tel. 036427 209 34, www.dornburg-saale.eu

Rosenfest: letztes Juniwochenende, www.dornburger-rosenfest.de. Buntes Volksfest um die schönste Blume mit Wahl und Krönung der Rosenkönigin. Traditionell gehört zu dem Fest das Wartburg-Oldtimer-Treffen.

Hoch über der Saale erheben sich die Dornburger Schlösser

Der Osten

Highlight!

Geras Unterwelt: Unter der Altstadt von Gera spazieren gehen, im Höhler-Museum Minerale bewundern und bei der Höhler-Biennale Kunstwerke betrachten. Die in einer Tiefe von 5 bis 12 m angelegten, ›Höhler‹ genannten Keller unter dem Altstadtpflaster dienten der Bierlagerung. Zehn von ihnen sind auf einer Länge von rund 250 m zugänglich. S. 262

Auf Entdeckungstour

Geras Schmuckstücke: Noble Villen mit Erkern, Türmchen und Portiken schmücken Gera und führen in das Goldene Zeitalter der Stadt. Betuchte Fabrikanten und Kaufleute hatten sie sich zu Beginn des 20. Jh. erbauen lassen. Henry van de Veldes Haus Schulenburg ist das bekannteste Bauwerk, die im Zuckerbäckerstil errichtete blütenweiße Villa Brehme wohl das originellste. S. 264

Die geheimnisvolle Frau von Altenburg: Im Lindenau-Museum flaniert man durch die frühe italienische Renaissance und darf miträtseln, wer wohl Sandro Botticellis Bild der vermeintlichen Katharina in den vergangenen fünf Jahrhunderten verändert hat – und warum. Aber auch andere Tafelbilder haben eine interessante Geschichte. S. 280

Kultur & Sehenswertes

Schlosskirche Eisenberg: Thüringens prunkvollste Barockkirche mit beeindruckenden Decken- und Wandfresken sowie fantastischen Stuckdekorationen. S. 258

Skatstadt Altenburg: Da schlagen die Herzen der Skatspieler höher – Deutschlands größter Spielkartenladen, ein Skatbrunnen, ein Spielkartenmuseum mit 6000 Spielkarten sowie das Skat- und Spielefest. S. 276

Aktiv & Kreativ

Bürgeler Werkstätten: Vielen Töpfern darf über die Schulter geschaut werden. Die blauen Gegenstände mit den weißen Punkten haben im Osten Deutschlands legendären Ruf. S. 257

Kristall Sauna-Wellnessbad, Bad Klosterlausnitz: Das Wellenbad mit Meeresbrandung, tropisches Strandfeeling und zwei Riesenrutschen von 230 m Länge sorgen für Badespaß. S. 258

Genießen & Atmosphäre

Genuss in der warmen Jahreszeit: Am Nachmittag auf der Sonnenterrasse der »Hammermühle« bei Stadtroda sich den Thüringer Kuchen schmecken lassen und am Abend im Biergarten die frisch zubereitete Forelle. S. 258

Greizer Park: Der weiträumige Landschaftspark im englischen Stil gehört zu den schönsten Gartenanlagen Thüringens. S. 272

Abends & Nachts

Musik bei Kerzenschein: Zum unvergesslichen Erlebnis werden klassische Konzerte in der Thalbürgeler Klosterkirche. Beliebt ist seit Jahren auch die Konzertreihe »JazzBasilika«. S. 257

Sketche, Chansons, Parodien: Das Kabarett »Fettnäppchen« im Keller des Geraer Rathauses besitzt mit seiner scharfzüngigen politischen Satire als Kleinkunstbühne einen guten Ruf. S. 268

Holzland, Vogtland, Altenburger Land

Trutzige Burgen und eindrucksvolle Schlösser erzählen im Osten Thüringens von Fürsten und Herzögen und von der Kleinstaaterei, prächtige Kir-

chen und Rathäuser von Wohlstand sowie Museen und technische Denkmale vom handwerklichen Fleiß, der Industrialisierung und ihrem Niedergang. Das Städtedreieck zwischen Hermsdorf, Eisenberg und Stadtroda wird das Thüringer Holzland genannt. Denn der Waldreichtum und die vielen Mühlen haben das Handwerk angezogen: In keinem anderen Gebiet in Deutschland konzentrierten sich im 18. und 19. Jh. so viele Leiter-, Rechen-, Kuchenbretter- und Schubkarrenmacher.

Die Otto-Dix-Stadt Gera befand sich einst im Kreis der fünf reichsten Städte Deutschlands. Der frühere Reichtum lässt sich vor allem an wunderschönen Villen ablesen. Vor den Toren Geras, vor allem bei Ronneburg, hatte nach dem Zweiten Weltkrieg das Uran-Unternehmen Wismut die Landschaft brutal vergewaltigt. Doch davon ist kaum noch etwas zu sehen, mit Riesenanstrengungen hat man eine »blühende Landschaft« geschaffen. Wer von hier in Richtung Südosten reist, vorbei an der Burg Posterstein – von deren Bergfried man weit ins Land blickt –, der kommt ins Thüringer Vogtland, das sich nach Sachsen ausdehnt. Wer weiterfährt ins Altenburger Land, hat auf jeden Fall gute Karten. Schon deshalb, weil in Altenburg das Skatspiel erfunden wurde.

Um das Herms– dorfer Kreuz ▶ G 4

Dort, wo sich die Autobahnen 4 und 9 kreuzen, am Hermsdorfer Kreuz, dehnt sich eine wald- und wildreiche

Landschaft aus. Das 1937 fertiggestellte Hermsdorfer Kreuz war eines der ersten großen Objekte des Autobahnbaus. Die nahe **Teufelstalbrücke**, über die die A 4 führt, galt mit 253 m Länge und 56 m Höhe seinerzeit als die größte Autobahnbrücke Deutschlands.

Bad Klosterlausnitz

Moorvorkommen machten Bad Klosterlausnitz (3700 Einw.) zum attraktiven Kurort, die Bestätigung für den amtlichen Zusatz ›Bad‹ gab es 1932. Wahrzeichen des Ortes ist die **Klosterkirche.** Ein wahrlich interessantes Bauwerk: Das im 12. Jh. erbaute Gotteshaus stand nach der Reformation lange leer, die Menschen nutzten es, um Steine als Baumaterial abzutragen. Von 1863 bis 1866 errichtete man dann auf den alten Grundmauern die Kirche wieder in ihrer ursprünglichen Gestalt.

Bürgel

In westlicher Richtung gelangt man nach **Bürgel** (3300 Einw.), Ostdeutschlands wohl bekannteste Töpferstadt, die zu DDR-Zeiten ungeahnten Ruhm genoss. Das blaue Geschirr mit den weißen Punkten war Kult (s. S. 58). Fast alles ging für ›harte‹ Währung ins westliche Ausland. Was übrig blieb, fand reißenden Absatz. Auch wer kein Freund von Keramik war, kaufte, wenn sich ihm die Gelegenheit bot. Bürgeler Kannen, Vasen oder Teller halfen im Tausch, rascher an Baumaterial zu gelangen oder früher einen Termin in der Autowerkstatt zu erhalten.

In fast einem Dutzend **Werkstätten** rotieren heute noch die Töpferscheiben, vielfach darf den Meistern und Meisterinnen über die Schulter geschaut werden. Aus einer 1880 gegründeten Mustersammlung ging das **Keramik-Museum** hervor. Zu dessen Kostbarkeiten zählen Gefäße, die um 1910 nach Entwürfen des belgischen Architekten Henry van de Velde (1863–1957) entstanden sind, der Mitbegründer des Werkbunds war (Am Kirchplatz 2, Tel. 036692 491 41, www. keramik-museum-buergel.de, Di–So 11 bis 17 Uhr, 3 / erm. 2 €). Jedes Jahr im Juni herrscht in Bürgel Trubel, denn dann kommen Tausende zum **Töpfermarkt.** Nicht nur, um zu schauen und zu kaufen, sondern auch um fröhlich mitzumachen. Der Töpfermarkt gehört zu den größten Volksfesten im Osten Thüringens.

Thalbürgel

Von den vielen Klosteranlagen in dieser Region blieb die weithin sichtbare **Klosterkirche** in Thalbürgel erhalten. Die Pfeilerbasilika des ehemaligen, 1133 gestifteten Benediktinerklosters gehört zu den bedeutendsten romanischen Sakralbauten Thüringens (www. klosterkirche-thalbuergel.de, April–Anf. Okt. Di–So 11–17 Uhr, 2,50 € / erm. 1,50 €). Seit mehr als 20 Jahren wird zum **Thalbürger Konzertsommer** geladen. Der Musik im romantisch kerzenerleuchteten Kircheninnern zu lauschen ist ein unvergleichlich schönes Erlebnis. Beliebt ist auch seit Jahren die Konzertreihe »JazzBasilika«.

Eisenberg

Auf der B 7 kommt man nach Eisenberg (12 000 Einw.), wo der kleine Stadtrundgang am Markt beim 1727 geschaffenen barocken Mohrenbrunnen hinter dem **Renaissance-Rathaus** beginnt. Beachtung verdient auch das **Klötzner'sche Haus**, in dem das Stadtmuseum sein Domizil fand (Tel. 036691 734 54, Di, Mi, Fr 9–16, Do 9–18, Sa, So 13–16 Uhr, 1 € / erm. 0,50 €). Ebenfalls ins Auge fallen das **Schlagk'sche Haus** aus dem Jahr 1575 an der Ecke zur Schlossgasse, das Renaissancehaus der **Superintendentur** Markt 13/14 sowie die **Stadtkirche.** An die nur 27-jährige

Zeit als Residenz (1680–1707) des Ministaates Sachsen-Eisenberg erinnert **Schloss Christiansburg** (heute Landratsamt) mit der 1692 geweihten Schlosskirche. Man sollte es nicht versäumen, in ihren barocken Innenraum zu schauen. Der gehört nämlich zu den schönsten aller Thüringer Kirchen (April–Okt. Di–So 10–16, Nov.–März Di–Fr 10–16, Sa, So 13–16 Uhr, 1 €).

Bad Köstritz

Das Köstritzer Schwarzbier kennt man mittlerweile weit über die Grenzen Thüringens hinaus. Gebraut wird es in Bad Köstritz (4000 Einw.). Das Braurecht belegt eine Urkunde aus dem Jahr 1506. Weniger bekannt dagegen ist, dass in der Stadt 1585 Heinrich Schütz zur Welt gekommen ist, der bedeutendste deutsche Komponist vor Johann Sebastian Bach. In seinem Geburtshaus, das sein heutiges Aussehen im späten 18. Jh. erhielt, wird eine Dauerausstellung zu Leben, Werk und zeitlichem Umfeld des ersten deutschen Komponisten von internationaler Bedeutung gezeigt (Heinrich-Schütz-Str. 1, Tel. 036605 361 98, www.heinrich-schuetz-haus.de, Di–Fr 10–17, Sa, So 13–17 Uhr, 2,50 / erm. 1,50 €).

Übernachten

Ländliches Kleinod – **Hammermühle & Gesundheitsresort:** Hammermühlenweg 2–4, Stadtroda (▶ G 4), Tel. 036428 57 90, www.hammermuehle.com, 28 Zi., DZ/ÜF 79–134 €. Ein Mühlengehöft aus dem 15. Jh. wurde zu einem modernen romantisch-ländlichen Hotel mit Fitnesscenter und einer wunderschönen, 2000 m² großen Wellness-Landschaft mit Schwimmbad und Außenpool, Liegewiese mit biologischem Außenteich und einer exklusiven Saunalandschaft (erst ab 18 Jahren zugelassen).

Natur pur – **Waldhotel Pfarrmühle:** Mühltal 4, Eisenberg, Tel. 036691 436 09, www.pfarrmuehle.de, 20 Zi., DZ/ÜF 62 €. Ruhiger kann es nicht sein, denn das Waldhotel liegt, logischerweise, mitten im Wald. Die Zimmer sind rustikal eingerichtet, das Haus strahlt Gemütlichkeit aus. Bei Bedarf steht ein Kremser-Shuttle zur Verfügung.

Essen & Trinken

Stilvoll – **Hammermühle:** im Hotel Hammermühle (s. o.), tgl. geöffnet, Mo–Do mittags geschl., Hauptgerichte 11–20 €. In die original erhaltene Fachwerkscheune des mittelalterlichen Dreiseithofes zog das stilvoll eingerichtete Restaurant. Bei Kerzenschein und klassischer Musik genießt man die anspruchsvolle regionale und internationale Küche. Wunderschön auch: In der warmen Jahreszeit am Nachmittag auf der Sonnenterrasse sich den Thüringer Kuchen schmecken lassen und am Abend im Biergarten die Forelle aus der hauseigenen Zucht.

Persönlich – **Restaurant ›Zu den drei Schwänen‹:** Köstritzer Str. 13 (im gleichnamigen Hotel), Bad Klosterlausnitz, Tel. 036601 411 22, www.drei schwaene.de, tgl. geöffnet, Mo–Do mittags geschl., Hauptgerichte 8–15 €. Das helle, freundliche Ambiente, der Blick auf den Schwanenteich sowie ein persönlicher Service machen den Aufenthalt in diesem Restaurant angenehm. Neben Thüringer Küche bietet die Karte vor allem saisonale Gerichte.

Aktiv & Kreativ

Baden – **Kristall Sauna-Wellnessbad:** Köstritzer Str. 16, Bad Klosterlausnitz,

Tief gestuft ist das romanische Portal der Klosterkirche von Thalbürgel

Tel. 036601 59 80, www.kristallbad-bad-klosterlausnitz.de, tgl. geöffnet. Baden im kristallklaren Quellwasser, Wellenbad mit zwei Riesenrutschen und Strudelkanal, Saunadorf mit großem Freizeitbereich, Sole-Innen- und Außenbecken.

Radeln – **Mühlenradweg:** www.saale land.de. Zwischen Jena, Stadtroda, Hermsdorf, Eisenberg und Bürgel schlängelt sich auf rund 80 km der Mühlenradweg durch das Saaleland und verbindet die drei schönsten Mühltäler.

Wandern – **Beliebte Wanderziele:** Das Eisenberger Mühltal, der Zeitzgrund zwischen Hermsdorf und Stadtroda (www.saaleland.de). Auch wenn die Mühlen heute nicht mehr klappern, so sind zahlreiche doch erhalten und warten mit einem kulinarischen Angebot auf Einkehrer.

Mit Pferden unterwegs – **Kutsch- und Kremserfahrten:** Dorfstr. 79, Tautenhain (4 km östl. von Bad Klosterlausnitz), Tel. 036601 824 04, www.kutsch-kremserfahrten.de. Mai–Anf. Okt. fährt der Linienkremser von Tautenhain durch das Mühltal mit Halt an den verschiedenen Mühlen.

Infos & Termine

Information

Kurverwaltung Bad Klosterlausnitz: Hermann-Sachse-Str. 44, 07639 Bad Klosterlausnitz, Tel. 036601 800 50, www.bad-klosterlausnitz.com
Bürgel: www.toepferstadt-buergel.de

Eisenberg-Information: Markt 26, 07607 Eisenberg, Tel. 036691 734 54, www.stadt-eisenberg.de

Bad-Köstritz-Information: Julius-Sturm-Str. 10 (im Haus des Gastes), 07586 Bad Köstritz, Tel. 036605 860 59, www.stadt-bad-koestritz.de

Verkehr

Der **Bahnhof** Hermsdorf-Bad Klosterlausnitz liegt in Hermsdorf an der Strecke Weimar–Gera, der Zug wird auch »Holzlandbahn« genannt. **Busverbindungen** bestehen von und nach Gera und Jena.

Termine

Töpfermarkt: vorletztes Juniwochenende in Bürgel, www.buergeler-toepfermarkt.de. Etwa 100 Stände mit Töpfern aus mehreren Ländern, dazu Live-Musik, Kleinkunst, Kinderfest und viel Kulinarisches.

Thalbürgeler Musiksommer: Juli/Aug., Tel. (Kartenbestellungen) 036692 227 39, www.klosterkirche-thalbuergel.de. Der Konzertsommer bringt höchsten Musikgenuss.

Jazzbasilika: Sommer, Tel. (Kartenbestellungen) 036692 222 62, www.jazzbasilika.de. Im Mittelpunkt: Jazz.

Dahlienfest: 1. Septemberwochenende in Bad Köstritz. Bei dem Volksfest stehen die Dahlien in voller Blüte im Mittelpunkt; alle zwei Jahre wird es von der Wahl einer Dahlienkönigin begleitet.

Gera ► H 4

Gera (100 000 Einw.) nennt sich neuerdings Otto-Dix-Stadt. Wurde doch Dix, dessen Gemälde, Aquarelle und mehr als 6000 Zeichnungen ihn als bedeutenden Vertreter der Klassischen Moderne ausweisen, 1891 in dieser Stadt geboren. Gera besitzt rund 400 Arbeiten seines Ehrenbürgers, der 1969 in Singen verstarb.

Gera, in einer Hügellandschaft am Ufer der Weißen Elster liegend, war von 1564 bis 1918 Residenz des Fürstentums Reuß jüngere Linie. Als solche ist sie jedoch kaum bekannt, ab dem 19. Jh. besaß Gera den Ruf einer bedeutenden Stadt der Textilindustrie. Um 1900 gehörte sie zu den zehn reichsten Städten Deutschlands. Daran erinnern mehr als 100 zauberhafte Villen von Fabrikanten und Kaufleuten (s. Entdeckungstour S. 264). Später dann, zu DDR-Zeiten, entwickelte sich Gera mit dem benachbarten Ronneburg zu einem Zentrum des Uranbergbaus. Bedeutende Geldmittel pumpte der Staat in die Stadt, und so entstand neben den historischen gewachsenen Stadtteilen manches, das austauschbar mit anderen Städten ist. Seit der Einheit hat sich aber auch Gera attraktiver gekleidet.

Um den Markt

Der Rundgang beginnt am besten am **Marktplatz,** der durch seine Geschlossenheit zu den schönsten in Thüringen zählt. Gesäumt wird er von Bürgerhäusern, darunter dem der **Stadtapotheke** aus dem 16. Jh mit einem reich verzierten Runderker. Das **Renaissance-Rathaus** `1` stammt ebenfalls aus dem 16. Jh. Wer in dem 57 m hohen, achteckigen Rathausturm nach oben steigt, den belohnt ein schöner Blick über die Stadt.

Vom Markt führt die Schuhgasse hoch zur Greizer Straße. In der Schuhgasse bekamen die Häuser schmückende **Hauszeichen** `2`. Motive aus der Stadtgeschichte, wie der erste Zeppelin 1909 über Gera, wechseln mit Schmuckelementen und Darstellungen von Gebrauchsgegenständen ab.

Östlich des Marktes

Museum für Angewandte Kunst [3]

Greizer Str. 37, Tel. 0365 838 14 30, Di–So 11–18 Uhr, 4 / erm. 2,50 / Familienkarte 7,50 €

Das Ferber'sche Haus, benannt nach dem einstigen Besitzer, nahm das Museum für Angewandte Kunst auf. Die Ausstellungen werden in architektonisch interessanten Räumen gezeigt. Sammlungsschwerpunkt des Museums sind »Art déco & Funktionalismus«, Kunsthandwerk sowie Fotodesign des 20. Jh. bis zur Gegenwart.

Salvatorkirche [4]

Auf der höchsten Erhebung innerhalb des alten Gera steht die barocke Kirche, an der eine Gedenktafel an die Orgelprüfung durch Johann Sebastian Bach am 4. Juni 1725 erinnert. Beim Blick in das Gotteshaus ist man überrascht: außen barock, innen jedoch – seit 1903 – alles im Jugendstil.

Museum für Naturkunde [5]

Nicolaiberg 3, Tel. 0365 520 03, Di–So 11–18 Uhr, 4 / erm. 2,50 / Familienkarte 7,50 €

Neben der Salvatorkirche befindet sich das barocke Schreiber'sche Haus. Es ist das älteste Gebäude der Altstadt, weil es als einziges den großen Stadtbrand von 1780 überstand. Heute zeigt in ihm das Museum für Naturkunde eine landschaftsökologische Ausstellung zur Geologie, Flora und Fauna, vorgestellt werden Landschaften Ostthüringens sowie die Ökologie einer Großstadt. Zum Museum gehört der nur 3 Gehminuten entfernt liegende **Botanische Garten** in der Nicolaistraße, eine

Otto-Dix-Haus und Marienkirche in Gera

Gera

grüne Oase mitten in der Stadt (Mai–Okt. Sa, So 11–17 Uhr).

Geras Unterwelt ! **6**

Eingang Steinweg / Ecke Geithes Passage, auch zum Museum, Tel. 0365 55 24 99 54, www.gera-hoehler.de, Führungen Di–Fr 11, 13, 15, Sa, So auch 17 Uhr, 5 / erm. 3,50 €
Museum: Di–So 11–18 Uhr, 4 / erm. 2,50 €, Familienkarte 7,50 €
Höhler-Labyrinth, Höhler-Museum, Höhler-Fest, Höhler-Biennale ... Am Botanischen Garten beginnt der Abstieg. Insgesamt 9 km lang sind die weitverzweigten, **Höhler** genannten Keller unter der Altstadt. Brauberechtigte Bürger legten das aus Gängen und Nischen bestehende Labyrinth im 17. und 18. Jh. an. In einer Tiefe von 5 bis 12 m lagerten sie bei gleichmäßigen Temperaturen von 8 bis 12 °C ihr Bier. Zehn Höhler sind auf einer Länge von etwa 250 m zugänglich.

Im zweitgrößten Höhler, im **Museum im Höhler Nr. 188,** funkeln rund 700 Minerale. 11 m unter der Altstadt lädt die Ausstellung »Das Einmaleins

der Minerale« zum Besuch ein, gezeigt wird eine farbenprächtige multimediale Schau. Und zur **Höhler-Biennale** zeigen rund 40 Künstler aus dem In- und Ausland in dem weitverzweigten System ihre Arbeiten, Licht-, Video- und Klanginstallationen, Plastiken (www.hoehlerbiennale.de).

Zentrum

Einkaufszone

Vom Marktplatz über die Sorge bis zu den **Gera Arcaden** **7** erstreckt sich Geras traditionelle Einkaufs- und Bummelmeile. Sie führt vorbei am scheußlichen Kultur- und Kongresszentrum – 1981 völlig überdimensioniert als Haus der Kultur errichtet – zu einem der schönsten Barockhäuser der Stadt.

Stadtmuseum **8**

Museumsplatz 1, Tel. 0365 838 14 70, Di–So 11–18 Uhr, 4 / erm. 2,50, Familienkarte 7,50 €
In das Haus, das im 18. Jh. als Zucht- und Waisenhaus entstand, zog bereits 1914 das Stadtmuseum. Die Dauerausstellung stellt die Geschichte Geras bis

heute vor. Besonders interessant ist das 19. Jh., als Gera im Kreis der bedeutendsten Industriestädte Deutschlands mitmischte. Bereits 1892 konnte sich Gera – als zweite Stadt in Deutschland – eine elektrische Straßenbahn leisten. Aus dieser Zeit hat sich eine Besonderheit erhalten: In der Johannisstraße fährt die Bahn durch ein Haus hindurch.

Geras Villen 9 – 12

s. Entdeckungstour S. 264

Untermhaus

Vorbei am **Hofwiesenpark** 13, der am Ufer der Elster liegt, erreicht man den Stadtteil, der einst ein verwahrlostes Gebiet am Elsterufer war. Die Bundesgartenschau 2007 veränderte das Areal grundlegend, es wurde zum Ort der Erholung und Entspannung für die Geraer Bürger und ihre Gäste.

Otto-Dix-Haus 14

Mohrenplatz 4, Tel. 0365 838 42 50, www.kunstsammlung-gera.de, Di–So 11–18 Uhr, 4 / erm. 2,50 / Familienkarte 7,50 €

In dem Haus neben der spätgotischen Untermhäuser **Marienkirche** 15 kam der berühmte Maler und Grafiker Otto Dix zur Welt, der als Professor vor allem in Dresden und Düsseldorf wirkte. Der auch international hochgeehrte Künstler reiste bis zu seinem Tod 1969 immer wieder nach Gera, um seine Arbeiten auszustellen, die gegenwärtig in seinem Geburtshaus bescheiden präsentiert werden. Das wird sich bald ändern, denn Gera erhält ein neues **Kunstmuseum**. Die Stadt hat das erst 2001 für die ehemalige Landeszentralbank eingeweihte Gebäude am Hof- ▷ S. 267

Auf Entdeckungstour

Geras Schmuckstücke

Noble Villen mit Erkern, Türmchen und Portiken schmücken Gera und führen in das Goldene Zeitalter der Stadt. Betuchte Fabrikanten und Kaufleute hatten sie sich zu Beginn des 20. Jh. erbauen lassen. Henry van de Veldes Haus Schulenburg ist das bekannteste Bauwerk, die im Zuckerbäckerstil errichtete blütenweiße Villa Brehme wohl das originellste.

Reisekarte: ► H 4

Planung: zu besichtigen ist die Villa Schulenburg (Tel. 0365 82 64 10, www.haus-schulenburg-gera.de) , Mo–Fr 10–16, Sa 14–18 Uhr, 5 €, Führungen nach Anmeldung.

Zeit: mit dem Pkw etwa 4 Stunden, zu Fuß ein ganzer Tag.

Start: Haus Schulenburg, dann zum Stadtteil Untermhaus und in den Norden der Stadt.

Parkende Reisebusse und viele Autos lassen vermuten, dass es hier an der Straße des Friedens 120 wohl etwas Besonderes zu sehen gibt. Und so ist es auch: das sorgfältig restaurierte **Haus Schulenburg** 9 (1913/14). Die meisten Besucher kommen, weil es nach einem Entwurf des belgischen Jugendstilarchitekten und Wegbereiters des Bauhauses, Henry van de Velde, entstand, der von 1902 bis 1917 im nahen Weimar wirkte. Haus und Garten bilden eine künstlerische Einheit. Auftraggeber war der Textilfabrikant, Orchideenzüchter und Kunstsammler Paul Schulenburg. Es ist van de Veldes letztes Bauwerk vor dem Ersten Weltkrieg in Deutschland. Haupt- und Nebengebäude, Höfe und Innenräume des Ensembles sind nach der Einheit Deutschlands sorgfältig wiederhergestellt worden. Im Van-de-Velde-Museum sind Buchgestaltungen des Künstlers zu sehen, originale Möbel und Veröffentlichungen. Nach ihrer Restaurierung prägen die Villen wieder das Aussehen von Gera wie vor 100 Jahren. Zu DDR-Zeiten waren die wunderschönen Häuser verkommen, der Putz bröckelte von den Fassaden, die Parks verwilderten. Niemand fühlte sich so recht für die Prachtbauten zuständig. Nach der Einheit gingen sie an neue Besitzer oder die alten erhielten die Häuser zurück und machten aus ihnen wieder das, was sie einst waren – Schmuckstücke.

Nobles Leben am Stadtrand

Ende des 19. Jh. entstand in Gera eine Fabrik nach der anderen, vor allem die Textilindustrie und auch der Maschinenbau boomten. Für die Arbeitnehmer stampfte man Wohnquartiere in großer Dichte aus dem Boden, die Industriellen und das zu Wohlstand gelangte Großbürgertum ließen sich am Stadtrand Villen von namhaften Archi-

tekten mit meist kunstvoll gestalteten Gärten errichten, die Zeugnisse der Baukunst ihrer Zeit sind.

Villengeschichten

Häuser gehören zur Stadtgeschichte. Ihre Geschichte ist immer auch die Geschichte derjenigen, die sie erbauen ließen. Sie geben Auskunft über den Geschmack und den Lebensstil der Bauherren und verraten viel von deren Reichtum wie die prachtvolle **Villa Wetzel** 10 an der Ecke Vollersdorferstraße/Straße des Friedens. Wer aufmerksam schaut, wird im Balkongitter des Hauses noch das »W« des einstigen Besitzers entdecken. Das war der Maschinenbauer Karl Friedrich Wetzel, der 1922 mit den Familien seiner zwei Kinder in das herrschaftliche Haus gezogen war, das unserem heutigen Verständnis nach weniger Villa, sondern mehr repräsentatives Wohnhaus darstellt. 1945 wurde die Familie wie auch andere Villenbesitzer enteignet, die Wetzel'sche Fabrik von den Sowjets demontiert.

Unbedingt sollte man die Vollersdorfer Straße weiterlaufen, denn so gelangt man zum wohl exzentrischsten Haus in Gera. Es ist die im Zuckerbäckerstil errichtete blütenweiße **Villa Brehme** 11 (1895–1997) mit der Hausnummer 56. Bäckermeister August Brehme ließ sich das auch ›Klein-Neuschwanstein‹ genannte Schlösschen erbauen. Bösartige Zeitgenossen meinten, dass er zur Finanzierung des Baus die Semmeln lange Zeit kleiner als üblich gebacken habe. Doch Brehme konterte: »Nicht die Semmeln sind kleiner geworden, sondern den Gerschen ihre Mäuler größer.«

Zu den rund 100 kunsthistorisch bedeutenden Stadtvillen und ihren Parks, die vom Glanz und Reichtum vergangener Zeiten künden, zählt die **Villa**

Jahr 12 (1905/07) in der Tschaikowski-straße 39. Der Textilmaschinenfabrikant Moritz Rudolf Jahr hatte sie sich errichten lassen. Angetan vom historischen Bau war auch 1945 der sowjetische Stadtkommandant, der ihn kurzerhand beschlagnahmte, die Besitzer ausquartierte und mit seiner Familie hier einzog. Der im englischen Land-

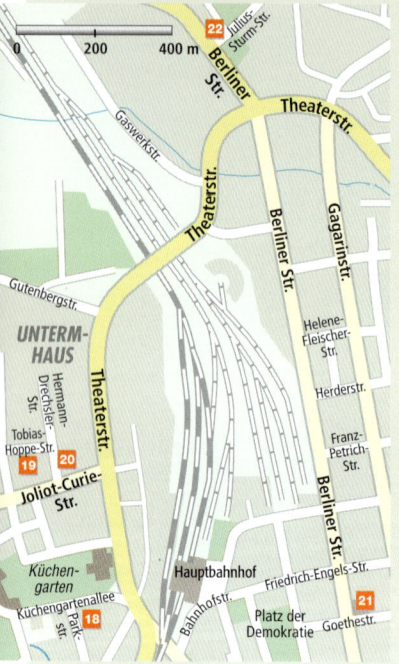

schaftsstil genutzte Park war Außenobjekt der Bundesgartenschau 2007.

Maßstab für andere

Die erste Villa in Gera hatte sich 1873 der Baumeister Voß in der Parkstraße 10 erbauen lassen. Manch einer versuchte in den folgenden Jahrzehnten die **Voß-Villa** 18 zu toppen, wollte zei-

gen, dass er noch vermögender war und über noch mehr Ansehen verfügte. Dazu gehört auch die **Villa Bauer** 19 (1907) in der Tobias-Hoppe-Straße 3, ein Gründerzeitbau mit Blumengirlanden am halbrunden Anbau der Gartenseite und noch einigen originalen Bleiglasfenstern. Bauherr war der Fabrikbesitzer Walther Bauer. 1945 musste die Unternehmerfamilie ihr Haus verlassen, Offiziere der östlichen Siegermacht quartierten sich in dem Haus ein.

Einfluss ist alles

Weiter geht es nach Gera-Untermhaus, einst eine der ruhigsten und teuersten Ecken Geras. Die einflussreiche und vermögende Familie von Johann Georg Hirsch konnte es sich leisten, hier zu bauen. Dem Großindustriellen gehörten unter anderem ein Kohlewerk im Meuselwitzer Revier, er war an Textilunternehmen in den USA beteiligt und besaß Baumwoll- und Kautschukplantagen in Afrika. Die **Villa Hirsch** 20 (1894–1902) in der Hermann-Drechsler-Straße 2 galt seinerzeit als eine der schönsten in Thüringen. Allein der noch vorhandene, kunstvoll geschmiedete Eisenzaun für seine seit 2008 als medizinische Fachhochschule genutzte Villa lässt den Reichtum des Besitzers erahnen. Er kündet aber auch von der hohen handwerklichen Qualität seiner Erbauer.

Zu Geras Prachtbauten zählt auch die neoklassizistische **Villa Eichenberg** 21 (1887–1889, Abb. S. 264), Ecke Berliner/Goethestraße, und die einst am damaligen Stadtrand, Ecke Berliner/Julius-Sturm-Straße, errichtete **Villa Bardzki** 22 (1908–1910) mit ihrem mächtigen Säulenportikus. Als Vorbild für sie diente die Villa Rotonda bei Vicenza vom Ende des 16. Jh., ein Werk des italienischen Architekten Andrea Palladio (1508–1580).

wiesenpark gekauft. Der moderne Komplex ist vom Londoner Stararchitekten David Chipperfield entworfen, der eigenwillige Eingangsbereich vom britischen Künstler Michael Craig-Martin gestaltet worden. Hier möchte die Stadt ihre Kunstwerke bündeln und vor allem die Werke von Otto Dix repräsentativ zeigen. Auf dem Weg vom Dix-Haus und der Marienkirche geht es zum alten **Küchengarten** der Fürsten Reuß jüngere Linie.

Am Küchengarten

Kunstsammlung 16

Tel. 03658 832 49 27, www.kunst sammlung-gera.de, Di–So 11–18 Uhr, 4 / erm. 2,50 / Familienkarte 7,50 €

›Bratwurst‹ nennen die Geraer liebevoll die halbkreisförmige Barockanlage am westlichen Ende des ehemaligen Küchengartens. Das ockerfarbene Bauwerk, die Orangerie, diente bereits Ende des 19., Anfang des 20. Jh. dem Geraer Kunstverein für Ausstellungen. Heute hat die Geraer Kunstsammlung in dem Gebäude ihr Domizil, die mit Themenausstellungen Einblick in ihren Bestand geben. Sie umfassen etwa 11 000 Gemälde, Druckgrafiken, Zeichnungen und Plastiken vom Mittelalter bis zur Gegenwart.

Theater 17

Das architektonische Kleinod steht am östlichen Ende des Küchengartens. Das im Jahre 1902 eröffnete Gebäude fällt durch seine wunderschöne Jugendstilarchitektur auf. Bewundernswert ist darüber hinaus, dass unter einem Dach harmonisch ein Theatersaal mit 552 Plätzen und ein für seine gute Akustik bekannter Konzertsaal mit 812 Plätzen und einer Sauer-Orgel vereint sind (s. u., Bühnen der Stadt Gera).

Weitere Villen 18 – 22

s. Entdeckungstour S. 264

Übernachten

Freundlich – **Novotel Gera** 1: Berliner Str. 38, Tel. 0365 434 40, www.novo tel.com, 260 Zi., DZ/ÜF 94–109 €. Das größte Haus am Platz verfügt über großzügige, elegante Zimmer sowie einen hübschen Wellnessbereich mit Schwimmbad und Sauna. Freundlicher und zuvorkommender Service. Lärmempfindliche sollten um ein Zimmer zum Innenhof bitten.

Englischer Landhausstil – **The Royal Inn Regent** 2: Schülerstr. 22, Tel. 0365 918 10, www.gera.the-royal-inn.de, 85 Zi., DZ/ÜF 100–152 €. Das Haus im englischen Landhausstil verfügt über sehr hübsche, freundlich eingerichtete Zimmer. Der Fitnessbereich mit Sauna, Dampfbad, Kosmetiksalon und Friseur runden das Angebot ab.

Gastlich – **Hotel Gewürzmühle** 3: Clara-Viebig-Str. 4, Tel. 0365 82 43 30, www.hotel-gewuerzmuehle-gera.de, 29 Zi., DZ/ÜF 70–75 €. In einer Seitenstraße unweit des Einkaufszentrums Gera Arcaden kann man in Ruhe entspannen und die Gastlichkeit des Hauses genießen. Helle, moderne Zimmer.

Ländlich – **Apart Hotel** 4: Hofer Str. 12 d (im Stadtteil Dürrenebersdorf), Tel. 0365 821 50, www.apart-hotel-gera.de, 83 Zi., DZ/ÜF 60–75 €. Hotel am Rand des Stadtwaldes mit geschmackvoll eingerichteten Zimmern in freundlichen Farben.

Essen & Trinken

Bistro– **Ambiente** 1: Schlossstr. 1, Tel. 0365 552 46 89, www.ambianer.de, tgl. geöffnet, Hauptgerichte 9–15 €. Wenn Sie beim Shoppen eine Pause machen wollen, dann sind Sie in dem Restaurant-Bistro richtig. Neben vielen kleineren Gerichten und Snacks werden auch Thüringer und internationale Gerichte zubereitet. Im Sommer ist angenehm auf der großen Terrasse zu sitzen, bei Kaffee oder einem Schoppen Wein lässt sich das Treiben in der Fußgängerzone gut beobachten.

Königlich – **Royal** **2**: Sorge 19, Tel. 0365 513 74, www.royal-gera.de, So geschl., Hauptgerichte 12–22 €. In einem der ältesten Bürgerhäuser Geras werden auf 4 Etagen anspruchsvolle Gäste zufriedengestellt. Das Restaurant fühlt sich der französischen und der Thüringer Küche verpflichtet. Weinliebhaber werden entzückt sein, der Weinkeller umfasst etwa 500 Weine aus der ganzen Welt.

Gemischt und preiswert – **Finkenstube** **3**: Ebelingstr. 8, Tel. 0365 533 14, www.finkenstube.de, Mo–Fr 7–14 und ab 15, Sa ab 17 Uhr, Hauptgerichte um 10 €. Offen für alle – so lautet das Motto in der gemütlichen Restaurant-Kneipe, und so bunt gemischt sind auch die Gäste. Zwischen 7 und 14 Uhr funktioniert der Service nach amerikanischem Prinzip: aussuchen – bezahlen – hinsetzen – essen. In der übrigen Zeit Bedienung à la carte. Frühstück gibt's ab 7 Uhr, Mo–Fr sind mittags die Tagesgerichte von 3,50 bis 5 € der Renner.

Einkaufen

Beliebt bei den Geraern sind die **Shoppingcenter** Gera Arcaden, Elster-Forum, Amthor Passage; **Einkaufsstraßen** sind Sorge und Schlossstraße.

Aktiv & Kreativ

Baden – **Hofwiesenbad** **1**: Küchengartenallee 25, Tel. 0365 838 43 50,

www.gera.de, tgl. geöffnet. Das Sport- und Freizeitbad verfügt über eine 50-m-Bahn, einen Sprungturm, eine 65-m-Rutsche, Saunalandschaft und Erlebnisduschen.

Abends & Nachts

Jugendstil trifft Kultur – **Bühnen der Stadt Gera** **17**: Großes Haus, Küchengartenallee 2, Tel. 0365 827 91 05, www.tptheuringen.de. Im noch relativ neu und wunderschön sanierten Jugendstil-Theater am Küchengarten werden Theatertraditionen fortgeführt. Ballett, Opern, Operetten, Musicals, Schauspiel, Puppentheater, Konzerte kommen im Verbund mit dem Landestheater Altenburg zur Aufführung.

Scharfzüngig – **Kabarett Fettnäppchen** **1**: Markt 1, Tel. 0365 231 31, www.kabarett-fettnaeppchen.de. Die Kleinkunstbühne hat einen guten Ruf. Sie legt mit ihrer scharfzüngigen politischen Satire den Finger auf so manche wunde Stelle in unserer Gesellschaft, und das schon seit 1973. Ihre Spielstätten sind zum einen im Kellergewölbe des Rathauses, zum anderen im Hofgut Gera.

Infos & Termine

Information

Gera Tourismus: Heinrichstr. 35, 07545 Gera, Tel. 0365 830 44 80, www.gera-tourismus.de

Verkehr

Mit der **Bahn** bestehen Verbindungen nach Erfurt, Jena, Saalfeld und Weimar, mit dem **Bus** in alle touristisch interessanten Orte der Umgebung. Den Stadtverkehr bedient die **Straßenbahn** (www.gvbgera.de).

Termine

Hofwiesenparkfest: Ende April. Musik und Shows, Ballonglühen und zum Abschluss ein Höhenfeuerwerk.

Geraer Ballett-Tage: April/Mai. Auftritt in- und ausländischer Tanzensembles.

Höhlerfest: 3. Septemberwochenende. Das Mittelalter hält Einzug in die Stadt.

Das Thüringer Vogtland

Seit Jahrhunderten gehört die Region zwischen Weida, Zeulenroda und Greiz zum Vogtland. Es ist eine Landschaft, die zum Wandern und Radfahren einlädt, mögliche Ziele sind Burgen, Kirchen und Fachwerkhöfe. Der Name Vogtland, entstanden durch die einzigartige Machtstellung der Vögte von Weida, soll im Jahre 1254 zum ersten Mal gebraucht worden sein. Doch Weida verhalfen die Vögte nicht zu Ruhm, als »Perle des Vogtlandes« – des Thüringer wohlgemerkt – bezeichnet sich Greiz. Allerdings waren es weniger die Vögte, die Greiz bekannt gemacht haben, es waren die Fürsten von Reuß, deren ältere Linie Greiz als Residenz ihres Mini-Fürstentums gewählt hatte. Der größere Teil der sich Vogtland nennenden Landschaft umfasst die südwestlichste Ecke Sachsens.

Weida ► H 5

Osterburg

Tel. 036603 62775, www.osterburg-vogtland.eu, Sa, So 9–17, in den Ferien auch Mi–Fr 13–17 Uhr, 5 / erm. 3,50 €

Die Osterburg prägt das Gesicht von Weida (8200 Einw.) und verbreitet einen Hauch von mittelalterlicher Atmosphäre. Der **Bergfried** gehört mit seinen 54 m zu den höchsten in Deutschland. Zwischen dem zweiten und dritten Zinnenkranz befindet sich die Türmerstube, in der bis 1917 der letzte Türmer lebte. Wer die 175 Stufen nach oben bewältigt hat, dem eröffnet sich ein schöner Ausblick. Highlight im Bergfried ist das **360-Grad-Museum,** in dem in einer Multimedia-Show Bilder vom einstigen fürstlichen Reußenland auf das alte Gemäuer projiziert werden.

Technisches Schaudenkmal

Tel. 036603 713 50, Mi–So 10–12, 14–17 Uhr, 3,50 / erm. 2 €

Weida, am Zusammenfluss der kleinen Flüsse Weida und Auma gelegen, war ein Zentrum der Lederherstellung und -verarbeitung. Eine der zahlreichen Lohgerbereien, die 1844 gegründete Werkstatt Friedrich Francke in der Unteren Straße 6, die erst 1990 stillgelegt wurde, steht als **Technisches Schaudenkmal** für Besichtigungen offen.

Übernachten, Essen

Ländlich gehoben – **Adler Golf- und Tagungshotel:** Hauptstr. 22, 07589 Großebersdorf (8 km westl. von Weida), Tel. 036607 50 00, www.logis-adler.de, 42 Zi., DZ/ÜF ab 85 €, Hauptgerichte 14–22 €. Moderne oder im Bauernstil eingerichtete Zimmer. In allen Räumen ist WLAN verfügbar. Die Chefin kocht eine gehobene Küche aus regionalen Zutaten. Eine originelle Idee ist das Probierma(h)l: verschiedene Hauptgerichte in Miniportionen angerichtet.

Infos

Weida-Information: Markt 1, 07570 Weida, Tel. 036603 611 96, www.weida.de

Lieblingsort

Dem Bauern in die Stube schauen

Der selbst gebackene Blechkuchen schmeckt uns im **Museumscafé von Nitschareuth** (▶ H 5) immer köstlich. Und wenn wir dann noch bei schönem Wetter im Hof sitzen können, scheint die Welt in Ordnung zu sein. Genauso könnte es hier vor hundert Jahren zugegangen sein – aber höchstens am Sonntag. Denn das Leben der Bauernfamilie war hart, Mußestunden an Werktagen konnte man sich nur in den Wintermonaten leisten. Wir streifen durch den Museumsgarten und atmen den Duft der Heil- und Küchenkräuter ein, erfreuen uns an den bunten Gartenblumen und den heimischen Gemüsen (s. S. 272).

Greiz ► H 5

Das kleine Städtchen schmückt sich mit zwei Schlössern. Denn vom 16. bis zum 18. Jh. war die im Tal der Weißen Elster eingebettete Stadt (22 500 Einw.) in zwei Herrschaftsbereiche geteilt und jeder Fürst beanspruchte seine eigene Residenz.

Für die Herrschaft Obergreiz entstand nach einem Brand 1540 auf dem Schlossberg das Obere Schloss und für die Herrschaft Untergreiz das Untere Schloss an der Weißen Elster. In dem wohnte der letzte Greizer Fürst Heinrich XXIV. bis 1927. Alle Fürsten und Prinzen des Hauses Reuß tragen bis heute den Vornamen Heinrich, das legt ein 1668 beschlossenes Hausgesetz fest.

Oberes und Unteres Schloss

Tel. 03661 70 34 34, Di–So 10–17 Uhr, Unteres Schloss mit Textilschauwerkstatt 3 / erm. 2, Oberes Schloss 5 / erm. 2, Kombikarte für beide 7 / erm. 4 €

Im **Oberen Schloss** unternimmt man im multimedialen Erlebnis-Museum eine Zeitreise durch die Geschichte, Höhepunkt der Ausstellung auf vier Etagen ist der 3-D-Film ›Glanz und Gloria der Reussen‹. Im **Unteren Schloss** bekamen das **Heimatmuseum** und die **Schauwerkstatt** ›Greizer Textil vom Handwerk bis zur Industrie‹ ihr Domizil. An Maschinen und Webstühlen kann man sich die Entwicklung von der Hand- zur mechanischen Weberei demonstrieren lassen. Gegenüber dem Unteren Schloss befindet sich die klassizistische **Hauptwache**. In der saßen die Soldaten, die das Fürstenhaus zu beschützen hatten.

In der **Stadtkirche St. Marien,** die eng mit dem Schloss verbunden ist, sollte auf die erste Empore gestiegen werden, denn hier steht der Prunksarg Heinrichs VI. Reuß ältere Linie. Der war als kursächsischer Generalfeldmarschall 1697 in der Schlacht gegen die Türken bei Zenta in Ungarn gefallen.

Altstadt

In der Markt- und in der Thomasstraße erfreuen das Auge zahlreiche **Jugendstilhäuser** von Anfang des 20. Jh. Das **Sommerpalais** im Greizer Park, als »Maison de belle retraite« vom Erbauer bezeichnet, beherbergt die umfangreiche **Staatliche Bücher- und Kupferstichsammlung** und das **Satiricum**, eine Spezialsammlung zeitgenössischer Karikaturen und Pressezeichnungen (Tel. 03661 705 80, April–Sept. Di–So 10–17, Okt. März bis 16 Uhr, 2,50 / erm. 1,50 €).

Der im englischen Landschaftsstil gestaltete **Greizer Park** mit dendrologischen Kostbarkeiten, einem See und einer wunderschönen Blumenuhr besitzt kulturhistorische Bedeutung (www.greizer-park.de).

Bauernmuseum Nitschareuth

Tel. 036625 205 04, www.nitscha reuth. de/bauernmuseum.html, Museum und Café (s. S. 270): April–Okt. Mo, Mi, Do 10–20, Fr, Sa bis 22, So bis 19, Nov.–März Mo, Mi, Fr 13–20, So bis 19 Uhr

Der 1737–1755 im fränkischen Fachwerkstil errichtete Dreiseithof in Nitschareuth, 6 km nordwestlich von Greiz, wurde bis 1982 bäuerlich genutzt und danach zum Museum. Das gibt Einblick in das bäuerliche Alltagsleben der letzten zwei Jahrhunderte.

Übernachten

Zentral – **Schlossberg Hotel:** Marienstr. 1–5, Tel. 03661 62 21 23, www.schloss berghotel-greiz.de, 34 Zi., DZ/ÜF ab 72 €. 3-Sterne-Hotel garni in ruhiger Lage in der Altstadt mit Blick auf das

Obere Schloss. Entspannung bieten Sauna, Dampfbad und Solarium über den Dächern der Stadt.

Ruhig – **Hotel Am Wald:** Untergrochlitzer Str. 8, Tel. 03661 67 08 03, www.hotel-ami.de/hotel/am-wald-greiz, 13 Zi., DZ/ÜF 56 €. Kleines Haus mit angenehmen Zimmern in ruhiger Stadtrandlage, bis zum Wald ist es nicht weit und ins Zentrum von Greiz auch nicht. Das Restaurant ist abends nur für Hausgäste geöffnet.

Essen & Trinken

Stilvolles Ambiente – **Parkschlösschen:** Parkgasse 72, Tel. 03661 45 51 12, www.schloesschen-greiz.de, Mo geschl., Hauptgerichte 9–14 €. Das stilvolle Restaurant am Schlosspark blickt auf eine über 200-jährige Tradition zurück. Die Küche ist saisonal ausgerichtet und bietet sowohl regionale als auch internationale Speisen an, die frisch zubereitet werden.

Freundlich ländlich – **Drei Schwanen:** Hauptstr. 7, Wildetaube (▶ H 5), Tel. 036625 204 07, Do geschl., www.gasthof-drei-schwanen.de, Hauptgerichte 7–13 €. Liebevoll geführtes Landgasthaus 5 km nördlich von Greiz mit einer einfachen, schmackhaften Küche. Als Spezialität wird Lammbraten aus eigener Vermarktung angeboten.

Aktiv & Kreativ

Baden und Eislaufen – **Bäder- und Sportkomplex:** Werdauer Str. 11 (in Greiz-Aubachtal). Schwimmhalle, Sauna; Okt.–März Eissportfläche.

Kanutouren – **Kanuscheune Wünschendorf:** Cronschwitz 3, Tel. 0175 327 49 74, www.kanuscheune-cronschwitz.de. Geführte Touren und zudem Kanuverleih.

In das Sommerpalais von Greiz zogen sich einst die Fürsten zurück

Radeln – **Elster-Radweg:** www.elster radweg.de. 250 km von der Quelle bis zur Mündung, einige Abschnitte müssen noch ausgebaut werden.

Infos & Termine

Information
Greiz-Information: Burgplatz 12 (Unteres Schloss), 07973 Greiz, Tel. 03661 68 98 15, www.greiz.de

Verkehr
Die **Bahn** fährt von und nach Gera und Wünschendorf, **Busse** im Stadtverkehr (www.prg-greiz.info) sowie von und nach Weida, Gera, Zeulenroda. Bahnhof und Busbahnhof befinden sich 500 m vom Stadtzentrum entfernt.

Termine
Greizer Jazzwerk: Mitte Mai. Bei dem soziokulturellen Projekt steht die Arbeit mit Amateuren im Mittelpunkt.
Greizer Theaterherbst: Mitte Sept., www.theaterherbst.de. Amateure und Profis aus der nationalen und internationalen Theaterszene erarbeiten in Workshops Theaterstücke, Performances und Aufführungen, die dann in einer Festivalwoche Premiere haben.

Zeulenroda-Triebes ► G 5

Als Strumpfwirkerstadt spielte Zeulenroda einst eine große Rolle. Die 1968 bis 1975 erbaute **Trinkwassertalsperre,** die auch dem Hochwasserschutz dient, hat dann das Städtchen bekannt gemacht. Um das »Zeulenrodaer Meer«, wie gern gesagt wird, führt ein 50 km langer Rundwanderweg.

Rathaus
In der Stadt, die seit 2006 mit Triebes vereint ist (17 200 Ew.), bildet das palazzoartige Rathaus (1828) am Marktplatz den Blickpunkt. Mit dem Bau wollten die Strumpffabrikanten ihren Reichtum demonstrieren. Den achteckigen Rathausturm krönt Themis, die griechische Göttin der Gerechtigkeit. »Gette« sagen die Einheimischen zu ihr und behaupten, sie würde absichtlich der früheren, ungeliebten Residenzstadt Greiz den Rücken zukehren. Vor dem Rathaus steht der **Stadtbrunnen** mit dem Karpfenpfeifer. So lautet auch der Spitzname für die Zeulenrodaer, der auf eine alte Geschichte zurückgeht:

Auf einer Grafenhochzeit ließen die Gäste die nach Schlamm schmeckenden Karpfen mit den Worten »Wir Zeulenrodaer pfeifen auf solche Schlammkarpfen« an die Küche zurückgehen, der Hofkoch beschimpfte sie daraufhin als ›Karpfenpfeifer‹.

Städtisches Museum
Aumaische Str. 30, Tel. 036628 641 35, Di, Mi, Fr 9–16, Do 9–18, So 13–16 Uhr, 2,50 / erm. 1,50 / Familienkarte 6,50 €
Zeulenroda war im 18. Jh. eine der Hochburgen der Strumpfwirkerei. Wie eine Strumpfwirkerstube damals aussah, zeigt das Städtische Museum. Sehenswert sind auch die Stilmöbel verschiedener Epochen.

Übernachten, Essen

Alles Bio – **Bio-Seehotel Zeulenroda:** Bauerfeindallee 1, Zeulenroda-Triebes, Tel. 036683 980, www.seehotel-zeulenroda.de, 141 Zi., DZ/ÜF ab 126 €, Restaurants tgl. geöffnet, Hauptgerichte 15–25 €. Die moderne, von der Bauhaus-Architektur inspirierte Gestaltung des Hauses hat ihr eigenes Flair. Besonders beliebt sind in Thüringens erstem mehrfach ausgezeichnetem Bio-Hotel die Zimmer mit Blick auf den Stausee. Von der Panorama-Restaurantetage bietet sich aus großen Fenstern ein herrlicher Blick auf Talsperre, Stadt und Umgebung. Die Küche bereitet ausschließlich frische gesunde Bio-Gerichte zu, mit Produkten vom Bauern um die Ecke und aus der Region.

Aktiv & Kreativ

Baden – **Badewelt Waikiki:** Am Birkenweg 1, Tel. 036628 73 70, www.tropenbad-waikiki.de, tgl. geöffnet. Wasserfreizeitparadies mit hawaiischem Ambiente. Drei Abenteuer-Rutschanlagen, Sportbad, Saunalandschaft.
Nordic Walking – **Nordic Walking Aktiv Park »Thüringer Vogtland«:** Weißendorf (2 km nördl. von Zeulenroda), Info-Tel. 036628 95 64 88. Sechs ausgeschilderte Walking-Strecken von 2 bis 18 km Länge, die durch die reizvolle Hügellandschaft des Thüringer Vogtlandes führen.

Infos & Termine

Touristinformation: Markt 8, 07937 Zeulenroda-Triebes, Tel. 036628 482 62, www.zeulenroda-triebes.de sowie www.thueringen-vogtland.de
Karpfenpfeiferfest: 3. Maiwochenende. Stadtfest mit buntem Unterhaltungsprogramm und einem Lampion- und Fackelumzug zum Abschluss.

Im Altenburger Land

Die östlichste Ecke Thüringens, von den Flüsschen Sprotte und Pleiße zerschnitten, ist landwirtschaftlich ge-

prägt, Wälder bilden eine Seltenheit. Altenburg, die weithin bekannte Skatstadt, sowie Schmölln sind die einzigen Städte, ansonsten dominieren in der sanften Hügellandschaft vor allem Bauerndörfer. Oft zählen sie nicht mehr als 100 Einwohner und beeindrucken vielfach mit ihren Vierseithöfen. Das nördliche Altenburger Land wurde jahrhundertelang vom Braunkohleabbau gebeutelt. Nach der Einheit Deutschlands drehte sich das Wirtschaftskarussell anders, heute ist von der tristen Mondlandschaft, den hinterlassenen ausgekohlten Tagebauen, nur noch wenig zu sehen.

Schmölln ▶ H 4

›Knopfstadt‹ nennt sich Schmölln gern (13 000 Ew.), denn die kleinen Rundlinge kamen einst überwiegend aus dem ostthüringischen Städtchen. Wer die Stadt aus einer besonderen Perspektive betrachten möchte, steigt am Stadtrand auf den **Ernst-Agnes-Turm** (Mai–Okt. Fr 15–18, Sa, So 9.30–12, 12.30–18 Uhr).

Markt

Schmölln kann sich rühmen, einen der größten **Marktplätze** Mitteldeutschlands zu besitzen. 7200 m² misst der planmäßig angelegte Platz, der noch viel von seiner mittelalterlichen Ursprünglichkeit besitzt und deshalb unter Denkmalschutz steht. Hier befinden sich das barocke **Rathaus** (1772) mit einem Sitznischenportal und die **Stadtkirche St. Nikolaus** (15. Jh.), die man nach dem Stadtbrand im Jahre 1772 in ihrer heutigen Form gestaltete.

Knopf- und Regionalmuseum

Sprottenanger 2, Fr, So 13–16, Sa 13–18 Uhr, 2 / erm. 1 / Familienkarte 5 €
Vor etwa 100 Jahren gab es in

Schmölln 29 Knopffabriken. Da war es folgerichtig, dass sich Schmölln ein Knopf- und Regionalmuseum einrichtete, das einen Überblick über die Schmöllner Knopfindustrie gibt. Heute noch werden in Schmölln Knöpfe hergestellt, mehr als 100 000 Stück sind es, die pro Tag die »Schmöllner Knopffabrik« verlassen.

Übernachten, Essen

Schmuck – **Bellevue:** Am Pfefferberg, Tel. 034491 70 00, www.bellevuehotel.de, 16 Zi., DZ/ÜF 85–99 €, Restaurant tgl. geöffnet, Hauptgerichte 16–23 €. Über der Stadt erhebt sich das schmucke Gebäude, umsäumt von einer kleinen Parkanlage. Die geschmackvoll mit Jugendstilelementen eingerichteten Zimmer sind sehr wohnlich. Das Restaurant bietet mediterran zubereitete Gerichte, zudem eine kleine Auswahl an Thüringer Gerichten.

Infos

Stadtinformation: Markt 1, 04626 Schmölln, Tel. 034491 76 92, www.schmoelln.de

Altenburg ▶ J 3

Altenburg reizt! Vor allem die Skatspieler. Altenburg (37 000 Einw.) ist die Stadt des Skats. Hier habe zwischen 1810 und 1815 eine gesellige Runde, zu der auch der bekannte Verleger Brockhaus gehörte, aus Elementen verschiedener älterer Kartenspiele den Skat entwickelt, behauptet man. Die Stadt hat sich deshalb einen **Skatbrunnen** zugelegt, auf dem sich vier Wenzel raufen und in dem Skatfreunde ihre Karten für Glück im Spiel taufen. Sie besitzt Deutschlands größten Spielkartenladen sowie ein Spielkartenmuseum. Mehrmals im Jahr tagt in Altenburg das Internationale Skatgericht, als höchste Instanz wacht es darüber, dass es an den Stammtischen der Welt mit rechten Dingen zugeht und dass nach einheitlichen Regeln gespielt wird.

Die einstige Lieblingspfalz von Kaiser Friedrich I. Barbarossa hat an Geschichte etliches zu bieten. Die beiden ›**Rote Spitzen**‹ genannten Backsteintürme zum Beispiel, die zum Wahrzeichen geworden sind. Sie gehören zur ehemaligen Kirche des Augustinerklosters, das Kaiser Barbarossa 1172 geweiht haben soll. Nicht zu überse-

Große Vielfalt im Altenburger Spielkartenmuseum

hen ist auch das **Schloss,** das auf einem mächtigen Felsen mitten in der Stadt thront. Das Bauwerk hatte eine ganze Reihe von Besitzern, denn Altenburg ist ein typisches Beispiel für Landesteilungen und Einflussbereiche. Anfang des 17. Jh. beispielsweise war das Schloss die Residenz des Fürstentums Altenburg, Ende des 17. Jh. des Herzogtums Sachsen-Gotha-Altenburg, im 19. Jh. residierte hier ein Herzog Sachsen-Altenburg.

Unterhalb des Schlosses steht seit dem Jahr 1870 das **Theater,** als Herzogliches Hoftheater von einem Schüler Gottfried Sempers erbaut. Den lang gestreckten **Markt** umrahmen schöne Bürgerhäuser und das den Platz beherrschende **Rathaus,** das zu

den schönsten Renaissancebauten seiner Art in Deutschland gehört. Von hier geht der Blick in westliche Richtung zur etwas erhöht stehenden **St. Bartholomäikirche** (1459), dem ältesten Gotteshaus der Stadt.

Kunstliebhaber finden im **Lindenau-Museum** außergewöhnliche Sammlungen (s. S. 280).

Schloss- und Spielkartenmuseum

Schloss 2–4, Tel. 03447 51 27 12,
www.residenzschloss-altenburg.de,
Di–So 9.30–17 Uhr, 3,50 / erm. 2,50 €,
Führungen zu jeder vollen Stunde ab
10 Uhr, 1,50 p. P.
Die meisten Besucher kommen wegen der mehr als 6000 Kartenspiele aus fünf Jahrhunderten in das Museum. Zu

Das Theater in Altenburg bietet vielen Sparten eine Bühne

sehen gibt es aber weit mehr, beispielsweise das sogenannte Sibyllenkabinett, eine barocke Raumschöpfung, in der Porzellan, Keramiken und Gläser aufbewahrt werden. Benannt ist es nach Magdalena Sibylle von Sachsen, einer Tochter des Kurfürsten Johann Georg I. von Sachsen, die ab 1652 in zweiter Ehe mit Herzog Friedrich Wilhelm II. von Sachsen-Altenburg verheiratet war.

Naturkundliches Museum Mauritianum

Parkstr. 1, Tel. 03447 25 89,
www.mauritianum.de, Di–Fr 13–17,
Sa, So 10–17 Uhr, Eintritt frei, es wird
jedoch um eine Spende gebeten
In dem 1907/08 errichteten schmucken Barockbau wird durch die Tierwelt dieser Region geführt und mit der regionalen Naturforschung vertraut gemacht. Fast 40 000 Sammelstücke wurden in rund 200 Jahren zusammenge-

tragen. Zu den Besonderheiten gehört der ›Rattenkönig‹, 32 an den Schwänzen verknotete, mumifizierte Ratten, deren Fund 1828 eine Sensation war. Als ›Rattenkönig‹ bezeichnen Naturwissenschaftler das ungeklärte Phänomen, bei dem sich Ratten an ihren Schwänzen so miteinander verflechten, dass sie sich nicht mehr selbstständig daraus lösen können.

Übernachten

Komfortabel – **Altenburger Hof:** Schmöllnsche Landstr. 8, Tel. 03447 58 40, www.altenburger-hof.de, 140 Zi., DZ/FÜ 75–100 €. Angenehm und zentrumsnah wohnt man in dem 4-Sterne-Hotel. Sachlichkeit zeichnet die Zimmer aus.
Ländlich – **Pension Meyner:** Rasephaser Dorfanger 6, Tel. 03447 822 69, 7 Zi., DZ/ÜF 48–52 €. In einem Vierseithof in

ruhiger Lage am Stadtrand. Gemütliche Zimmer. Busverbindung ins Stadtzentrum, mit dem Pkw 5 bis 10 Min.

Essen & Trinken

Stilvoll – **Ratskeller:** Markt 1, Tel. 03447 31 12 26, www.ratskeller-altenburg. de, tgl. geöffnet, Hauptgerichte 10–18 €. Alles frisch zubereitet. Thüringer Küche wie der legendäre Sauerbraten, aber auch Karpfen in den Monaten mit »r«. Jeden Freitag »Fischessen« vom Buffet (Sept.–April, nicht Dez.).

Deftig – **Riebeck Bräustübel:** im Hotel am Rossplan, Tel. 03447 566 10, www. hotel-rossplan.com, tgl. geöffnet, Hauptgerichte 9–16 €. Beliebt sind der »Thieringer Sauerbroten mit Ebbelrotkraut un Kließen« und die »Rossplan-Pfanne« (gegrillte Fleisch-Medaillons).

Einkaufen

Senf – **Altenburger Senf & Feinkost:** Remsaer Str. 21a, Tel. 03447 852 60, www.senf.de. Rund 350 Sorten Senf, Dips, Saucen, Meerrettich u.v.m. aus eigener Herstellung.

Hochprozentiges – **Altenburger Destillerie- und Liqueurfabrik:** Am Anger 1–2, Tel. 03447 554 60, www.destillerie. de. Das Traditionsunternehmen bietet ein kleines Museum zur Schnapsherstellung, Werksverkauf, Verkostung, Führungen, Schau-Destillation.

Aktiv & Kreativ

Skat spielen – **Altenburger Tourismus GmbH:** Friedrich-Ebert-Str. 14, Tel. 03447 55 18 38, www.altenburg-tourismus.de. Skatkurse für Anfänger und für Fortgeschrittene mit Rahmenprogramm.

Abends & Nachts

Mehrsparten – **Landestheater Altenburg:** Theaterplatz 19, Tel. 03447 58 51 61, www.tptthueringen.de. Im Renaissance-Theater für 500 Zuschauer werden Oper, Schauspiel, Musical, Operette, Puppentheater, experimentelles Theater und Tanzproduktionen geboten, im Sommer auch als »Sommertheater auf dem Schloss«. Die Theater Altenburg und Gera arbeiten im Verbund.

Infos & Termine

Information

Tourismus Information: Moritzstr. 21, 04600 Altenburg, Tel. 03447 51 28 00, www.altenburg-tourismus.de

Verkehr

Von und nach **Gera** gibt es **Bahnverkehr**, mit dem **Bus** geht es von und nach Schmölln und in Orte der Umgebung. Im **Stadtverkehr** fahren Buslinien.

Termine

Skat- und Spielefest: 1. Maiwochenende. Die berühmten Karten stehen im Mittelpunkt dieses Volksfestes.

Altenburger-Barbarossa-Festspiele: Ab 2013 erzählt im Juni und Juli eine aufwendige Theaterproduktion mit Chor, Orchester und rund 200 Mitwirkenden die Geschichte von Kaiser Friedrich I. Barbarossa.

Sommer auf dem Schloss: Mai–Sept. Ein buntes Programm wird zusammengestellt: mit dem Altenburger Musikfestival, den Konzerten des Thüringer Orgelsommers in der Schlosskirche und dem Theater auf dem Schlosshof sowie Ausstellungen.

Altenburger Stadtfest: ein Wochenende Anfang Okt.

Auf Entdeckungstour

Die geheimnisvolle Frau von Altenburg

Im Lindenau-Museum flaniert man durch die frühe italienische Renaissance und darf miträtseln, wer wohl Sandro Botticellis Bild der vermeintlichen Katharina in den vergangenen fünf Jahrhunderten verändert hat – und warum. Aber auch andere Tafelbilder hier haben eine interessante Geschichte.

Reisekarte: ▶ J 3

Planung: Gabelentzstr. 5 (direkt an der B 93), Tel. 03447 895 53, www.lindenau-museum.de, Di–Fr 12–18, Sa, So 10–18 Uhr, 4 / erm. 2 € / Familienkarte 8 €. Café in der Abgusssammlung im Erdgeschoss.

Zeit: 1,5 Stunden

Start: an der Museumskasse.

In dem Museum ist viel zu sehen, doch die meisten Besucher haben ein bestimmtes Ziel: die berühmten 180 Tafelbilder der italienischen Vor- und Frührenaissance. Eine Sammlung, die in diesem Umfang und in dieser Vielfalt außerhalb des Ursprungslandes als einzigartig gilt. Über die breite Treppe geht es hinauf ins Obergeschoss, denn hier hängen die Bilderschätze. Das interessanteste Werk sollte man sich bis zum Schluss aufheben, und deshalb geht es zunächst vom Eingang nach rechts zum letzten Museumsraum. Hier hängt das zauberhafte **Flügelaltärchen** (um 1335–1340) von Bernardo Daddi. Der Maler hat sich vor allem durch kleine Andachtsbilder einen Namen gemacht und gehörte Anfang des 14. Jh. in Florenz – neben Siena ein bedeutendes Zentrum der frühen Malerei – zu den namhaftesten Künstlern.

Mit Kennerblick

Die Tafelbilder hat der in Altenburg geborene Bernhard August von Lindenau (1779–1854) zusammengetragen, ein sächsisch-thüringischer Staatsmann, Naturwissenschaftler und Kunstsammler. Testamentarisch verfügte er, dass seine Sammlungen nicht veräußert, sondern in Altenburg bleiben sollen. Kunst kam damals wie heute nicht ohne Mäzene aus, Lindenau war ein solcher. Sein Vorteil war, dass man bis zur Mitte des 19. Jh. den künstlerischen Wert der frühen Tafelmalerei nicht erkannt hatte. Dadurch war es von Lindenau möglich, die Arbeiten für wenig Geld aus dem italienischen Kunsthandel oder aus Privatbesitz zu erwerben. So zahlte er für drei Teile des Altars von Guido da Siena nur etwa 38 Taler – zum Vergleich: Das monatliche Mindestgehalt eines Landschullehrers betrug seinerzeit 10 Taler.

Geteilte Meisterwerke

Manches Werk kann leider nicht mehr in seiner Vollständigkeit präsentiert werden, wie das von Guido da Siena gemalte Hauptaltarbild (um 1268) aus dem Dom zu Siena. Das Kunstwerk wurde im 19. Jh. kurzerhand in 14 Teile zersägt, weil die beim Verkauf größeren Erfolg als das Einzelstück versprachen. Altenburg besitzt die Teile **»Anbetung der Heiligen Drei Könige«, »Flucht nach Ägypten«** und **»Geißelung Christi«** sowie als Dauerleihgabe vom Museum Catharijneconvent in Utrecht die **»Kreuzbesteigung Christi«.** Die anderen Teile gelangten in den Louvre in Paris sowie nach Princeton und Siena. Auch das Bild **»Orientalische Reiterschlacht«** (um 1425) von Gherardo Starnina ist nicht mehr dort zu sehen, wo es sich einst befand – an der Vorderseite einer Truhe. Heute ist es gerahmt im vorletzten Raum rechts vom Eingang zu finden.

Sandro Botticellis Meisterwerk

Im ersten Raum links ist das Glanzstück unter den Tafelbildern rasch entdeckt, das **»Bildnis einer vornehmen Frau«** von Sandro Botticelli (1445–1510). Bis heute ist nicht eindeutig belegt, wen Botticelli porträtiert hat. Wegen der Heiligenattribute schließt man auf den Vornamen Katharina und kam so auf Gräfin Caterina Sforza. Doch Heiligenschein, Palmenzweig und der grüne Mantel, den sie trägt, auch das weiße Gewandstück am Hals sind Zugaben späterer Jahrhunderte. Als die vermeintliche Katharina sich um 1475/78 zum Porträt stellte, trug sie ein geschmücktes weißes Kleid. Festgestellt wurde dies durch Röntgenbilder. Von wem stammen die Zugaben? Vielleicht ist es ganz schön, dass Raum für Spekulationen bleibt – und die vornehme Frau eine ›geheimnisvolle Frau‹.

Register

Register

Register

Abbildungsnachweis/Impressum

Abbildungsnachweis

dpa/picture-alliance, Frankfurt a. M.:
S. 48/49, 59 (Jan-Peter Kasper);
56/57, 252/253 (Hendrik Schmidt);
11 o. re., 69, 96, 162/163 (Martin
Schutt)

DuMont Bildarchiv, Ostfildern:
S. 10 o. li., 11 u. li., 12/13, 19, 22,
34/35, 36/37, 42, 51, 62, 64, 66, 71,
76 re., 77 li., 82, 95, 98, 108 li.,
114/115, 128/129, 184 li., 185 re.,
188/189, 192/193, 200, 210 re. und
li., 211 li., 218/219, 224/225, 233,
245, 254 re., 255 li., 273, 276/277,
278 (Sabine Lubenow); 30, 74/75,
151 li., 154, 167, 182/183, 184 re.,
199, 202, 208, 217

Marlis Heinz, Leipzig: S. 8

laif, Köln: S. 176 (Andreas Hub);
228/229 (Selbach); 53 (Horst und
Daniel Zielske); 10 u. li., 148/149
(Clemens Zahn)

Mauritius Images, Mittenwald: 243
(imagebroker/euroluftbild); 150 li.,
172 (Ludwig Mallaun)

transit, Leipzig: Titelbild, S. 44, 61, 76
li., 104 (Christoph Busse); 47 (Christiane Eisler); 10 o. re. und u. re., 11
o. li. und u. re., 27, 84/85, 109, 116,
124/125, 136, 153, 215, 230/231,
236, 264, 270/271, 280 (Thomas
Härtrich); 109 li., 144/145 (Peter
Hirth)

Hanna Wagner, Wörth: S. 119, 196,
239

Bernd Wurlitzer/Kerstin Sucher, Berlin: S. 9 re. u. li., 108 re., 134, 150
re., 164, 254 li., 259, 261

Kartografie
DuMont Reisekartografie,
Fürstenfeldbruck
© DuMont Reiseverlag, Ostfildern

Umschlagfoto
Titelbild: Wartburg

Hinweis: Autoren und Verlag haben alle Informationen mit größtmöglicher
Sorgfalt geprüft. Gleichwohl sind Fehler nicht vollständig auszuschließen. Alle
Angaben erfolgen ohne Gewähr. Bitte schreiben Sie uns! Über Ihre Rückmel-
dung zum Buch und über Verbesserungsvorschläge freuen sich Autoren und
Verlag: **DuMont Reiseverlag,** Postfach 3151, 73751 Ostfildern,
info@dumontreise.de, www.dumontreise.de

2., aktualisierte Auflage 2012
© DuMont Reiseverlag, Ostfildern
Alle Rechte vorbehalten
Grafisches Konzept: Groschwitz/Blachnierek, Hamburg
Printed in China

MIX
Paper from
responsible sources
FSC® C002957